선교와 디아코니아 총서 1

# 하나님 나라 현재로서의 디아코니아

$διακονία$

# Diakonia as the Present of the Kingdom of God

한백병 지음

D&V
Dream & Vision

# 하나님 나라 현재로서의 디아코니아

## 감사의 글

이 책은 그동안 필자가 고민해 오면서 관심을 가져왔던 부분에 대한 연구의 결과입니다. 이러한 결과가 나오기까지 제게 도움을 주신 분들에게 고마운 마음뿐입니다.

하나님의 은혜 안에서 공부했습니다. 학문의 진보가 더디고 모든 면에서 부족한 사람이기 때문입니다.

박사과정 동안 변함없이 아끼고 사랑해 주시고 항상 격려해 주시면서 논문이 완성될 때까지 지도해 주신 이범성 교수님께 감사를 드립니다. '선교와 디아코니아' 학문의 매력을 느끼게 해주신 점에 대해 무엇보다도 감사드리고 싶습니다. 하나님 나라 목회를 사명처럼 느끼고 계시는 박원호 총장님께 감사를 드립니다. 목회 기간에 저술하신 하나님 나라 저서를 아낌없이 건네주셨으며 세심한 지도로 완성도를 높일 수 있도록 도와주셨습니다. 디아코니아를 전공하신 박인갑 박사님께 감사를 드립니다. 디아코니아의 깊이를 경험할 수 있도록 안내해 주셨으며 세심하게 필요한 조언을 해주셨습니다. 채수일 박사님께 감사를 드립니다. 눈 수술 후 빛 번짐 현상으로 인해 책 읽기가 어려운 상황에서도 꼼꼼하게 읽어주시고 세심하게 지도해 주셨습니다. 한국일 박사님께 감사를 드립니다. 보완할 부분에 대해서 통찰력 있게 말씀해 주시고 격려해 주셨습니다.

박사과정 동안에 학문적 열정을 나누고 함께 공부하며 격려해 주신 학우분들이 있어서 큰 힘이 되었습니다.

1983년부터 37년째 신앙 안에서 든든한 믿음의 동역자로 기도의 동역자로 함께하고 있는 랍비순 형제들에게 감사드립니다.

마라나타수련회를 통해 레마의 말씀을 듣도록 이끌어 주신 '미래를 사는 교회' 임은빈 담임목사님과 든든한 기도의 후원자가 되어 주신 김일환 목사님, 박순자 권사님께 감사드립니다.

이 책의 출간을 흔쾌히 허락해 주신 '선교와 디아코니아연구회' 회원 여러분에게 감사를 드립니다. 선교와 디아코니아 총서 1권이 되는 영광을 제게 허락해 주셨습니다.

마지막으로 평생토록 기도의 후원자가 되어 주신 장모님, 그리고 신앙의 본이 되어 주신 고 김성곤 장로님과 고 김은곤 목사님께 감사드립니다. 그 누구보다 나의 힘의 원천이 되어 주고 있는 사랑하는 아내 김경란 권사와 두 아들 한얼, 한결 그리고 이서은과 한서진에게 감사한 마음을 금할 수 없습니다. 일일이 이름을 거론하지 못한 사랑하는 가족들에게 감사를 드립니다. 그리고 천국에 계신 두 분 부모님께서 대견해하고 기뻐하실 줄 믿습니다.

주후 2020년 8월 15일
한백병

# 차 례

Ⅰ. 서론     9
   1. 우리가 '하나님 나라'를 말해야 하는 이유     10
   2. 그동안 '하나님 나라'를 말했던 학자들     20
   3. '하나님 나라'는 '이미와 아직', '디아코니아',
      '교회일치와 사회책임'으로 현존한다.     32

Ⅱ. 하나님 나라의 현재적 시간성     37
   1. 하나님 나라의 현재를 중요시하는 하나님의 선교(Missio Dei)     40
   2. 하나님 나라(βασιλεία τοῦ Θεοῦ)에 대한 이해     49
   3. 하나님 나라의 현재성 표현들     61
      1) 하나님 나라의 현재적 도래를 보여주는 예수의 치유, 축귀사역     61
      2) 하나님 나라의 현재성을 드러내는 예수의 비유     68
      3) 동사의 시제가 보여주는 하나님 나라의 현재성     73
      4) 구원 받음의 현재성     79
   4. 소결론     95

Contents

## Ⅲ. 하나님 나라와 디아코니아의 관계성    97

### 1. 예수의 '하나님 나라와 디아코니아의 관계성' 이해    99
  1) 디아코노스로 오신 예수님    100
    (1) 디아코노스로서의 예수 자신의 이해    100
    (2) 하나님 나라의 새 가족에 대한 이해    118
  2) 예수의 디아코니아 사역    124
    (1) 병자의 치유    127
    (2) 소자와 친구가 됨    134
    (3) '죄인들'과의 식탁 공동체    141

### 2. 제자들과 초대교회의 '하나님 나라와 디아코니아의 관계성' 이해    148
  1) 성령 받기 이전의 제자들    148
  2) 성령 받은 후의 제자들    156
  3) 초대교회의 디아코니아    160

### 3. 바울의 '하나님 나라와 디아코니아의 관계성' 이해    168
  1) 바울이 이해한 하나님 나라    168
  2) 바울의 디아코니아    176

### 4. 소결론    185

## Contents

### Ⅳ. 하나님 나라의 현재성을 살리는 디아코니아　187

1. '교회의 일치'를 위한 하나님 나라의 현재성을 살리는 디아코니아　190
   1) 종교 간 대화　193
   2) 교회 간 일치　229
   3) 성도 간 친교　247

2. '세상적 책임'을 위한 하나님 나라의 현재성을 살리는 디아코니아　259
   1) 정의　260
   2) 포용　267
   3) 소통　278

3. '선교와 전도'를 위한 하나님 나라의 현재성을 살리는 디아코니아　292
   1) 설교(Kerygma)와 교육(Didache)　293
   2) 예배(Leiturgia)와 성찬(Eucharist)　302
   3) 친교(Koinonia)와 섬김(Diakonia)　313

4. 소결론　328

### Ⅴ. 결론　331

### 참고문헌　337

# I
# 서론

## 1. 우리가 '하나님 나라'를 말해야 하는 이유

개신교회의 선교는 20세기 기독교의 '의미 있는 세기'[1]에 에큐메니컬 각성을 통해서 개신교회적인 선교를 시작할 수 있는 토대를 확보할 수 있었다. '하나님의 선교'(Missio Dei)로 대변되는 현대와 후현대기의 선교 의식은 개신교의 울타리를 넘어서 '교회의 일치'와 '세상의 긍정'을 두 축으로 삼고, '이미와 아직 사이'에 진행 중인 종말론의 바탕 위에서 전개되고 있다.[2]

그런데 하나님의 선교 개념을 콘스탄티누스 이후 지속되어 왔던 '기독교 왕국'(christendom)의 이상을 품은 중세적 선교 개념이 여전히 가로막고 서 있다. 16세기 당시의 종교개혁교회들은 개신교성을 성직자와 비성직자 사이의 경계를 허무는 것에 두었다. 루터의 '오직 믿음'은 사실상 어거스틴이 이미 강조해 왔던 로마 가톨릭교회의 특성이었다. 루터의 95개조 반박문은 다만 변질된

---

[1] 이범성은 라투렛(K. S. Latourtte)이 '가장 위대한 세기'라고 명명한 19세기에 상대하여 20세기를 '가장 의미 있는 세기'라고 부른다. 19세기는 선교를 통한 개신교의 확장 때문이고, 20세기는 에큐메니컬 운동 때문에 붙여진 이름이다. 비교: 이범성, 『에큐메니컬 선교신학 I』- 순수이론편, (D&V, 2016), 23쪽.

[2] 이범성, "개혁된 선교?", 실천신대 21세기교회연구소 종교개혁5백주년 세미나 자료집, 2017, 50쪽.

신앙, 즉 공로와 업적주의에 대한 저항이었다. 그러나 "진정한 의미에서 그리스도의 몸, 성도의 공동체, 지체 간의 존중과 돌봄은 종교개혁교회가 선언한 대로 이루어내지 못했다."[3] 오늘날에도 여전히 '기독교 왕국'의 이상은 지속되고 있다. 이러한 정황에 대해 정교회 신학자 코미아코프(A. Khomiakov)는 "모든 개신교도들은 숨어 있는 교황주의자이다"[4]라고 일갈한다.

루터의 종교개혁은 바울 신학 위에 세워진 것이다. 특별히 칭의론이 그것이다. 바울은 칭의론으로 유대교를 개혁하려고 했는데 결과적으로 기독교를 만들었고, 바울의 칭의론을 이어받은 루터는 가톨릭교회를 개혁하려고 했는데 결과적으로 개신교를 만들었다. 바울은 칭의론으로 유대인과 이방인 사이의 경계를, 다시 말해 모든 민족 사이의 경계를 허물려고 했는데 결과적으로는 유대교의 개방에 실패했고, 루터는 봉건 영주들의 교회 권력을 강화하는 국가교회의 유산을 남겼을 뿐이다.[5]

예수께서 예루살렘에 입성할 때 살로메는 그의 두 아들 야고보와 요한을 예수님의 좌우편에 앉게 해달라고 부탁했다(마 20:20-24). 그 말을 들은 다른 제자들은 모두 야고보와 요한에게

---

3) H. Walz, "제3의 종교개혁이 일어난다면 어디에?", 이범성 역, 실천신학대학원대학교 선교와 봉사 박사과정이 참석한 독일 바이에른주 노이엔데텔사우 아우구스타나신학교 특별강의자료집, 2017, 24쪽.
4) 디모데 웨어, 『동방정교회의 역사와 신학』, 이형기 역, (한국장로교출판사, 1999), 163쪽.
5) G. Teissen, "좌절한 종교개혁자들과 그들의 유산", 실천신학대학원대학교 선교와 봉사 박사과정이 참석한 하이델베르크대학교 학생회관(ESG) 연설문의 번역, 2017.

분개하였다. 예수님은 십자가를 지기 위하여 그 길을 올라가시건만, 제자들은 오직 영광만을 바라고 있었다. 오늘날 그리스도인이라고 하는 우리들의 모습도 제자들의 모습과 크게 다르지 않다. 이천 년 교회가 선교라는 이름하에 세상에서 저지른 악행은 이루 헤아릴 수 없이 많다. 영혼을 구원한다는 명목하에 육체와 정신을 파괴하는 일을 서슴지 않았던 것이다. 제국주의 시대에 십자가의 깃발을 휘날리며 시작한 기독교 국가들의 식민지 착취는 지금도 남미와 아프리카 등지에서 여전히 기독교 국가들에 의해 지속되고 있는 것이 현실이다(해방신학의 증언들). 교회의 재산은 가난한 자들의 것이라고 외치는 디아코니아적 증언들은 가끔씩 들리다 말고 사라지는 힘없는 비주류 교회의 외침으로만 남아있을 뿐이다.

신약성서에서 기독교의 선포 내용 중심에는 하나님 나라가 있음을 발견한다. 인류 구원을 위해 교회가 선교해야 하는 내용과 방법은 '기독교 왕국'의 건설이 아니라 '하나님 나라'에 들어감이 아닌가! 하나님의 선교 신학에 따르면, 이 세상은 '하나님의 선교' 현장이다. 그런데 성서의 하나님을 믿는 그리스도인들이 세상과 담을 쌓는 삶을 살고 있다. 혹은 세상을 멀리하기를 원하는 '기독교 왕국'을 만들려고 한다. 영적이고 내재적인 구원의 세계 안에 들어앉아서 실천이 빈약한 삶을 사는 것이다. 특히나 종교개혁 500주년을 기념한 개신교 그리스도인들이 하나님의 선교 현장인 세상을 도외시하고 있는 이유는 루터의 "오직 믿음으로 말미암아 구원을 얻는다"(Sola Fide)라는 명제를 순전히 자의적으로 그리고 편의주의적으로 해석한 결과인 것이다.

우리는 현재 종말론적인 그리스도인의 삶을 살아가고 있다. 그런데 과연 세상에 종말이 올 때 이 세상이 완전히 파괴되어서 없어질 것인가? 하나님은 이 세상을 사랑하셔서 이 땅에 아들 예수를 보내셨다(요3:16). 그렇다면 하나님이 사랑하신 이 세상이 우리 그리스도인들에게는 아무런 가치가 없는 것이 될 수 없을 것이다. 세상과 담을 쌓고 살아가는 것이 과연 하나님의 뜻일까? 혹시 하나님의 뜻이 인간 세상에서 하나님의 뜻을 수행하는 것은 아닐까? 사회를 변혁시키고, 역사 속에서 공의로운 공동체를 건설하는 것을 원하고 계시는 것은 아닐까? 그렇다고 한다면 그리스도께서 가지고 오신, 이미 시작된 종말인 '하나님 나라'를 살아간다는 것은 도대체 어떻게 살아가야 하는 것일까?

기성 기독교의 신자들은 이단으로 분류된 구원파의 구원론을 정죄한다. 그러면서도 그들 역시 구원파와 다름없이 세상을 교회와 분리하는 삶에 익숙하다. 우리의 삶에 있어서 믿음의 실천에 관한 문제는 왜 지속적인 딜레마에 빠져 있을까? 이미 시작되었고 선취되어 경험해야 할 '하나님 나라'의 현재는 시작된 종말에 대한 철저한 인식과 그 경험일 것이다. 그렇다면 '하나님 나라'의 시간성에 대한 이해가 우리의 구원관에 밀접하게 연관되어 있을 것이다.

몰트만은 『희망의 신학』에서 '계속 진행되는' 역사가 모든 종말론을 삼켜버리거나('종말론의 시간화'[6]에서와 같이), 언제나 현재적인 영원이 모든 역사를 폐기시키는 것('종말론의 영원화'[7]에서와 같이)을 허락하지 않는 미래의 개념으로부터 출발한다고 말한다. '종말'(Eschaton)은 시간의 미래도 아니고, 무시간적 영원도 아니다. 오히려 그것은 하나님의 미래(Zu-kunft)와 오심(An-kunft)이다.[8] 몰트만은 '미래의 강림적 개념'[9]을 사용한다. 그의 종말론적 개념인 '오시는 하나님'은 우주적 대 파멸의 종말을 선포하지 않고, 이 땅 위에 세워질 하나님의 '새 하늘과 새 땅' 곧 하나님의 나라에 대한 희망을 선포한다. 성서 본연의 전통에 있어서 종말론의 궁극적 핵심은 우주적 대파멸이 아니라, '이제는 죽음과 슬픔과 울부짖음과 고통이 없는' 하나님 나라의 미래에 대한 희망과 기다림에 있으며, 이 희망과 기다림에 근거한 개인의 삶의 변화와 사회

---

[6] 종말론의 시간화의 주장은 몰트만에 의하면 "예언자적 신학"과 알버트 슈바이처의 "철저 종말론", 그리고 오스카 쿨만의 "구원사 신학"에서 나타난다. 이들의 신학은 선적인 시간 개념을 바탕으로 한다.

[7] 종말론의 영원화의 주장은 몰트만에 의하면 칼 바르트의 "초월적 영원의 종말론", 도드의 "철저종말론", 파울 하우스트의 "가치론적 종말론", 루돌프 불트만의 "실존론적 해석"에서 나타난다. 이들의 신학은 무시간적 영원 개념을 바탕으로 한다.

[8] 위르겐 몰트만, 『오시는 하나님 - 기독교 종말론』, 김균진 역, (14판, 대한기독교서회, 2013), 57쪽.

[9] 미래를 표현하기 위하여 유럽의 언어들은 두 가지 가능성을 가진다. Futurum(되는 것)과 Adventus(오는 것)이다. 그런데 몰트만은 독일어 "Zukunft"(미래)는 라틴어 futurum의 번역이 아니라 adventus의 번역이라고 말한다. 그리스어로 adventus는 "파루시아(παρουσ&#8055;α)"에 해당한다. 파루시아는 강림(혹은 오심)이다. "재림(Wiederkunft)"이란 단어는 시간적으로 얼마간의 부재(Abwesenheit)를 전제하기 때문이라고 말한다.

와 역사의 변혁에 있으며, 이를 통한 하나님의 안식과 영광에 있다.[10]

몰트만이 이야기한 시간성 문제를 통해 필자가 말하고자 하는 것은 과거나 미래가 아닌 현재를 중요시하는 하나님 나라 시간에 대한 관념이다. 몰트만은 "하나님 자신이 그의 창조 안에 나타난다면, 그의 영원은 시간 안에 나타나며, 그의 편재(Allgegenwart)는 창조의 공간 안에 나타난다. 따라서 시간적 창조는 영원한 창조로 변화되며, 공간적 창조는 편재적 창조로 변화된다"[11]고 말한다. 바로 우리의 믿음의 고백을 통해 예수의 강림 사건을 통해 2000년 전의 십자가 사건은 나에게 현재적 사건이 되고, 미래적 종말의 사건은 하나님 사랑과 이웃 사랑을 통해 나에게 현재적 사건이 된다. 곧 구원은 나에게 있어서 항상 현재적 사건으로 인식되게 된다는 것이다.

그렇다면 하나님 나라를 나타내는 디아코니아는 어디에서 어떻게 펼쳐져야 할까? 사회는 말만 있고 실천이 없는 교회를 비판한다. 자기들만을 위한 리그에 올라서서 기복신앙에 기대어 출세를 위해 기도하는 모습에 손가락질과 야유를 보낸다. 너무 많은 신자들이 내용 없어 보이는 값싼 구원론에로 고개를 돌린다. 사회와 소통하지 못한지는 이미 오래되었다. 한국의 대형교회들로 대표되는 천민자본주의적 교회 생활은 비판받고 있으며, '오직 믿음', '오직 은혜'라는 종교 개혁의 테제들은 독선으로 오해되고

---

10) 위르겐 몰트만, 『오시는 하나님 – 기독교 종말론』, 574쪽.
11) 위르겐 몰트만, 『오시는 하나님: 기독교 종말론』, 479쪽.

있다.[12]

복음주의 선교 신학의 가장 핵심 되는 요소 15개 항을 담고 있는 로잔언약(Lausanne Covenant)은 방콕대회에 도전하기 위해 열린 1974년 세계복음화국제대회(the international Congress on World Evangelization)의 결과물이다. 로잔대회는 휘튼대회에서와 마찬가지로 영혼 구원이 가장 우선시되며 사회 정의와 억압과 속박으로부터의 해방은 그 이후에 자연적으로 따라와야 한다고 보았다. 그러나 흥미롭게도 그 의도와는 다르게 대회가 진행될수록 방콕대회가 도리어 로잔대회에 큰 도전이 되어 방콕에서 강조된 사회적 성격과 그리스도인의 사회적 책임이 대폭 반영되는 방향으로 흘렀다.[13] 이후 마닐라선언(1983)에서도 사회 봉사를 교회의 선교라고 천명하기까지 놀라운 선교 개념의 발전을 가져왔다.[14] 그리고 파타야선언에 이르기까지 반에큐메니칼 운동에서도 에큐메니칼 운동을 전폭적으로 수용하고 있는 것을 볼 수 있다. 이것이 바로 현재 보수와 진보를 아우르고 있는 '하나님의 선교' 개념의 공헌점이다.

몰트만은 "예수의 이름으로 행해지는 모든 것이 선교요, 모든 선교는 그의 파송에 참여하는 것이다. 선교와 디아코니아의 분리는 거기로부터 예수가 활동하시고 그 안으로 예수가 그의 제자들

---

12) 채수일, "종교 개혁의 불꽃, 오늘날 점화될 곳은 어디? : 개신교의 응답", 2017년 실천신대 가을학술제 자료집, 36쪽.
13) 이범성, 『에큐메니컬 선교신학 I: 순수이론편』, (D&V, 2016), 242쪽.
14) 이범성, "한국 개신교회 에큐메니칼 선교 방향과 그 실천 신학적 근거들", 미간행 자료, 13쪽.

을 불러들이신 일치를 분열하는 일이 될 것이다"[15]라고 말한다. 이와 동일한 어조로 테오도어 슈트롬은 시편 82편을 근거로 제시하면서 말한다. "하나님이 신들의 공동체에 서셨고 신들 중의 심판관이 되신다. 언제까지 너희가 불공평한 판단을 하느냐? 언제까지 불의한 자의 편을 들겠느냐? 가난한 자와 고아들에게 공의를 베풀라. 곤궁한 사람과 필요로 하는 자들에게 올바른 도움을 주어라. 소자와 가난한 자를 구하고 그를 하나님을 모르는 불의한 자들에게 구하라... 내가 말하기를 너희는 신들이며 모두 지존자의 아들들이라 하지 않느냐?"[16] 하나님의 하나님 되심은 그의 디아코니아적 존재되심에 있다는 것이다.

    슈트롬의 성서 인용에 따르면, 디아코니아는 행동 이전에 인식이며, 실천 이전에 이론이 중요하다는 것을 알게 된다. 신앙인이 무엇을 행하는 것이 중요한 것이 아니라, 먼저 신앙의 대상인 하나님은 누구신지, 신앙하는 나는 누구인지에 대해 아는 디아코니아적 인식이 중요한 것이다. 디아코니아를 행하기 이전에 왜 우리가 디아코니아적이어야 하는지를 확인하는 것이 우선이라는 것이다. 울리히 바흐는 "행사를 하는 것이 중요한 것이 아니라 우리의 복음 선포가 충분히 디아코니아적인지, 우리가 누구를 돕기 이전에 돕는 사람과 도움 받는 사람이 별도로 존재하는 것이 아

---

15) 몰트만, "하나님 나라의 지평 안에 있는 디아코니(1977)", 이범성, 『디아코니아학』, (대한기독교서회, 2016), 371쪽.

16) 테오도어 슈트롬, "디아코니아의 성서적 – 신학적 기초와 입문 문제의 지평", 이범성 역, 미간행자료, 3쪽.

니라, 사람은 모두 상호 의존적인 존재라는 것을 확인하는 것이 중요하다"[17]고 말한다. 디아코니아적인 선교가 펼쳐지는 현장인 '교회의 일치'와 '세상에 대한 책임', 그리고 '세계 선교와 전도'에 있어서 실천에 앞서 이론을 정립하는 것이 중요하다.

필자는 복음에 대한 디아코니아적 이해, 일치를 위한 디아코니아적 노력, 인류의 삶을 풍성하게 하는 방법으로서의 디아코니아를 전개하고자 한다. 복음에 대한 디아코니아적 이해는 어떻게 교회가 디아코니아적으로 예배하고 설교하고 교육하고 친교를 할 것인지에 대해 말할 것이고, 일치를 위한 디아코니아적 노력은 일치를 당부하신 그리스도의 선교적 명령(요 17:21)을 이행하기 위해 어떻게 타 종교와 만날 것이며, 어떻게 교파 간 일치할 것이며, 어떻게 성도 간에 유기적 공동체를 이룰 것이냐에 대해 디아코니아의 기여할 점을 설명할 것이다.

이 책의 마지막 부분에서 우리는 하나님 나라에서 발견되는 정의, 포용, 소통을 가능하게 만드는 디아코니아적 역할을 설명하려고 한다. 이렇게 함으로써 하나님 나라의 현재성을 이 세상의 무대에서 상연하는 선교에 디아코니아의 역할이 얼마나 중요한지를 확인하게 될 것이기 때문이다. 이 책은 전체적으로 볼 때, '하나님의 선교'(Missio Dei)의 관점을 가지고, '하나님 나라'와 디아코니아와의 상관관계를 설정하는 작업이다. 즉 '하나님의 선교' 관점으로 다음의 명제, "디아코니아의 실천은 하나님 나라의 현

---

17) 바흐, "우리 모두를 위한 자유공간으로서의 디아코니아적 교회", 이범성, 『디아코니아학』, 341쪽.

재성을 담보한다"는 필자의 주장을 전개하는 연구 서술이 될 것이다.

## 2. 그동안 '하나님 나라'를 말했던 학자들

하나님 나라와 기독교 왕국에 대한 선행 연구는 교회사적인 고찰을 기본으로 삼아야 하겠기에 본 연구의 과제로는 삼지 않는다. 본 연구의 과제는 하나님 나라의 현재성 인식이 중요하다는 주장과 이 현재성을 디아코니아라는 개념으로 설명하는 것에 집중되어야 하기 때문이다. 하나님 나라의 시제 중에 현재성을 강조하던 과거의 해묵은 논의는 이제 새롭게 활기를 띠어야 할 것 같다. 하나님 나라의 현재성이 종말론의 주제가 되어야 이것이 디아코니아라는 현장의 개념과 연결되면서 실천적 능력을 부여받을 것이기 때문이다.

미국의 사회복음의 대표적 인물인 라우센부쉬(W. Rauschenbush)는 1917년 『사회복음의 신학』에서 사회를 새롭게 하는 이상적 원칙을 예수의 하나님 나라에서 찾으려 했다. 그는 "예수에게 묵시적인 요소가 있었지만, 그것은 그 시대의 산물이었고, 예수는 묵시적인 것에서 벗어나려 했다"[18]고 주장했다. 마찬가지로 스코트(E. F. Scott)는 그의 논문 "The Place of Apocalyptical Con-

---

18) Walter Rauschenbush, A Theology for the Social Gospel, (New York: Abingdon Press, 1917), 219-220쪽.

ceptions in the Mind of Jesus"(1922)에서 "예수의 묵시적 가르침이 임박한 세계의 종말을 표현하는 것이 아니고, 비묵시적인 메시지를 강조하기 위해 사용되었다"[19]고 주장했다.

영국의 도드(C. H. Dodd)는 그의 저서 『The Parables of the Kingdom』(1935)에서 "하나님 나라가 현재 임했다고 선포하는 구절들이 복음서의 특징이다. 하나님 나라는 가까이 온 것이 아니라, 여기에 있다"[20]고 주장했다. 이러한 도드의 견해를 '실현된 종말론'(realized eschatology)이라고 부른다. 큄멜(W. G. Kummel)은 그의 저서 『Promise and Fulfillment: The Eschatological Message of Jesus』(1957)에서 "하나님 나라의 임박한 도래와 현재적 효력이 '나란히' 선포되었다"[21]고 본다. 쿨만(O. Cullmann)은 그의 저서 『Christ and Time: The Primitive Christian Conception of Time and History(Philadelphia: Westerminster Press』(1964)에서 현재에서 미래를 '향하는' 구조를 제시했다. 그는 "현재와 미래가 예수의 인격에서 서로 불가분하게 연결되어 있는 것"[22]으로 보았다.

---

19) E. F. Scott, "The Place of Apocalyptical Conceptions in the Mind of Jesus", Journal of Biblical Literature 41 no 1 (1922), 137-142쪽. quoted in 김동건, 「예수 : 선포와 독특성」, (대한기독교서회, 2018), 64쪽.
20) C. H. Dodd, The Parables of the Kingdom, (London: Nisbet & Co., 1935), 49쪽. quoted in 김동건, 「예수: 선포와 독특성」, 65쪽.
21) W. G. Kummel, Promise and Fulfillment: The Eschatological Message of Jesus, (London: SCM, 1957), 141쪽. quoted in 김동건, 「예수 : 선포와 독특성」, 69쪽.
22) Oscar Cullmann, Christ and Time: The Primitive Christian Conception of Time and History (Philadelphia: Westerminster Press, 1964), 71-79, 83-85쪽. quoted in 김동건, 「예수: 선포와 독특성」 69쪽.

예레미야스(J. Jeremias)는 그의 저서 『The Parables of Jesus(예수의 비유)』(1963)에서 '구원의 현재성'을 이야기한다. 그는 "누가복음 7장 22절과 이사야 35장 5-6절 말씀이 예수에게서 성취된 것"[23]으로 본다. 그는 "하나님 나라를 최후심판에 의해 도래할 것으로 보며, 하나님 나라에서 미래적 요소를 배제하지 않는다. 종말을, 역사의 파국을 의미하는 묵시적 개념으로 사용하지 않음으로, 현재적 요소와 미래적 요소가 서로 배척되는 것을 피한다."[24]

전혀 다른 차원에서 불트만(R. Bultmann)은 그의 저서 『The History of the Synoptic Tradition』(1972)에서 하나님 나라의 미래와 현재적 요소를 일반적인 의미의 '시간'으로 보지 않는다. 그는 "예수의 선포의 진정한 핵심은 하나님 나라의 '임박성'에 있다. 예수는 미래의 일을 지금 일어날 것으로 선포했다. 성서는 하나님 나라가 바로 눈앞에서 침입해 들어오는 것으로 표현한다"[25]는 것이다. 예수의 선포는 그 선포를 듣는 자에게, '지금 여기서'(here and now)[26] 결단하라는 임박한 요청이라는 차원에서만 이해된다는 것이다.

필자가 볼 때, 하나님 나라의 시간성 논의는 종말론에 대한 의

---

23) Joachim Jeremias, The Parables of Jesus, (London: SCM, 1963), 115쪽. quoted in 김동건, 71쪽.
24) Ibid., 160-162, 175-177쪽. quoted in 김동건, 71쪽.
25) Rudolf Bultmann, The History of the Synoptic Tradition, (Oxford: Basil abalackwell, 1972), 109-130쪽. quoted in 김동건, 71-72쪽.
26) Rudolf Bultmann, Jesus and the World, (New York: Charles Scriber's Sons, 1958), 51쪽. quoted in 김동건, 72쪽.

견 대립이었다. 라우센부쉬(W. Rauschenbush)와 스코트(E. F. Scott)는 비묵시적인 입장을 취하였다. '철저종말론'을 손들게 한 사람은 도드(C. H. Dodd)였다. 도드는 하나님 나라는 현재적이며, 예수는 그 나라가 자신의 사역 중에 실현된 것으로 가르쳤다고 주장했다. 도드에 의해서 하나님 나라의 '현재성'이 확인되게 되었다. '철저종말론'은 '미래성' 안에서만 그 주장이 힘을 얻는다. 도드의 견해를 '실현된 종말론'(realized eschatology)이라고 부른다. 도드 이후로부터는 묵시적 종말론보다는 현재적이면서 동시에 미래적인 하나님 나라에 대한 이해가 시작되었으며 힘을 얻기 시작했다. 큄멜(W. G. Kummel)과 쿨만(O. Cullmann), 예레미야스(J. Jeremias)는 모두 미래와 현재의 긴장 관계 속에서 종말론을 이해하고 있다. 불트만(R. Bultmann)은 종말론적인 입장보다는 존재론적인 입장을 취하고 있다.

이 연구들 이후로는 종말론적 논의를 위한 시간성의 고찰은 무의미해졌다고 생각되었다. 그러나 필자가 시간성 논의를 다시 붙잡는 이유는 하나님 나라의 시간성 안에서 구원의 현재성을 서술하는 바탕을 마련하기 위함이다. 필자는 하나님 나라의 현재성과 미래성의 긴장 관계 안에서 구원의 현재성을 이해할 수 있다고 생각하기 때문이다. 이러한 긴장 관계 속에서 파악되는 구원의 현재성은 믿음과 행함을 통합적으로 인식할 수밖에 없게 만든다. 따라서 값싼 구원이라고 하는 비판에서 벗어날 수 있는 근거를 마련할 수 있다는 생각이다.

국내에서도 하나님 나라와 관련된 박사학위 연구논문들[27]은 다소 있었으나, 하나님 나라의 '시간성'에 대해 연구된 박사학위 논문들은 찾아볼 수 없었다. 우리의 연구 주제와 관련하여 진행된 선행 연구 결과물들이 있는지를 확인하기 위해서 국내에서 '하나님 나라'와 관련하여 박사학위를 받은 논문들을 검색하고 살펴본 결과 '하나님 나라'를 시간과 관련하여 연구한 학위 논문으로서 다음과 같은 것들이 있었다.

손승화의 "신약성서에 나타난 '하나님 나라'의 다양성과 통일성"(장로회신학대학교 대학원 2007. 2.) 연구는 신약성서에 나타난 하나님 나라는 각 저자의 삶의 정황과 신학적 강세에 따라 다양성을 가지지만, 섬김으로 이루어진다는 점에서 통일성을 가진다. 신약성서에서 나타난 하나님 나라는 '죽어야' 가는 나라라는 점에서 일치한다. 그러므로 하나님 나라는 예수를 따르는 그리스도인

---

[27] 하나님 나라와 관련된 박사학위 논문들로는, 조덕형의 "존 칼빈의 하나님 나라와 아브라함 카이퍼의 영역주권 비교연구(A comparative study on Calvin's Kingdom of God and Abraham Kuyper's sphere sovereignty)" (중앙신학대학원대학교 2018. 2.), 이신영의 "하나님 나라 관점으로 본 하나님 형상 이해(The study of the image of God in the perspective of the Kingdom of God)" (한세대학교 대학원 2017. 2.), 김재일의 "세례요한의 역할과 예수 그리스도의 복음적 치유에 관한 연구" (중앙신학대학원대학교 2017. 2.), 김경표의 "요한복음의 하나님 나라 연구" (평택대학교 피어선신학전문대학원 2014. 2.), 김면식의 "마태복음 13장의 천국비유에 나타난 하나님의 구원의지" (서울기독대학교 신학전문대학원 2014. 8.), 송창빈의 "예수의 하나님 나라 전파와 치유사역의 연관성" (침례신학대학교 목회신학대학원 2012. 2.), 천세광의 "마가복음서의 '하나님 나라'에 관한 연구" (호서대학교 대학원 2012. 2.), 김용안의 "마가복음의 '하나님 나라' 모티프 연구" (호서대학교 연합신학전문대학원 2010. 2.) 등이 있다.

들의 섬김 속에서 이 땅 가운데 지속적으로 이루어져야 하는 나라이다. 왜냐하면 예수의 하나님 나라는 이미 그 속에 그의 제자와 그리스도인이 섬김의 삶을 살아감으로써 그 나라를 이룰 수 있는 가능성과 소명을 포함하고 있기 때문이라고 주장한다. 손승화는 '하나님 나라'의 다양성과 통일성에 초점을 맞춰 연구를 진행하였다. 손승화는 하나님 나라의 현재성에 대해서 말하기는 한다. 그러나 그는 '죽었다'는 것은 인간의 육체적인 죽음을 말하는 것이 아니라 하나님과 인간의 잘못된 관계, 즉 하나님 앞에서의 인간의 잘못된 실존을 말한다. 이 영적인 죽음으로부터 하나님이 그리스도와 함께 살리셨다고 말한다. 이것을 현재적 구원이라고 말한다.[28] 현재적 구원을 바라보는 시점이 나와는 다르다고 생각한다.

천세광의 "마가복음서의 '하나님 나라'에 관한 연구"(호서대학교 대학원 2012. 2.)도 주목할 것이 있다. 그의 연구에는 마가복음서의 하나님 나라에는 은폐성과 개방성, 임박한 종말의 현현, 세상 왕국 가치 전복과 같은 특징적 성격이 표현되어 있으며, 로마의 통치하에서 신음하는 이스라엘 백성들과 어둠의 세력으로 인하여 신음하는 마가공동체에게 고난을 극복하게 하고, 미래에 대한 소망을 갖게 하고, 하나님 나라의 백성으로써 복음 선교의 사명을 수행하게 하는 마가의 신학적 의도가 주장되고 있다. 한편 명정훈의 "교부들의 하나님 나라 이해: 이레네우스, 오리게네스, 아

---

28) 손승화, "신약성서에 나타난 '하나님 나라'의 다양성과 통일성", (장로회신학대학교 대학원 2007. 2.), 208쪽.

우구스티누스를 중심으로"(서울신학대학교 신학전문대학원 2017. 2.)는 이레니우스는 하나님 나라를 예수 그리스도의 재림으로 완성된 구속 교육적 과정으로 미래적인 측면으로 이해하였으며, 오리게네스는 하나님 나라를 현재 예수 그리스도의 경험을 통해 이룰 수 있다고 내재적인 측면을 강조하였고, 아우구스티누스는 비록 하나님 나라와 세속 나라가 긴장 상태에 있지만 그럼에도 불구하고 원수까지 사랑할 수 있는 사랑의 실천 장소인 가시화된 교회를 하나님 나라로 이해하였다고 주장한다.

이러한 논문들은 모두 하나님 나라에 대해 나름대로의 시각을 가지고 충실하게 연구한 논문들이라고 생각한다. 그러나 '하나님 나라의 시간성' 문제와 관련하여 내가 관심을 가지고 있는 분야의 연구가 진행된 논문들은 아니다. 그리고 '하나님 나라의 현재성'과 관련하여 '구원의 현재성'에 대해서 연구한 논문들도 아니다. 본 연구의 관심은 '하나님 나라의 시간성'과 '하나님 나라의 현재성'이다. 필자는 예수님께서 선포하신 '하나님 나라'의 중심 내용이 바로 '디아코니아'(섬기는 자의 삶)이며, 예수님 스스로도 '디아코노스'(섬기는 자)로 오셨고 디아코니아적 삶의 모습을 스스로 보여 주셨으며, 모든 그리스도인들을 디아콘(집사: 섬기는 자)으로 부르고 있다고 생각한다. 그리고 예수님께서 선포하신 '하나님 나라'의 중심 내용이 바로 '디아코니아'(섬기는 자의 삶)라면 그리스도인의 정체성은 당연히 '디아코니아'(섬기는 자의 삶)여야 할 것이다. 그리고 선교 또한 디아코니아가 그 중심이 되어야 할 것이라고 생각한다. 그래서 필자는 본 연구의 주제 개념인 디아코니아와 관련된 선행 연구 결과를 학위논문들을 중심으로 살펴보았다.

디아코니아 관련 박사학위 논문으로는 다음과 같은 것들이 있었다. 김현수의 "칼빈의 Pietas 관점에서 본 디아코니아 연구"(Diakonia Viewed from the Standpoint of Calvin's Pietas)(평택대학교 신학전문대학원 2011. 8.)는 칼빈에게 경건의 실천적인 삶이 바로 디아코니아라고 말한다. 디아코니아란 '세상을 향한 교회의 섬김'을 의미한다. 따라서 하나님을 섬기는 예배는 곧 이웃을 섬기는 봉사인 디아코니아와 직결된다. 이런 점에서 볼 때 예배의 핵심적인 요소인 디아코니아는 교회의 본질적 사명이라고 주장한다. 그러나 김현수의 논문은 경건의 실천적 삶, '세상을 향한 교회의 섬김', 하나님을 섬기는 예배, 교회의 본질적 사명 등을 하나님 나라와 연결시키지 못하고 있는 것 같다.

박국배의 "미래교회를 위한 디아코니아 삼위일체론에 관한 연구"(study on the diakonia trinity for the future church)(실천신학대학원대학교 2013. 2.)는 삼위 하나님은 상호 친밀성, 개방성, 일치성, 내재성, 그리고 수용성을 통해 일체를 이루신다. 이 관계 양식들은 하나님의 디아코니아성의 표출 양식으로서 하나님의 디아코니아 관계성을 드러낸다. 삼위일체 하나님의 디아코니아 관계성은 하나님을 신앙하는 교회로 하여금 디아코니아성을 중요하게 여기는 교회가 될 것을 요구하고 있다고 주장한다. 이는 디아코니아의 조직신학적 발전을 위한 하나의 초석이 될 수 있는 논문으로 여겨지는 교회 본질에 관한 연구로서의 가치가 있다. 박행신의 "교회의 본질로서의 디아코니아와 그 실천 현장으로서의 지역에 관한 연구"(study on diakonia as the essence of the church and local contexts as the practical field)(실천신학대학원대학교 2013. 8.)는 예수가 선포한 하나님 나라는 '오늘', '여기'라는 역사 속에서 그의 메시아적 소명과 함께 시작되었다. 예수에게 이 세상은 디아코니아의 현장이었고, 하나님 나라를 실천하는 장소였던 것이다. 교회성장적 관점이 선교를 복음 전도에 집중하는데 반해, 하나님께서 하시는 사역은 전 우주적 회복을 위한 디아코니아이며, 교회는 여기에 동참해야 한다. 하나님의 선교신학과 선교 현장을 연결시키는 것이 하나님 나라의 이상이고, 하나님의 이상을 구체화한 것이 디아코니아이기 때문이라고 주장한다. 이는 하나님 나라의 실천 현장으로서 디아코니아를 주장한 유의미한 논문이다. 옥진한의 "존 웨슬리의 영성 안에 함의된 디아코니아의 역동성에 관한 연구"(study on the dynamics of diakonia implied in John Wesley's spirit)(실천신학대학원대학교 2014. 2.)는 존 웨슬리 당대의 '거룩한 삶 살기'의 실재는 오늘날 상당 부분 후퇴되었거나 그 원형을 찾아보기 어렵게 되었다. 세상의 가난한 자들, 갇힌 자들, 약자들과 벗되어 그들과 함께하였던 웨슬리의 유산을 저버리고 그의 성령론에만 매달린 성화 추구는 자기 도취된 열광주의, 신비주의 분파로 전락하게 된다. 웨슬리의 실천적 신학의 저변에 깔려 있는 디아코니아 영성을 회복하고 '디아코니아'라는 방향성을 찾아가야 할 것이라고 주장한다.

김동진의 "루터의 디아코니아 신학의 발견과 한국루터회의 디아코니아 실천의 회복"(The discovery of Diakonia theology by Martin Luther and the recovery of Diakonia practice of Lutheran Church in Korea)(실천신학대학원대학교 2015. 8.)은 루터 신학에 나타난 디아코니아성을 밝히고 있으며, 갈라디아서와 로마서를 중심으로 루터의 신학이 결코 사랑의 실천을 약화시키지 않았다는 점을 강조한다. 그러나 한국에서의 디아코니아 신학의 부재가 한국 디아코니아 퇴보에 적지 않은 영향을 주었다. 그것은 기독교 한국루터회도 마찬가지였다. 한국교회는 루터의 '오직 믿음으로'를 외치다가 그리스도인의 사회적 책임을 방기했다. 이제 왜곡된 믿음, 왜곡된 루터가 아닌, 루터가 말한 참된 믿음으로 강력한 디아코니아의 추동력을 삼아야 할 것이라고 주장한다. 김동진은 사랑의 실천을 말하고 있다. 사랑의 실천이 곧 디아코니아이다. 그러나 그 디아코니아는 하나님 나라의 내용이어야 한다. 루터 신학의 오해에 대해 해명하고 있으며, 믿음과 행함의 분리에 대해 해명하고 있다. 나는 하나님 나라의 시간성에 대한 인식을 통해서 행함에 대한 해명보다 더 강력한 믿음과 행함의 일치에 대한 인식을 할 수 있다고 생각한다.

조현호의 "위르겐 몰트만의 정치신학에 나타난 디아코니아 사상"(Diakonia thought in Jurgen Moltmann's political theology)(실천신학대학원대학교 2016. 8.)은 몰트만의 정치신학이 실현되는 구체적인 장으로 교회를 이야기하는데, 교회는 정치적인 정의와 경제적인 정의를 위한 디아코니아로 볼 수 있다고 말한다. 몰트만은 그의 신학에서 정치적 정의와 경제적 정의를 세우는 가장 중요한 해결책으로 공동체를 이야기하고 있다. 연대하는 공동체는 정치적, 사회적, 경제적 불평등과 부당한 폭력을 극복할 수 있는 강력한 힘임을 이야기하고 있다. 한국교회는 몰트만이 말한 대로 현시대의 아픔과 갈등을 치유하는 대안으로 연대하는 공동체로 세워져야 할 것이다. 침묵하는 교회가 아닌 사회의 구조적인 문제에 관심을 가지고 디아코니아적 실천이 있는 공동체여야 할 것이라고 주장하고 있다. 조현호는 하나님 나라가 연대하는 공동체임을 잘 파악하고 있다. 그리고 하나님 나라의 내용이 디아코니아여야 하며, 몰트만의 정치신학의 분석을 통해 정치적 정의와 경제적 정의의 실현에 교회가 동참함으로써 교회가 실천이 있는 디아코니아적 교회가 되어야 함을 잘 일러주고 있다고 생각한다.

이동규의 "기독교대한감리회 사회신경(1997년)에 대한 디아코니아 신학적 이해"(Theological understanding of diakonia in the Korea Methodist Church social creed)(실천신학대학원대학교 2017. 8.)는 디아코니아 신학을 근거로 하여 감리교회 사회 신경이 고백하는 바 하나님 나라는 교회만의 소유가 아니라 사회와 모든 민족이 더불어 누려야 하는 것임을 강조하였다. 하나님 나라의 지향은 교회만의 목표가 아니라 온 세계의 지향점일 수밖에 없기에 교회는 고백한 사회신경을 좀 더 실천적으로 행동함으로 웨슬리가 표방한 사회와 더불어 성화를 이루어 가는 교회가 되어가는 과정에서 교회 본연의 사역으로서의 디아코니아 신학의 적합성을 주장하고 있다. 그렇다. 이동규가 보는 대로 하나님 나라의 현현은 모든 사람들이 하나님 나라의 통치 아래 살아갈 것을 요구한다. 하나님 나라는 디아코니아로 표현되어야 한다는 그의 주장에 나는 동의한다.

이러한 필자의 동의에도 불구하고 위의 국내 연구 논문들 중에서 본 연구와 동일한 관심, 즉 디아코니아를 하나님 나라의 현재라고 선교와 디아코니아를 연결 짓는 논문은 찾을 수 없었다. 이 외에도 국내에서 디아코니아와 연관된 논문은 여러 편이 있었으나, '하나님 나라의 현재로서의 디아코니아와의 관계성'에 대한 논문은 찾아보기 어려웠다. 그래서 필자는 국내에서 아직까지 연구되지 않은 "'하나님 나라'의 현재로서의 '디아코니아'에 관한 연구"(A Study on Diakonia as the Present of the Kingdom of God)를 하나님의 선교 관점으로 진행하려고 한다.

## 3. '하나님 나라'는 '이미와 아직', '디아코니아', '교회일치와 사회책임'으로 현존한다.

본 연구는 하나님 나라와 디아코니아와의 상관관계를 하나님 나라의 현재라고 하는 관점에서 둘 사이를 실천적 관계로서 설명하려고 한다. 이를 진행함에 있어서 필자는 '하나님의 선교'의 관점을 가지고, 하나님의 선교 현장으로서의 '세상'의 위치를 제자리로 돌려놓아야 한다고 생각한다. 예수가 선포한 하나님 나라의 진정한 의미는 하나님의 뜻을 인간 세상에서 수행하는 것이며, 사회 변혁과 관련된 이상이며, 역사 속에 공의로운 공동체를 건설하는 것이어야 한다고 생각하기 때문이다. 이 책에서 나는 먼저 '하나님의 선교'(Missio Dei)의 관점이 하나님의 나라를 디아코니아의 실천 현장이라고 서술하는 일이 적절하다는 점을 확인하고 본서를 전개하는 큰 틀로 삼으려고 한다.

이 책에서는 첫째로 이미(already)와 아직(not yet)의 긴장 관계 안에서 종말론적인 삶을 살아가는 그리스도인의 구원에 대한 이해를 확인하기 위해서 하나님 나라의 시간성을 연구의 첫 범위로 설정한다. 여기에서는 하나님 나라의 시간성 연구를 통해서 '하나님 나라'를 실천적으로 이해하는 일에 현재성이 매우 중요하다는 사실을 증명하는 작업이 진행될 것이다. '하나님 나라'라는 주제와 관련된 서적들은 국내에도 많이 번역되어 있다. 조지 앨든 래드의『하나님 나라의 복음』, 비슬리 머리의『예수와 하나님 나라』, 헤르만 리델보스의『하나님 나라』, 노만 페린의『예수의 가르침 속에 나타난 하나님 나라』, 웬델 윌릿의『하나님의 나라』 등은 본 연구를 진행하는 일에 중요한 안내서들이 되었다. 그리고 이 연구 범위에서 하나님 나라의 현재성에 대한 성서신학적 석의에 많은 지면을 할애할 예정이다.

둘째로는 하나님 나라와 디아코니아와의 관계성을 살피기 위하여, 예수님 스스로가 '섬기는 자'로 오셨다고 말씀하신 예수님의 정체성과 이 땅에서 행하신 예수님의 사역, 제자들과 초대교회가 이해한 '하나님 나라와 디아코니아의 관계성', 바울이 이해한 '하나님 나라와 디아코니아의 관계성'을 연구 범위로 설정한다. 앞에서 살펴본 국내에서 연구된 디아코니아 관련 박사학위 논문들 중에서도 '하나님 나라의 현재성과 디아코니아의 관계'에 대한 직접적 연구는 찾아보기 어려웠다. 그러나 이들 연구를 통해 알 수 있는 것은 예수님께서 선포하신 '하나님 나라'의 중심 내용이 바로 '디아코니아'(상호 섬기는 자들의 공동체)이며, 예수님 스스로도 '디아코노스'(섬기는 자)로 오셨고, 디아코니아적 삶의 모습을 보여 주셨으며, 제자들을 그를 따라야만 하는 디아콘(집사: 섬기는 자)으로 부르시고 이들에게 제자 곧 디아코노스의 삶을 가르치고 지켜서 행하게 하라고 마지막 명령을 하셨다는 것을 연구할 것이다.

한편 디아코니아 신학으로 설명되는 하나님 나라의 내용은 어떤 이들에게는 새로운 신학(디아코니아학)의 만남일 수 있다는 기우에 따라, 이 단원에서는 디아코니아의 용어의 정의, 신약과 구약에 나타난 디아코니아의 성서적 근거, 조직신학적 근거를 간단하게 설명함으로써 아직 일반화되지 못한 디아코니아의 학문의 핵심 개념을 소개하는 계기를 만들고자 한다. 필자는 이 연구를 통해 하나님 나라에 대한 예수의 선포는 시작부터 마지막까지 디아코니아 실천 이외의 다른 것이 아니었다는 사실을 서술하고자 하는 것이다. 연구 자료에 있어서 디아코니아에 대한 신학적 논의들은 지난 일이십 년 사이에 진척된 독일 디아코니아 신학의 소개[29]와 도전들에 대한 국내외의 연구들을 통해서 살펴보겠고, 또한 2년 전에(2017년) 독일 하이델베르트대학교를 중심으로 리서치 방문 과정에서 파악하고 조사해 온 자료들을 중심으로 최근의 논의까지도 포함시켰다.[30]

---

29) Philippi, Paul, "Die diakonische Grundordung der Gemeinde"(1965), Christozentrische Diakonie, Diakonica, Abendmahlsfeier und Wirklichkeit der Gemeinde; Ion Bria, "the liturgy after the Liturgy," WCC, 1994.; H. D. Wendland, "Christos Diakonos, Christos Doulos"; Bach, Ulrich, "Die dikoniesche Kirhe als Freiraum fuer uns alle"(1979) 등.

30) G. Teissen, "좌절한 종교개혁자들과 그들의 유산", 이범성 역; H. Walz, "제3의 종교개혁이 일어난다면 어디에?", 이범성 역; B. Ulrich, "Die dikoniesche Kirhe als Freiraum fuer uns alle", 이범성 역; T. Sundermeier, "Missio Dei Today", 이범성 역; T. Strohm, "biblische, historische und rheologische Zug&#1235;enge zur Diakonie", 이범성 역; U. Andre, "Was traegt der Missionbegriff fuer die Bestimmung von Mission aus?." 이범성 역. 등의 논문들.

국내에 소개되어 있는 자료들로는 다음과 같은 것들이 있다. 이제 소개된 지 일이십 년을 지나고 있는 디아코니아의 관련 서적이 한국에서 매우 빈약한 것은 학문적 현실이다. 김한옥의『기독교 사회봉사의 역사와 신학』이 디아코니아 관련 서적 중에서는 첫 서적이라고 할 수 있지만, 제목에서부터 '디아코니아'라는 표현보다는 '봉사'라는 표현을 사용함으로서 아직은 디아코니아와 관련된 직접적인 서적으로 인정하기에는 거리감이 있다. 우리가 참고할 만한 중요한 디아코니아 관련 서적으로는 김옥순 교수의 『디아코니아학 입문(2010)』『디아코니아 신학(2011)』이 있고, 한국 디아코니아신학회에서 게르하르트 쉐퍼와 테오도어 슈트롬이 엮은 책을『디아코니아와 성서』라는 이름으로 번역한 번역서가 있는데 그 번역의 난이도를 줄이기가 쉽지 않다. 그리고 2016년에 이범성 교수가 펴낸『에큐메니칼 선교신학Ⅰ』(순수이론편),『에큐메니칼 선교신학Ⅱ』(실천이론편)과 폴커헤르만과 마틴호르스트만의 책을 번역한『디아코니아학』이 디아코니아를 공부하려는 사람들에게 아주 중요한 책이라고 할 수 있겠다. 본 연구를 위해서 독일 하이델베르크대학교의 선교와 디아코니아 신학 연구 결과물들도 다수 살펴보게 될 것이다.

셋째 연구 범위로는 그 첫 선교 현장으로 '교회의 일치'를 위한 하나님 나라의 현재성을 살리는 디아코니아, '세상적 책임'을 위한 하나님 나라의 현재성을 살리는 디아코니아, '선교와 전도'를 위한 하나님 나라의 현재성을 살리는 디아코니아로 연구 범위를 설정한다. 이 세 번째 연구에서는 '하나님 나라의 현재성'이 나타나는 '디아코니아'의 현장을 교회를 포함한 세상 속에서 '하나님의 선교' 실천 현장으로서 표현하고자 한다. 이러한 연구를 통해 디아코니아적 교회론의 당위성에 대해 그리고 하나님의 선교 개념을 통해 하나님-세상-교회의 인식을 확인하려 하는 것이다.

이 책을 통해 하나님 나라의 선교는 본질적으로 디아코니아적이어야 하며, 하나님 나라의 현재성 인식을 통해서 세상을 풍성하게 하고 유익하게 하는 현재적 삶에 대한 책임감을 확인하게 될 것이다. 하나님 나라의 현재성을 디아코니아로서 명명하거나 동시에 선교를 디아코니아 실천으로서 서술된 연구를 찾아보기는 어렵다는 점은 앞에서 밝힌 바 있다. 그래서 필자는 교회 일치를 지향하는 '신앙과 직제'(Faith and Order)운동, 교회의 사회적 책임을 도모하는 '삶과 봉사'(Life and Work)운동과 하나님 나라의 현재성을 살리는 '복음의 전도'(CWME)운동을 하나님 나라의 현재로서의 디아코니아 경험이라고 주장하며 하나님 나라를 위한 선교를 디아코니아의 실천 현장이라고 여기고 전개해 나갈 것이다.

# II
## 하나님 나라의 현재적 시간성

성경 전체의 주제는 "하나님 나라, 하나님이 다스리는 나라, 하나님의 뜻이 이뤄지는 나라, 하나님이 왕이신 나라[31]"이다. 신약성서의 중심 주제도 물론 '하나님 나라(천국)'이다. 그런데 하나님 나라를 이해하는데 있어서 시간성에 대한 인식은 매우 중요한 문제이다. 하나님 나라가 단지 미래적인가? 만일 그렇다고 단정 짓게 되면, 하나님 나라는 현재의 역사와는 아무런 관계를 갖지 못하게 되고 만다. 이 세상과 그리스도인들과는 아무 상관이 없게 되기 때문이다. 그렇게 되면 그리스도인들은 현재의 세상에서 할 수 있는 일이 아무것도 없게 된다. 그저 죽은 후에 들어갈 천국을 기다리는 것 밖에는 할 수 있는 일이 아무것도 없게 되는 것이다. 따라서 그리스도인들이 이 세상 속에서 인간 세상을 위하여 사회 변혁을 꾀한다든지 아니면 공의로운 공동체를 건설하는 것은 모두 부질없는 일이 되는 것이다.

　하나님 나라가 단지 묵시적 종말론적인가? 우리는 종말론적인 완성을 기다리고 있다. 그런데 여기서 묵시적이라고 한다면 이는 이 세상의 종말이 파멸로 끝난다는 것을 전제하고 있는 것이다. 그런데 과연 예수는 묵시적 종말의 때에 사라져버릴 이 세상을 위해서 그리고 아무 소망이 없는 인간들을 위해서 목숨을 버리신

---

31) 박원호, 『우리가 하나님 나라를 몰랐다』, (두란노, 2015), 37쪽.

것일까? 그러한 죽음이 과연 의미 있는 죽음인가? 나는 그렇지 않다고 생각한다. 예수가 선포한 '하나님 나라'에는 '미래적 하나님 나라' 뿐 아니라 '현재적 하나님 나라'도 함께 있다. 하나님 나라는 단지 미래적이지 않다. 오히려 현재적인 측면이 충분히 인식되고 있다. 이러한 인식은 현대를 사는 우리 신앙인들에게 중요하다. 그럼에도 하나님 나라의 '현재성'에 대한 인식의 중요성이 교회에서와 개인의 신앙생활에서 소홀히 다루어지고 있다는 것은 안타까운 일이다.

필자는 이 하나님 나라의 '현재성'에 대한 인식을 통해서 우리가 잃어버린 '현재적 하나님 나라'를 회복하는 계기를 삼아야 한다고 생각한다. 하나님 나라가 미래적일 뿐 아니라 현재적이라고 한다면, 예수가 선포한 하나님 나라의 진정한 의미는 하나님의 뜻을 인간 세상에서 수행하는 것이며, 사회 변혁과 관련된 이상일 수 있고, 역사 속에 공의로운 공동체를 건설하는 것일 수 있게 된다. 이렇게 될 때, 비로소 선교의 실천을 위한 신학은 그 기반을 얻게 되는 것이다. 여기서 연구자는 먼저 하나님 나라의 현재적 시간성 이해를 위한 관점이 되는 하나님의 선교(Missio Dei)에 대해서 살펴보려고 한다. 그리고 예수가 선포한 '하나님 나라'의 현재성의 근거들에 대해서 살펴보려고 한다.

## 1. 하나님 나라의 '현재'를 중요시하는 하나님의 선교(Missio Dei)

1950년대 이래로 선교신학의 대부분은 '하나님의 선교'(Missio Dei)에 기반을 두고 있다. 그럼에도 불구하고 한국에서는 신중하고도 심도 있는 연구를 진행하지 않고 피상적으로 넘어가버렸다.[32] 선교는 그리스도의 사랑으로부터 우러나오는 심오한 요구에 근거를 둔 내적인 강요이며, 생명을 주러 이 땅에 오신 예수(요 10:10)의 충만함을 다른 사람과 나누기 위해 그들을 초대하는 행위이다.[33] 선교는 하나님께서 시작한 일이며, 예수 그리스도를 통하여 하나님 나라 증거라는 내용을 갖게 되었으며, 성령을 통하여 지속되고 있다. 따라서 선교는 교회 기능들 중의 하나가 아니라 교회의 존재 목적이 된다.[34] 연구자는 이러한 견해에 매우 공감한다. 연구자가 하나님 나라의 현재성과 구원의 현재성에 관심을 가지게 된 계기가 바로 '하나님의 선교'(Missio Dei)라는 관점

---

32) 이범성 교수는 그의 논문 '오늘날 하나님의 선교', 미간행 논문(2018.5.8.)에서 이점을 지적하였다.
33) 세계교회협의회, 『공동의 증언을 향하여: 선교에서의 책임적 관계 채용과 개종주의 중단에로의 부름, 그리스도인의 증거와 신앙의 자유』, 1997.
34) 이범성, 『에큐메니컬 선교신학 I』, 40~41쪽.

을 통해서였다. 예수가 생명의 충만을 주기 위해 이 땅에 오셨다는 사실을 깨달으면서부터였다. '하나님의 선교' 관점을 통해 세상을 보게 될 때 세상에 대한 책무와 세상을 향한 하나님의 사랑과 우리들을 부르고 계심을 알게 된다.

선교는 하나님께 속한 사역이다. 이것이 하나님의 선교(Missio Dei)의 첫 번째 의미이다. 하나님은 명령하시는 주이시고, 하나님은 사물을 돌보시는 소유자이시다. 그는 선교의 주역(the Protegonist: das handelnde Subjekt)이시다.[35] 선교는 하나님 자신의 일이다. 선교는 하나님이 하신다. '하나님의 선교(Missio Dei)' 신학에 따르면 교회는 더 이상 선교 사역의 주체로 여겨지지 않는다.[36] 교회와 선교는 단지 하나님이 자신의 선교를 수행하기 위한 도구요 기구일 뿐이다.[37] 교회는 하나님에 의해 사용될 수 있을 때에만 하나님의 그릇과 도구가 될 수 있다. 교회와 그리스도인은 섬기는 자(Diakonos)로 오신 예수 그리스도의 뒤를 따라 섬기는 선교를 할 수 있을 뿐이다.[38] 곧, "세계를 향한 그리스도의 선교에 참여하지 않고는 그리스도에의 참여란 있을 수 없다."[39] 교회는 선

---

35) George F. Vicedom, 『The Mission of God: An Introduction to a Theology of Mission』, Translated by Gilbert A. Thiele and Dennis Hilgendorf, (Saint Louis, concordia publishing house, 1965), 5쪽.
36) 이범성, '오늘날 하나님의 선교', 1쪽.
37) George F. Vicedom, 『The Mission of God: An Introduction to a Theology of Mission』, Translated by Gilbert A. Thiele and Dennis Hilgendorf, 6쪽.
38) 이범성, 『에큐메니컬 선교신학 I』, 47쪽.
39) Norman Goodall,, Missions Under the Cross, (London: Edinburgh House Press, 1953), 189쪽.

교를 수행할 것인지 하지 않을 것인지를 결정할 수는 없다. 교회는 오직 자신을 위해서 교회가 되기를 원하는지 아닌지를 결정할 수 있다.[40] 선교는 하나님 자신의 행위에 근거하고 있기 때문이다. 선교가 하나님께 속한 활동이라고 한다면 교회의 역할은 다시 재고되어야만 할 것이다.

만일 우리가 성서적 개념을 정의하려고 한다면, '하나님의 선교(Missio Dei)'란 또한 이중적으로 위탁하는 분으로서 이해되어야만 한다. 하나님이 보내시는 분이실 뿐만 아니라 동시에 보냄 받는 분도 되신다.[41] '하나님의 선교(Missio Dei)'는 삼위일체적으로 이루어진다고 강조된다. 하나님 아버지는 아들 예수 그리스도를 보내시고, 아버지와 아들은 성령을 세상의 화해를 위해 보내신다. 그리스도는 "아버지께서 나를 보내신 것처럼 나도 너희를 보낸다"(요 20:21)고 말한다. 이 삼위일체적 선교 이해를 통해서 선교의 협소화와 일방성은 극복되어야 할 것이다. 선교는 더 이상 교회의 여러 행사들 중의 하나가 아니라, 선교는 교회가 존재하는 이유이고, 교회는 하나님의 선교 아래에, 즉 세상에 대한 '하나님의 선교'에 자기를 복종시키는 자기 위치 설정이 있어야 할 것이다.[42] 에큐메니컬 선교학자 테오 순더마이어(T. Sundermeier)는 '하나님의 선교' 개념의 의미를 21세기 현재 사뭇 달라진 기독

---

40) George F. Vicedom, 『The Mission of God: An Introduction to a Theology of Mission』, Translated by Gilbert A. Thiele and Dennis Hilgendorf, 6쪽.
41) Ibid., 7쪽.
42) 비교. 이범성, '오늘날 하나님의 선교', 1쪽.

교 지형도 속에서 확인하기를 시도한다.

'하나님의 선교'라는 개념은 칼 바르트의 친구였던 독일 남부의 지방주교 칼 하르텐슈타인에 의해서 1952년에 독일 빌링엔에서 열린 세계선교대회에서 소개되었다. 하르텐슈타인은 바르트의 로마서 주석에서 이 개념의 단서를 찾게 되었던 것이다. 이 개념은 빌링엔에서 다만 부수적으로 사용되었을 뿐이다. 그렇지만 그것은 곧 커다란 성과를 보았다. 선교에 대한 각종 의문과 회의에 대하여 하나님 '자신'이 선교의 주창자이며 완성자이고 '그의 아들'이 파송된 자이며 선교사 자신이라는 주의가 환기된 것이다.[43]

호켄다이크는 선교를 교회로부터 생각해 내지 않았고 세상으로부터 생각해 내었다.[44] 그는 "이 천국 복음이 모든 민족에게 증언되기 위하여 온 세상에 전파되리니 그제야 끝이 오리라"(마 24:14)는 말씀을 인용함으로써 하르텐슈타인이나 프라이탁과 같은 구원사적 신학 배경을 가지고 있음을 드러내었다. 호켄다이크에게 있어서 선교는 종말론의 요구이다.[45] 호켄다이크는 세상에 대한 선교적 하나님의 활동은 교회 중심적인 협소함 없이 관찰되어야 한다고 믿으며, 그래서 교회론에 의해서 선교론이 정해

---

43) 비교. Theo Sundermeier, "Missio Dei Today", 미간행 논문, 2016.
44) 호켄다이크가 선교를 교회가 아니라 세상으로부터 생각해 내었다고 하더라도 그가 생각하고 있는 '참된 인간화'를 휴머니즘이라고 오해해서는 안 된다. 호켄다이크는 전도를 누누이 강조하였다. '참된 인간화'는 휴머니즘이 아니라 '참된 구원'을 의미한다.
45) 이범성, '오늘날 하나님의 선교', 4쪽.

지는 것이 아니며, 교회는 오이쿠메네(사람들이 사는 세상)를 위한 하나님의 선교에 있어서 하나의 도구에 불과하다고 말한다. 이렇게 보면 하나님의 선교에 있어서 교회는 중요한 것이 아니고, 하나님의 나라가 중요하며, 바로 이 '하나님 나라'가 이 세상에 직접 선포되어야 할 내용인 것이다. 아직 완성은 아니지만 이미 시작된 하나님 나라가 하나님의 약속대로 이 세상의 여기저기에서 선포되고 나타나고 경험되어야 하는 것이다. 바로 이점에서 호켄다이크의 선교역사관이 구원사로부터 약속사로 넘어갔다는 것을 말해 준다.[46]

그렇다면 약속사적 사관이란 무엇인가? 약속사적 이해란, 하나님은 세상에 구원을 약속하시고, 그의 행동으로 그것을 이미 상징적으로 이룩해 놓으셨다는 것이다. 역사 속에 발생한 역사가 중요하다. 하나님-교회-세상의 순서로 설명되는 하르텐슈타인이나 프라이탁의 구원사 이해에 대하여 그 시야를 급진적으로 전환한 호켄다이크는 하나님은 우선적으로 교회에 무엇을 하시고 그 후에 교회를 통해 세상에 역사하는 것이 아니고, 직접 세상에서 역사하시기 때문에 교회는 이렇게 하나님이 세상에서 하신 일에 참여하게 될 때 교회인 것이다. 그래서 이 선교적 도식은 호켄다이크에 따르면 하나님-세상-교회의 순서로 날카롭게 재정립된다. 하나님께 중요한 것은 교회가 아니고 세상인 것이다.[47] 필자는 하나님 나라의 현재성을 바라보는 시야는 바로 이러한 하나

---

46) Ibid., 4-5쪽.
47) Ibid., 6쪽.

님의 선교 관점으로 세상을 바라보게 될 때 세상적 책임과 함께 교회가 세상을 향하여 할 일이 무엇인지를 자각하게 된다고 생각한다. 이러한 점에서 '하나님의 선교'의 관점은 매우 중요하다고 생각한다.

1962년에 시작되어 1967년에 완성되고 1968년 제4차 세계교회협의회 웁살라대회에서 알려진 대륙교회협의회의 선교연구보고서들은 세계교회들의 선교신학이 구원사적 입장에서 약속사적 입장으로 전환을 이루었다는 것을 보여주는데, 여기에서 호켄다이크의 역할은 단연 돋보이는 것이었다. 이러한 선교역사관의 선회는 하나가 다른 하나를 대체하여 이전 것은 쓸모없어졌다는 이야기가 아니라, 구원사적 선교사고가 계속 유효한 가운데 새로운 사고, 즉 약속사적 이해가 압도적 영향을 행사하는 현상을 말한다. 하나님은 자신의 선교를 스스로 이끄시는데, 그것은 경우에 따라 교회 없이도 이루어지고 있으며, 세상은 중요한 의미를 가지고 그 속에서 예수 그리스도의 십자가와 부활을 통해 이미 하나님의 구원활동이 역사하는 곳이라는 것이다. 이것이 바로 약속사적 선교관이 보여주는 하나님의 선교의 핵심이다. 이와 더불어 세상과 인류의 곤경은 하나님의 구원 의지에 포함된 요소들로서 그 선교적 중요성은 인정되어야 하며, 이를 위한 사회디아코니아적 주도권이 발전되었다.[48]

---

48) 이범성, '오늘날 하나님의 선교', 7쪽.

호켄다이크와 동시대인으로서 '하나님의 선교' 개념을 원초적으로 규명하고 확산한 공로는 피체돔(G. F. Vicedom)에게 있다. 피체돔은 "만일 하나님이 선교를 수행하려고 할 때 하나님 자신이 선교를 수행함이 사실이라고 한다면, 교회는 하나님에게 스스로를 투항할 때에만 하나님의 그릇이요 도구가 될 수 있다"[49]고 교회와 선교의 관계를 단언한 것이다. 호켄다이크와 달리 피체돔은 선교의 목표는 샬롬화가 아니라 '제자도'에 있다고 보았다.

피체돔은 선교는 제자들의 공동체로부터 비로소 유래하는 것이라고 말한다. 제자도는 단지 '깨짐'과 '회심'과 '거듭남'을 통해서만 이루어지는 '새 인류'를 목표로 한다. 제도화된 교회는 스스로를 제한하고 항상 제자도를 통한 교회에 자신을 맞추어야 한다. 교회는 증인의 공동체여야 하고, 섬김의 공동체이어야 하며, 찬양의 공동체이어야 하고, 그것이 아니면 예수 그리스도의 교회라고 여겨질 수 없다고 그는 강조한다.[50]

우리는 '하나님의 선교'의 산파 역할을 한 독일 루터교 경건주의자였던 슈페너와 프랑케, 진젠도르프에 주목할 필요가 있다. 그들은 신앙의 열매에 흥미를 갖고 있었으며, 디아코니아를 통해 사랑을 실천한 사람들이다. 진젠도르프에게 있어서 선교는 교회의 활동이 아닌 성령을 통한 그리스도 자신의 활동이었다. 경건주의자들은 선교 현장에서 구원과 복지, 영혼과 육체 그리고 개

---

49) George F. Vicedom, 『The Mission of God: An Introduction to a Theology of Mission』, Translated by Gilbert A. Thiele and Dennis Hilgendorf, 7쪽.
50) 이범성, '오늘날 하나님의 선교', 8쪽.

종과 개발을 구분하지 않았다. 선교는 더 이상 식민정부의 일이 아니었고, 선교는 성직자뿐 아니라 평신도의 일로 여겼으며, 국가와 교파를 초월한 그리스도인의 교제를 추구하였다. 이러한 이해는 후대에 개신교 선교신학이 '하나님의 선교'로 발전해 가는 중요한 징검다리가 되었다.[51]

진젠도르프가 선교를 성직자뿐 아니라 평신도의 일로 여겼다는 것은 평신도가 디아코니아의 주체가 됨을 간파한 것이라고 여겨진다. 요한 힌리히 비셔른은 평신도가 주체가 되는 세 가지 디아코니직에 대해 말한 바 있다. 세례 받은 기독교인이 자유롭게 의무를 지는 자유로운 사랑의 돌봄, 공동체인 교회의 디아코니 그리고 공공질서 구조 내에서 행해지는 시민들의 디아코니가 바로 그것이다.

하나님의 선교(Missio Dei)의 선교도식은 하나님-세상-교회이다. 선교는 하나님이 하시는 일이다. 하나님은 세상에 구원을 약속하시고, 그의 행동으로 그것을 이미 상징적으로 이룩해 놓으셨다는 것이다. 독생자 예수의 보내심도 이 세상을 구원하시기 위함이다. 교회는 세상을 구원하시기 위해 부름 받은 존재이다. 이 부름에 응답할 때에 교회는 그 존재가치를 인정받게 된다. 부름에 응답할 때에 비로소 교회가 되는 것이다. 약속사적 사관에서는 하나님이 주체시고 교회는 세상을 위해서 보냄 받는 존재인 것이다. 즉 세상을 섬기기 위해서 보냄 받았다. 이처럼 교회의 선

---

51) 이범성, 『에큐메니컬 선교신학 I』, 175-176쪽.

교적 본질은 하나님 나라의 선교를 위해 존재하는 도구로서의 신학적 자기인식으로부터 전개되어야 한다.[52] 하나님은 예수 그리스도를 통하여 그리스도 안에 존재하시고, 살아 있는 믿는 자들 안에서 그리고 모든 민족들 가운데 스스로 활동하신다.[53] 연구자는 선교는 하나님의 나라의 증언과 증거가 되어야 하며, 구원과 복지가 하나가 되는 섬김의 선교가 이루어져야 한다고 생각한다. 평신도 중심, 세상 중심, 하나님 나라 중심의 선교로 나아가야 한다.

---

52) 이범성, 『에큐메니컬 선교신학 I』, 165쪽.
53) 이범성, 『에큐메니컬 선교신학 I』, 165쪽.

## 2. 하나님 나라(βασιλεια τοῦ Θεοῦ)에 대한 이해

우리는 하나님 나라의 시간성에 대해 고찰해 봄으로써 하나님 나라는 미래적 성격을 가지고 있으며 종말론적이지만, 그 종말은 선취된 종말 즉 경험되는 종말이며, 그렇게 이 하나님 나라는 이미 시작되었으며 그러나 동시에 아직 완성되지는 않은 긴장 상태에 있음을 확인하였다. 하나님 나라가 현재라든지, 이미 시작된 종말이라든지 하는 표현은 결국 하나님의 나라는 저세상이 아니라 이 세상에서 경험하는 나라이기 때문에 현재 이 세상이 중요하고, 이 세상의 구원에 대한 하나님의 관심이 교회를 이 세상에 존재하게 만들었다는 것이다. 그래서 교회가 중요한 것이 아니라 세상이 중요하며, 교회는 이 세상에 관심을 기울일 때라야 진정한 존재 이유를 댈 수가 있는 것이다.

신약에서 '하나님 나라'의 의미는 무엇인가? 예수가 사용하기 전에도 하나님 나라라는 용어는 있었다. 그렇지만 그렇게 중요한 용어는 아니었다. 그렇기 때문에 유대와 구약의 전승에 하나님 나라에 대한 풍부한 용례와 사례가 나오지 않는다. 대중적으로 흔히 사용하던 개념은 아니었다. 그러나 중요한 것은 유대 전승에 사용되던 '하나님 나라'를 예수가 그대로 따르지 않았다는 점이다. 예수는 자신의 방법으로 그 용어를 사용했다. 예수가 용어 자체를 새로 주조하지는 않았어도, 그 내용에서는 완전히 새로운 개념이었고 용어였다.

우리는 예수가 하나님 나라를 선포했을 때, 듣는 사람들이 그 의미를 잘 모르는 경우가 많았다는 사실을 주목해야 한다. 그래서 예수는 추종자들에게 하나님 나라를 쉽게 비유로 설명해 주기도 했다. 예수는 '하나님 나라'라는 말이 정확히 무엇을 의미하는지 밝힌 적이 없으시다. 그러나 본디오 빌라도 앞에서 반역 죄인으로 고소당한데 대한 답변에서 예수는 주의 깊게 이 세상의 지역적인 어떤 지배권에 대한 주장과는 일체 상관이 없음을 분명히 밝히셨다. 예수는 "내 나라는 이 세상에 속한 것이 아니라"(요 18:36)고 하셨다.

'하나님 나라'라는 말에서 '나라'라는 말의 정확한 의미는 무엇인가? 현 서구사회에서는 '나라'란 왕이 그의 주권을 행사할 수 있는 영역으로 본다. 과거 대영제국을 살펴보면 영국 여왕은 여러 나라들을 다스렸고, 이 나라를 대영제국(United Kingdom of Great Britain)이라고 불렀다. 여왕이 다스리는 영역들이 모두 그의 나라에 포함되었다. 이와 맥락을 같이하여 현대 사전들은 나라를 왕의 통치 영역이라고 해석하거나, 많은 경우는 나라를 나라에 소속된 백성들의 개념에 우선 두고 해석하고 있다. 가령 대영제국이란 영국 여왕의 통치권이 미치는 모든 사람들을 지칭한다고

보는 경우이다.[54]

　나라를 '영역'으로만 보는 경우와 '백성'으로만 보는 경우가 성경의 하나님 나라에 대한 해석을 혼동으로 몰아왔다. 대부분의 영어 성경 사전들은 하나님 나라를 '하나님을 머리로 하는 현재적이고 영적인 통치 영역'이라고 정의를 내린다. 이러한 정의는 하나님 나라가 인간이 볼 수 있는 실제적 영광과 능력으로 임한다고 하는 성경 구절(마 12:28)을 무시하고 내린 정의이다. 또한 이것은 하나님 나라란 앞으로 예수님 재림 시 도래할 미래적 개념의 나라라고 주장하는 사람들의 요구도 만족시켜 줄 수 없는 정의이다. 한편 하나님 나라를 그 나라의 백성으로만 보려고 하는 경우는 교회와 하나님 나라를 동일시하는 구교의 사람들과는 상반된 주장을 편 것이라고 할 수 있다.[55]

　그러나 웹스터 사전(Webster's dictionary)은 나라에 대해 비교적 바른 해석인 '지위, 상태, 왕의 속성, 권위, 통치, 군주권' 등의 고전적 해석을 하고 있다. 현대적 언어해석학 관점에서 본다면 이러한 해석법은 옛날 해석법이라고 할 수 있을 것이다. 그러나 "수천 년 전에 쓰인 성경의 단어들을 해석하기 위해서는 옛 해석법이 더 좋다"고 래드는 말한다. 래드의 이러한 생각은 구약성경에서 사용된 '나라'라는 단어가 어떤 의미로 사용되었는지에 대해 궁금하게 만든다.

---

54) 조지 앨든 래드, 『하나님 나라의 복음』, 박미가 역, (서로사랑, 2001), 23–24쪽.
55) Ibid., 24쪽.

그렇다면 구약에서는 '하나님 나라'라는 말이 사용되었을까? '하나님 나라'라는 말이 사용되지 않았다면 구약에서는 '하나님의 통치'를 의미하는 단어로 어떤 것을 사용하였을까? 구약에서 여호와의 미래적 강림과 여호와의 날의 궁극적 목적은 '하나님 나라'를 이루는 것이다. 그러나 언어적 빈도를 기준으로 한다면 '미미하다'라고 답할 수밖에 없을 것이다. '하나님 나라'라는 표현은 구약에 나오지 않는다. 그러나 여호와께서 통치하시는 나라에 대한 언급은 있다. 그러나 단지 아홉 구절에서만 나오고, 그것도 구약의 제한된 범위 안에서만 나온다.[56]

고대 히브리어로 된 구약성경에서 '나라'는 '말쿠트'(מַלְכוּת)로 쓰여 있고, 헬라어로 된 신약성경에서는 '바실레이아'(basileia)라고 쓰여 있는데, 이 두 단어 모두 왕이 행사하는 '지위, 권위, 주권'이라는 의미를 갖고 있다. 바실레이아라는 단어에 백성과 통치 영역이라는 개념이 포함된 것은 사실이지만 이는 보조적인 의미일 뿐이며, 주된 의미는 역시 왕이 행사하는 '통치' 또는 '통치권'의 의미를 갖고 있다. 그러므로 무엇보다 먼저 하나님의 나라는 왕이 다스리는 '주권'으로 이해하는 것이 가장 좋다.[57] 구약성경에서 '하나님의 나라'라는 단어는 항상 그분의 '통치(reign)'와 '다스림(rule)' 또는 '주권(sovereignty)'이라는 의미로 쓰였지, 영역(realm)으로 쓰이지 않았다. 시편 103편 19절에 나오는 '정권'이라

---

56) 구약에서 '나라'를 의미하는 세 용어가 있다. 말쿠트(시 103:19; 시 145:11-13; 단 3:33; 4:31), 멜루카(옵 2:1; 시 22:29), 맘라카(대상 29:11).
57) 조지 앨든 래드, 『하나님 나라의 복음』, 박미가 역, 25쪽.

는 단어는 히브리어로 '말쿠트()'라고 했는데 이는 하나님의 나라를 가리키며 '통치'라는 개념으로 쓰였다. 그러므로 "여호와께서 그 정권으로 만유를 통치하시도다"라는 말은 그분의 나라가 만유(universe)에 영원할 것이라는 말이다. 구약성경에서는 이처럼 '하나님 나라'라는 단어가 영역(realm)보다는 '통치'(reign) 또는 '주권'(sovereignty)의 의미로 상용되고 있는 것이다. 이는 "수천 년 전에 쓰인 성경의 단어들을 해석하기 위해서는 옛 해석법이 더 좋다"고 말한 래드의 말을 떠올리게 한다.

시편 145편 11절의 "저희가 주의 나라의 영광을 말하며 주의 능을 일러서"라는 표현에서, 주의 '나라'와 '능'이라는 말은 평행적 대구를 이루며 둘 모두 '통치'라는 의미를 갖고 있다. 그분의 나라는 그분의 능(권세·통치권)과 동의어이다. 시편 145편 13절의 "주의 나라는 영원한 나라이니 주의 통치는 대대에 이르리이다"라는 표현에서도 '나라'와 '통치'는 같은 동의어격으로 쓰였다. 다니엘서 2장 37절의 "왕이여 왕은 열왕의 왕이시라 하늘의 하나님이 나라와 권세와 능력과 영광을 왕에게 주셨고"라는 구절에서도 권세, 능력, 영광이라는 단어가 나라라는 단어와 동의어로 사용되었음을 알 수 있다. 즉 이 단어들은 모두 왕의 주권을 나타내는 단어들이다. 이러한 단어들은 하나님이 왕에게 허락한 '통치'라는 의미와 동일하다.[58]

---

58) Ibid., 26쪽.

비록 구약성경이 '하나님의 나라'에 대하여 언급하지는 않았다 하더라도 그들은 간절한 마음으로 모든 사람들이 그 '통치'를 인정할 정도로(슥 14:9) 극적인 방법을 통해서 하나님이 그의 영광을 나타내실(사 24:23) 큰 날을 기대하였다. '나라'(kingdom)라는 낱말에 대한 이러한 해석은 구약성경에 가장 잘 적용된다. 에스라서 8장 1절을 보면 아닥사스다 왕의 통치시기에 바벨론 포로의 귀환에 대한 서술이 시작되는데, 여기서 아닥사스다의 나라를 '통치'로 해석하고 있다. 또한 역대하 12장 1절에 보면 "르호보암이 나라가 견고하고"라는 말이 나오는데 여기서 나라 역시 '통치'(rule)로 해석되고 있다. 다니엘서 8장 23절에도 나라라는 말을 '통치'라는 개념으로 쓰고 있다. '나라'에 대한 이런 식의 해석들은 예레미야 49장 34절, 열왕기하 11장 17절, 12장 1절, 26장 30절, 에스라 4장 5절, 느헤미야 12장 22절 등에서도 발견된다.[59] 이처럼 구약에서 사용된 다양한 예들을 통해서 우리는 '나라'라는 말을 '통치'라는 개념으로 쓰고 있었음을 확인하게 된다.

하나님의 통치에 대한 이 예민한 기대감 곧 그 땅을 해방시키기를 사모하는 우주적 소망인 동시에 간절한 열망은 예수의 시대에 이르기까지 식지 아니하였다. 마가는 우리에게 아리마대 요셉이 "하나님의 나라를 기다리는 자"였다고 들려준다. 그러므로 "천국이 가까웠다"(마 3:2)고 외칠 때 세례요한은 하나님의 영광스러운 통치가 만민 앞에 드러날—실로 오래 기다려오던—그날을

---

59) 조지 앨든 래드, 『하나님 나라의 복음』, 25-26쪽.

맞이하기 위해서 수많은 백성이 그에게로 몰려나오는 것을 볼 수가 있었다. 마가복음 10장 15절에서 예수는 "누구든지 하나님의 나라를 어린아이와 같이 받들지 않는 자는 결단코 들어가지 못하리라"고 말씀하셨다. 여기서 받들어야 하는 것은 그분의 통치이다. 마태복음 6장 33절에서 "먼저 그의 나라와 그의 의를 구하라"라고 했다. 이 말은 하나님의 의, 그분의 통치 그리고 그분이 우리의 삶을 주관케 하심을 구하라는 뜻이다.[60] 하나님의 부르심에 응답함으로써 우리는 그분의 통치 안에서 사는 삶을 살아갈 수 있게 되는 것이다.

예수의 가르침의 내용들을 통해 살펴보면 미래적 하나님 나라의 도래와 현재적 하나님 나라의 도래로 그 가르침을 구분하여 살펴 볼 수 있다. 이것은 '하나님의 나라'와 '천국'이라는 두 표현은 정확히 동일한 개념을 나타내고 있지만, 현재적 하나님 나라를 말씀하신 것은 꼭 죽어서 가야 하는 '천국'만을 의미하고 있지는 않다는 것을 말하고 있는 것이다.

예수의 첫 메시지는 분명히 세례요한의 그것과 내용이 비슷하였으나, 마가복음서에 따르면 "때가 찼다"(막 1:15)는 말씀으로 천국의 임박성을 더욱 강조하셨다. 이 "때가 찼다"는 선언은 예수 안에서 하나님의 나라가 실제로 임하였다는 의미로 복음서 전체를 통해서 강조되고 있다. 그의 이적들 특히 귀신들을 내어 쫓으신 그의 권능의 행적들은 하나님의 절대주권적인 통치가 사람에

---

60) Ibid., 28쪽.

게 미치고 있다는 사실을 입증하여 준다(마 12:28). 오직 예수만이 특이한 권위를 가지고 전파하시는 그의 메시지는 하나님의 나라가 이르렀다는 증거였다(막 1:27, 마 11:5). "하나님의 나라가 너희 안에 있느니라"(눅 17:21)고 말씀하신 예수께서는 제자들에게 하나님 나라의 복-구원(생명)과 죄사함과 의[61]-은 그들이 미래뿐 아니라 현재에도 누릴 수 있는 것이라고 지적하신다. 수 세기에 걸쳐 선지자들은 하나님의 왕적인 권능이 이 땅에 나타나리라고 예언하였는데, 이제 예수 자신과 그의 사역에서 그 예언이 성취되고 있는 것이었다.

만일 예수께서 자기 자신 안에서 천국이 실제로 임하였다고 가르치신 것이 사실이라면 예수가 하나님의 통치 혹은 주권적인 능력이 최종적으로 나타날 미래를 내다보신 것도 역시 분명한 사실이다. 그의 제자들은 "주의 나라가 임하기를" 기도하고 깨어 있어 "하나님의 나라가 권능으로 임하는 것"을 지켜보아야만 한다(막 9:1, 마 25:1). 그들이 본, 주님의 이적과 주님의 능력 안에서 그들이 행한 이적들은 하나님의 나라가 현재 임하여 있다는 하나의 강력한 표적이었다. 그러나 사단과의 싸움은 아직 끝나지 아니하였고 또 분명히 그 결과가 드러나게 될 것이다(마 25:41). 그러므로 미래의 큰 종말에 관한 예상이 하나님의 나라가 현재에 있다는 분명한 증거와 뒤얽혀 있다. 그러나 예수께서 그의 제자들이 이 두 가지 진리를 다 깨닫기를 원하신 것이 마태복음 13장

---

61) Arthur F. Glasser, Announcing the Kingdom, (Third Printing, Michigan: Baker Academic Grand Rapids, 2006), 188쪽.

의 '천국 비유들'에서 분명해진다. 씨가 뿌려지고 자라나서 익어야 추수 때가 이르는 법이다.

현재든 아니면 미래든 간에 하나님의 왕적인 통치는 사람의 자발적인 순종을 요구한다. 성경은 사람들 스스로 천국을 세울 것을 요구하지 않고 다만 그 나라를 구하고 그 안에 들어갈 것을 요구한다(마 6:33, 막 9:47). 그의 나라는 감춰진 보화나 값진 진주처럼 어떤 희생을 치르고서라도 손에 넣을 만한 최고의 가치를 지닌 것이다(마 13:44-46).

우리는 하나님의 나라의 '나라'(basileia)가 장소나 공간, 혹은 국가나 영토가 아님을 살펴보았다. 하나님 나라를 일컫는 바실레이아는 지배, 통치, 왕권을 의미한다. 그러므로 '하나님 나라'는 하나님의 지배, 하나님의 왕적인 통치, 혹은 하나님의 지배가 미치는 영역을 말한다. 하나님 나라의 현재성과 미래성의 관계를 몰트만(J. Moltmann)은 "하나님의 통치는 그의 나라의 현재이고, 하나님의 나라는 그의 통치의 미래다"[62]라는 말로 요약하였다.

지금까지 우리는 신약에서의 하나님 나라의 현재성에 대해서 살펴보았다. 이러한 하나님 나라의 현재성에 대해서 신약성서의 기록자들은 인식하고 있었을까? 필자는 그들이 하나님 나라의 현재성에 대해서 인식하고 있었다고 생각한다. 예수의 선포와 가르침에 나타난 현재성을 통해서 우리는 그것을 확인할 수 있을 것이다.

---

[62] J. Moltmann, Der Weg Jesu Christi: Christologie in Menssianischen Dimensionen), (Chr. KaiserVerlag Munchen, 1989), 118쪽.

마가는 예수가 세례요한이 잡혀갔다는 소식을 들으시고 갑자기 갱신 사역을 끝내셨으며, 유대와 요단계곡에서 철수하시고, 서둘러 갈릴리로 가셨다고 기록하고 있다(막 1:14). 예수는 "그 자라신 곳" 나사렛으로 가셨고, "안식일에 자기 규례대로 회당에" 들어가셨다.(눅 4:16) 그때에 예수는 구속사의 새로운 시대의 시작을 알렸다. 이점에서 예수의 설교는 영적 갱신을 위한 요한의 외침의 이전 연속성을 많은 부분 버렸다. 예수는 전적으로 새로운 주제를 소개하셨다. 이제 복음은 더 이상 미래적인 희망이 아니었고, 복음은 종말론적 의미로 가득한 현재적 실존이었다.[63]

우리는 예수의 청중들이 이 구절을 그들 백성들을 위한 해방의 큰 날, 역사의 마지막 희년과 관련하여 이해했을 것이라고 추측할 수 있다. 예수께서 "이 글이 오늘날 너희 귀에 응하였느니라"라고 단정적으로 말씀하셨을 때, 그들은 예수가 희년이 이르렀으며, 주의 은혜의 해가 시작되었다는 것을 선포하는 것으로 이해하였을 것이다. 그리고 그것이 예수께서 그들이 이해하기를 바랐던 것이다. 이것은 하늘로부터의 임박한 해방의 예언이 아니다. 성경이 말하고 있는 것은 예수에 의한 그 선포에서 그 성취에 도달했으며 때가 이르렀다는 선언이다.

그들은 하나님의 복을 상실할 것이다. 그 후에 그들은 그것들이 다른 민족들에게 주어지는 것을 볼 것이다. 그러한 선포는 단순한 불화보다 훨씬 더 심각한 사건을 야기시켰을 것이다. 그것

---

63) Arthur F. Glasser, Announcing the Kingdom, 185쪽

은 나사렛 거주민들에 관한한 용서할 수 없는 범죄를 구성했을 것이다. 그들은 좋은 소식의 선포자는 이스라엘의 해방과 이방인의 심판을 동시에 가져올 것이라는 것을 자명한 것으로 간주하고 있었다. 그런데 예수는 바로 그 반대의 일이 일어날 것이라고 말했다. 이스라엘은 선포자에 의해 심판과 배제를 맞고 있었고, 이방인들은 나라의 해방이 주어지고 있었다. 이 설교에서 나사렛 사람들의 분노는 그것을 들었던 이스라엘의 다른 모든 회당에서 보다 한층 더했을 것이다. 예수에 의한 이러한 선포는 그 성취에 도달했으며 때가 이르렀다는 선언이다.

**하나님 나라(the kingdom of God)가 언급된 성경 구절(표 1)**

| the kingdom of Heaven | the kingdom of God | | | |
|---|---|---|---|---|
| 마태복음 | 마태복음 | 누가복음 | 요한복음 | 서신서 |
| 마태복음 3:2 | 마태복음 12:28 | 누가복음 4:43 | 요한복음 3:3 | 로마서 14:17 |
| 마태복음 4:17 | 마태복음 19:24 | 누가복음 6:20 | 요한복음 3:5 | |
| 마태복음 5:3 | 마태복음 21:31 | 누가복음 7:28 | | 고린도전서 4:20 |
| 마태복음 5:10 | 마태복음 21:43 | 누가복음 8:1 | | 고린도전서 6:9 |
| 마태복음 5:19 | | 누가복음 8:10 | | 고린도전서 6:10 |
| 마태복음 6:10 | | 누가복음 9:2 | | 고린도전서 15:50 |
| 마태복음 7:21 | 마가복음 | 누가복음 9:11 | 사도행전 | |
| 마태복음 8:11 | 마가복음 1:15 | 누가복음 9:27 | 사도행전 1:3 | 갈라디아서 5:21 |
| 마태복음 10:7 | 마가복음 4:11 | 누가복음 9:60 | 사도행전 8:12 | |
| 마태복음 11:11 | 마가복음 4:26 | 누가복음 9:62 | 사도행전 14:22 | 에베소서 5:5 |
| 마태복음 11:12 | 마가복음 4:30 | 누가복음 10:9 | 사도행전 19:8 | |
| 마태복음 13:11 | 마가복음 9:1 | 누가복음 10:11 | 사도행전 20:25 | 골로새서 4:11 |
| 마태복음 13:24 | 마가복음 9:47 | 누가복음 11:20 | 사도행전 28:23 | |

| the kingdom of Heaven | the kingdom of God | | | |
|---|---|---|---|---|
| 마태복음 | 마가복음 | 누가복음 | 사도행전 | 서신서 |
| 마태복음 13:31 | 마가복음 10:14 | 누가복음 13:18 | 사도행전 28:31 | 데살로니가후서 1:5 |
| 마태복음 13:33 | 마가복음 10:15 | 누가복음 13:20 | | |
| 마태복음 13:44 | 마가복음 10:23 | 누가복음 13:28 | | |
| 마태복음 13:45 | 마가복음 10:24 | 누가복음 13:29 | | |
| 마태복음 13:47 | 마가복음 10:25 | 누가복음 14:15 | | |
| 마태복음 13:52 | 마가복음 12:34 | 누가복음 16:16 | | |
| 마태복음 16:19 | 마가복음 14:25 | 누가복음 17:20 | | |
| 마태복음 18:1 | 마가복음 15:43 | 누가복음 17:21 | | |
| 마태복음 18:3 | | 누가복음 18:16 | | |
| 마태복음 18:4 | | 누가복음 18:17 | | |
| 마태복음 18:23 | | 누가복음 18:24 | | |
| 마태복음 19:12 | | 누가복음 18:25 | | |
| 마태복음 19:14 | | 누가복음 18:29 | | |
| 마태복음 19:23 | | 누가복음 19:11 | | |
| 마태복음 20:1 | | 누가복음 21:31 | | |
| 마태복음 22:2 | | 누가복음 22:16 | | |
| 마태복음 23:13 | | 누가복음 22:18 | | |
| 마태복음 25:1 | | 누가복음 23:51 | | |

## 3. 하나님의 나라(βασιλεία τοῦ Θεοῦ)의 현재성 표현들

### 1) 하나님 나라의 현재적 도래를 보여주는 예수의 치유, 축귀사역

하나님 나라의 사역은 귀신 들린 자를 구원하는 행위, 각종 병자들을 치유하는 행위, 그리고 회개하고 믿는 자들에게 죄 사함을 선포하는 행위가 중요한 특징이었다.[64]

예수가 병을 고치시고 귀신을 쫓아내시고 기적을 베푸신 것은 하나님 나라를 보여주시고 이루신 일들이다. 이것을 단순히 병을 고치신 사건으로 기적을 행하신 사건으로 보아서는 안 된다. 이는 이 땅을 다스리던 죄의 권세가 무너지면서 죽음의 세력이 물러가고, 하나님 나라의 현재성을 보여주는 명백한 사건인 것이다.

마태복음 12장 28절은 하나님의 나라가 예수의 사역과 함께 역사 속에 확고한 실체로 임하는 것을 생생하게 묘사한다. 귀신이라는 어두움의 힘에 사로잡힌 한 사람 위에 하나님의 현재적 지배가 일어났다. 예수의 사역과 함께 하나님 나라, 하나님의 지

---

64) Arthur F. Glasser, Announcing the Kingdom, 198쪽.

배가 역사적인 실체가 되었다. 하나님 나라가 현재에 도래했다는 선포는 오직 예수와 그의 사역에만 나타난다.

구약 시대부터 구원에 대한 많은 기대와 예언이 있었다. 예언자들에 의해 선포되었고, 이스라엘 백성들이 기다리던 결정적인 구원은 언제나 미래적이었다. 기다리던 구원은 현재적으로 도래하지 않았다. 그런데 예수와 함께 구원이 현재적으로 일어났다. 예수의 사역과 함께 하나님의 지배가 역사 속에서 현실이 되었다.[65]

예수는 "때가 찼고 하나님 나라가 가까웠으니 회개하고 복음을 믿으라"(막 1:15)고 하시며 현재적 실존을 강조했다. 이것은 신약성경이 이구동성으로 선포하고 있는 기쁜 소식이다. 예수는 사람들 사이에 하나님 나라를 세우기 위해 오셨다. 참으로 이스라엘의 모든 소망의 성취인, 약속된 메시아라는 것이다.[66] 그는 자기 자신 안에서 하나님 나라가 "가까왔다"고 구체적으로 말했다. 그는 이제 담대하게 자신이 주의 종의 역할을 담당한다고 선언하시고 주의 종이 담당하기로 예언된 사역들을 시행했다(눅 4:18-21; 사 35:1-10; 61:1-4). 예수는 하나님 나라가 이제 더 이상 미래에 속한 것이 아니라 현재적 실존임을 선포했다. 그분의 공동체와 교제 가운데 능력으로 드러난 '왕적 통치'는 본질상 현재적으로 역사하는 능력이었다. 하나님 나라는 공동체, 집안, 그리고

---

65) 김동건, 『예수 : 선포와 독특성』, 79쪽.
66) 존 브라이트, 『하나님 나라』, 김인환 역, (크리스찬다이제스트, 2013), 236쪽.

"구원의 미덕이 제공되고 받아들여지는 장소"와 연관된다.[67]

예수의 치유와 축사사역을 종말론적 구속사건이다. 예수는 "내가 만일 하나님의 손(하나님의 성령)(마 12:28)을 힘입어 귀신을 쫓아내는 것이면 하나님의 나라가 이미 너희에게 임하였느니라"(눅 11:20)고 말씀하셨다. 예수의 귀신 축출은 하나님의 종말적인 통치가 예수 안에서, 예수를 통하여 사람들 가운데 현존한다는 것을 보여준다. 자신을 충만케 하는 신적 권능에 의하여 이미 귀신들을 쫓아내기 시작하고 있다는 사실에서 하나님의 통치가 이미 돌입하는 것으로 본다.[68]

그는 이 땅에 있는 악한 마귀의 권세를 물리치시기 위하여 귀신을 쫓아내신다. 이 마귀 권세에 대해 끝까지 싸우시며 최후의 승리를 위해 십자가를 지신다. 이것이 종말론적 구속이다. 메시아가 행하시는 기적의 최고 목표는 백성의 구원이다. 이런 기적에는 살아계신 하나님의 능력이 메시아를 통해 드러난다.[69] 마태복음 12장 28절은 하나님의 나라가 예수의 사역과 함께 역사 속에 확고한 실체로 임하는 것을 생생하게 묘사한다. 귀신이라는 어두움의 힘에 사로잡힌 한 사람 위에 하나님의 현재적 지배가 일어났다. 예수의 사역과 함께 하나님 나라, 하나님의 지배가 역

---

67) Sverre. Aalen, "'Reign' and 'House' in the Kingdom of God in the Gospels." (New Testament Studies, 1961), 215-240쪽.
68) Bultmann, Theology of the New Testment, trans. K. Grobel, 2 vols., (London, 1951-55), 1:7쪽.
69) Edwyn Hoskyns & Noel Davey, The Riddle of the New Testament, (London: Faber & Faber, 1974), 120쪽.

사적인 실체가 되었다. 하나님 나라가 현재에 도래했다는 선포는 오직 예수와 그의 사역에만 나타난다.

구약 시대부터 구원에 대한 많은 기대와 예언이 있었다. 예언자들에 의해 선포되었고, 이스라엘 백성들이 기다리던 결정적인 구원은 언제나 미래적이었다. 기다리던 구원은 현재적으로 도래하지 않았다. 그런데 예수와 함께 구원이 현재적으로 일어났다. 예수의 사역과 함께 하나님의 지배가 역사 속에서 현실이 되었다.[70] 이 언설은 예수의 어떤 언설보다도 가장 높은 수준의 진정성을 주장할 수 있다. 즉 그것은 예수의 활동을 특징짓고 있음에 틀림없는 종말적 권능의 느낌으로 가득 차 있다.[71] 마태복음 12:28의 귀신들에 대한 승리는 공관복음서 기자들에 의하여 새로운 상황의 결정적인 지표로 간주되는데, 이 새로운 상황이란 하나님의 통치의 효력 발생이다. 귀신 축출은 나라 자체의 한 부분이다. 거기에서 사단은 쫓겨나고, 하나님의 통치는 시작된다.

예수는 자신의 권위나 메시아 됨을 증명하기 위해 기적을 일으키지 않았다. 그의 기적과 이적들은 이스라엘 가운데 이미 도래한 하나님 나라의 실존을 가리키는 데 있었다. 세례요한의 제자들이 예수께 찾아와 그분이 메시아인지 아닌지를 물은 적이 있다. 예수는 가난한 자들에게 복음이 전파되고 병자가 치유되는 기적을 잘 생각해 보라고 대답했다. 예수가 이사야 35장과 61장

---

70) 김동건, 『예수 : 선포와 독특성』, 79쪽.
71) Bultmann, The History of the Synoptic Tradition, by Rudolf Bultmann. 2d ed. Transtlated John Marsh, (New York, 1968), 162쪽.

을 인용하신 것은 이사야의 예언이 성취되고 있다는 사실을 지적한 것이다. 하나님의 백성을 구속하기 위해 하나님이 결정적으로 개입하고 계심을 보여준다. 이적들은 하나님의 통치의 여명이 밝아 왔음을 보여주는 것이다.

결박당한 자의 비유는 예수의 행위 속에 있는 하나님 나라를 제시한다. 이 비유에서 예수가 자신의 선포와 행위 속에서 승리의 밀물을 타고 있다. 예수의 언설들은 악한 세력들로부터 자유를 가져오고(마 12:28) 사람들의 육체를 치유하는(마 11:5) 예수의 권능 있는 행위들 속에서 활동하는 하나님 나라를 묘사한다.[72] 결박당한 강한 자의 비유는 사람들을 악으로부터 구원하여 하나님의 자유 안에서 살아갈 수 있게 하는 권능으로서의 하나님의 주권을 보여준다.[73] 아울러 마귀의 패배를 의미하는 이러한 해석은 현재의 때로 신적 주권이 돌입하고 있음을 보여준다. 사단에 대한 승리가 예수의 사역에서 명백하게 일어났다. 이것은 초대교회에서 예수의 죽으심과 부활의 압도적인 중요성 때문에 가려졌지만 예수의 선포에 나타난 독특한 특징이었다. 예수의 사역 자체는 사단에 대한 승리로 특징 지워진다. 정복은 사역의 시초에 개시되었고, 그것은 그의 계속되는 사역들 속에서 나타났다. 이것이 그의 삶이 사람들로 하여금 그들의 하나님 나라와의 관계에 관한 결단을 행하도록 하는 끊임없는 도전이었던 이유였다. 그의

---

72) 비슬리-머리, 『예수와 하나님 나라』, 박문재 역, (크리스챤 다이제스트, 1991), 254-255쪽.
73) Ibid., 205쪽.

행위, 그의 말씀, 그의 교제 속에는 하나님의 구원하시는 주권 아래서 해방을 위한 권능, 자유의 삶을 위한 권능이 존재했다. 하나님 나라의 도래와 함께 일어나는 그 선구로서의 악한 권세들의 전복이라는 개념은 묵시적 유대교에서 확고한 위치를 점한다. 쿰란공동체도 이 기대에 대한 자신의 특유한 수정판을 갖고 있었으며, 또한 요한계시록에서 현저하다. 초기 기독교의 수 세기 이래로, 요한계시록 20:1-3과 관련된 사단의 결박은 마가의 강한 자의 비유와 결부되었다.[74]

**하나님 나라의 현재적 도래를 보여주는 예수의 치유, 축귀 사역(표 2)**

| 치유, 축귀 사역 | 마태복음 | 마가복음 | 누가복음 | 요한복음 |
|---|---|---|---|---|
| Jesus Heals the Sick (병자를 치유하심) | 마 4:23-25 | | 눅 6:17-19 | |
| The Man With Leprosy (나병환자를 치유하심) | 마 8:1-4 | 막 1:40-45 | 눅 5:12-16 | |
| The Faith of the Centurion (백부장의 하인을 고치심) | 마 8:5-13 | | 눅 7:1-10 | 요 4:43-54 |
| Jesus Many Heals (많은 사람들을 고치심) | 마 8:14-17 | 막 1:29-34 | 눅 4:38-41 | |
| The Healing of Two Demon-possessed Men (귀신 들린 두 사람을 고치심) | 마 8:28-34 | 막 5:1-20 | 눅 8:26-39 | |
| Jesus Heals a Paralytic (중풍병자를 고치심) | 마 9:1-8 | 막 2:1-12 | 눅 5:17-26 | |
| Jesus Heals the Blind and Mute (맹인과 말 못하는 사람을 고치심) | 마 10:27-34 | | | |
| Jesus Heals a Man with Shriveled Hand(한 손 마른 사람을 고치심) | 마 12:9-14 | 막 3:1-6 | 눅 6:6-11 | |

---

74) 비슬리-머리, 『예수와 하나님 나라』, 박문재 역, 197-198쪽.

| 치유, 축귀 사역 | 마태복음 | 마가복음 | 누가복음 | 요한복음 |
|---|---|---|---|---|
| Jesus and Beelzebub<br>(귀신들린 사람을 고치심) | 마 12:22-32 | 막 3:20-30 | 눅 6:43-45;<br>눅 11:14-23<br>눅 12:10 | |
| Jesus Heals the Sick in Gennesaret<br>(게네사렛에서 병자를 치유하심) | 마 14:34-36 | 막 6:53-56 | | |
| The Faith of the Canaanite Woman<br>(가나안 여인의 귀신들린 아이를 고치심) | 마 15:21-28 | 막 7:24-30 | | |
| Jesus Many Heals in Galilee<br>(갈릴리에서 많은 사람들을 고치심) | 마 15:29-31 | | | |
| The Healing of a Boy With a Demon<br>(귀신 들린 아이를 고치심) | 마 17:14-20 | 막 9:14-29 | 눅 9:37-43<br>상 | |
| Two Blind Men Receive Sight<br>(맹인 두 사람을 고치심) | 마 20:29-34 | 막 10:46-52 | 눅 18:35-43 | |
| Jesus Drives Out an Evil Spri<br>(더러운 귀신 들린 사람을 고치심) | | 막 4:31-37 | | |
| Jesus Heals a Man with Shriveled Hand(한 손 마른 사람을 고치심) | 마 12:9-14 | 막 3:1-6 | 눅 6:6-11 | |
| The Healing of a Deaf and Mute Man<br>(귀 먹고 말 더듬는 사람을 고치심) | | 막 7:31-37 | | |
| The Healing of a Blind Man at Bethsaida(뱃새다에서 맹인을 고치심) | | 막 8:22-26 | | |
| Jesus Drives Out an Evil Sprit<br>(더러운 귀신들린 사람을 고치심) | | 막 1:21-28 | 눅 4:31-37 | |
| A Crippled Woman Healed on the Sabbath<br>(안식일에 꼬부라진 여자를 고치심) | | | 눅 13:10-17 | |
| Jesus at a Pharisee's House<br>(수종병 든 사람을 고치심) | | | 눅 14:1-6 | |
| Ten Healed of Leprosy<br>(나병환자 열 명이 깨끗함을 받음) | | | 눅 17:11-19 | |
| The Healing a the Pool<br>(오래된 병을 고치심) | | | | 요 5:1-18 |
| Jesus Heals a Man Born Blind<br>(날 때부터 맹인된 사람을 고치심) | | | | 요 9:1-12 |

| 치유, 축귀 사역 | 마태복음 | 마가복음 | 누가복음 | 요한복음 |
|---|---|---|---|---|
| A Dead Girl and a Sick Woman (죽은 소녀를 살리고 혈루증 앓는 여자를 고치심) | 마 9:18-26 | 막 5:21-43 | 눅 8:40-58 | |
| Jesus Raises a Widow's Son (과부의 아들을 살리심) | | | 눅 7:11-17 | |
| The Death of Lazarus (죽은 나사로를 살리심) | | | | 요 11:1-44 |

## 2) 하나님 나라의 현재성을 드러내는 예수의 비유

예수는 비유를 통해 하나님 나라를 선포했다. 예수가 선포한 하나님 나라의 비유에는 현재성을 보여주고 있다.

하나님 나라의 현재성을 드러내는 예수의 비유 (표 3)

| 비유의 예 | 현재성 | 미래성 | 마태복음 | 마가복음 | 누가복음 |
|---|---|---|---|---|---|
| The Parable of the Sower (씨뿌리는 자 비유) | ● | ● | 마 13:1-23 (마 13:10-23) | 막 4:1-9 | 눅 8:4-8 |
| The Parable of the Weeds (가라지 비유) | ● | | 마 13:24-30, (마 13:36-43) | | |
| The Parable of the Mustard Seed and the Yeast(겨자씨와 누룩 비유) | ● | ● | 마 13:31-33 | 막 4:30-32 | 눅 13:18-21 |
| The Parable of the Hidden Treasure (감추인 보화) | ● | | 마 13:44 | | |
| The Parable of the Pearl(진주 비유) | ● | | 마 13:45-46 | | |
| The Parable of the Net(그물 비유) | ● | ● | 마 13:47-50 | | |
| The Parable of the Lost Sheep (잃은 양 비유) | ● | | 마 18:10-14 | | 눅 15:1-7 |
| The Parable of the Unmerciful Servant(자비롭지 못한 종) | ● | | 마 18:21-35 | | |
| The Parable of the Workers in the Vineyard(포도원의 품꾼들) | ● | | 마 20:1-16 | | |

| 비유의 예 | 현재성 | 미래성 | 마태복음 | 마가복음 | 누가복음 |
| --- | --- | --- | --- | --- | --- |
| The Parable of the Tenants (포도원 농부 비유) | | | 마 21:33-46 | 막 12:1-12 | 눅 20:9-18 |
| The Parable of the Wedding Banquet(혼인잔치 비유) | | | 마 22:1-14 | | 눅 14:15-24 |
| The Parable of the Ten Virgins (열 처녀 비유) | | ● | 마 25:1-13 | | |
| The Parable of the Talents (달란트 비유) | | ● | 마 25:14-30 | | 눅 19:11-27 |
| The Parable of the Lost Coin (잃은 동전 비유) | ● | | | | 눅 15:8-10 |
| The Parable of the Lost Son (잃은 아들 비유) | ● | | | | 눅 15:11-32 |
| The Parable of the Shrewd Manager (옳지 않은 청지기 비유) | ● | | | | 눅 16:1-15 |
| The Parable of the Persistent Widow(고집 센 과부 비유) | ● | | | | 눅 18:1-8 |
| The Parable of the Pharisee and the Tax Collector(바리새인과 세리비유) | | | | | 눅 18:9-17 |

하나님 나라는 전혀 새로운 방식으로 인류 역사 가운데 들어왔다. 예수는 설교와 가르침을 통해 하나님 나라의 통치에 대한 관심을 불러일으켰다. 예수는 단호하게 말했다. 하나님 나라의 복음을 들은 사람들과 하나님의 용서를 받아들이려는 사람들은 즉시 회개와 믿음의 결정을 내려야 한다. "아무든지 나를 따라오려거든 자기를 부인하고 날마다 제 십자가를 지고 나를 좇을 것이니라"(눅 9:23). 이것은 다른 모든 것에 대한 충성을 포기하는 것이며 하나님의 뜻을 무조건적으로 수용함을 의미한다(마 16:24-26). 또한 다른 사람들을 제자로 부르는 일에 적극적으로 참여함을 의미한다(마 4:19). 천국의 메시지는 수많은 사람들을 예

수님과 제자들 주변으로 몰려들게 했다(마 11:12). 이렇게 하나님 나라는 "사람들에게 임하였다"(마 12:28). 예수는 열두 제자들에게 하나님 나라가 영광과 권능으로 임할 것이며, 그들이 "보좌에 앉아 이스라엘 열두 지파를 다스리게" 될 것이라고 말했다. 이 말씀으로 하나님 나라가 '이미' 이루어진 현재임과 동시에 '아직' 이루어지지 않은 미래적 요소를 가지고 있음을 확실히 했다.

예수가 하나님 나라에 대한 가르침을 비유 형태를 사용하신 것은 독특했다. 비유는 일상생활의 이야기에서 나왔기 때문에 그 이야기의 구성 요소들에 어떤 의미를 각각 부여해서는 안 된다. 우화는 비유와 다르다. 우화는 상상 속에서 만들어진 이야기이고, 이 이야기를 만든 사람이 각각의 등장인물이나 요소에 의미를 부여하기 위하여 심혈을 기울여 만든 가상적인 이야기지만, 비유는 단 하나의 진리를 말하기 위하여 일상의 삶에서 끄집어낸 이야기이다. 그러므로 비유의 각 구성 요소가 영적인 의미를 담고 있지는 않다.[75]

감추인 보화(마 13:44)와 진주 비유(마 13:45-46)는 하나님 나라의 '현세성'을 제시한다. 하나님 나라의 이러한 현세성은 하나님의 선물로서의 하나님 나라의 도래(advent)와 수령자의 세상의 역전(reversal), 그리고 그것이 수령자로 하여금 행동할 수 있는 힘을 준다. 하나님 나라의 현세성은 하나님의 현재가 되는 때, 우리 안에서 강림으로 보는 때이다.[76] 이 비유들이 다루고자 했던 것은

---

[75] 조지 앨든 래드, 『하나님 나라의 복음』, 박미가 역, 92쪽.
[76] 비슬리 머리, 『예수와 하나님 나라』, 박문재 역, 201쪽.

이 세상 밖의 상태로서 하나님 나라가 아니라 구원의 복, 순수하고 단순한 복, 순전히 또 단지 복이 되는 하나님 나라다.[77] 하나님 나라는 이 세상에 있는 모든 것을 능가하며 모든 것을 드려서 얻어야 하는 '비할 데 없는 가치'이다.[78] 발견한 자의 눈에 띈 것의 가치가 너무 커서 그는 그것을 얻기 위해서는 어떠한 대가를 지불하더라도 행복하다.

큰 잔치 비유(마 22:1-14, 눅 14:16-24)가 하나님 나라에 대한 것이라면, 두 가지 중요한 요소들이 즉각적으로 마음에 떠오른다. 첫째는 모든 것이 지금 준비되어 있다는 선포이고, 둘째는 원래 초대받은 사람들은 초대를 일축했지만, 다른 사람들은 흔쾌히 초대를 받아들였다는 것이다. 이 비유와 관련하여 바리새인들은 하나님 나라가 지금 시작되고 있다는 것을 믿지 않으며, 잃은 자들과 함께 하는 예수의 식탁 교제와 이 사건의 연결성을 전혀 보지 못한다.[79] 이 비유들에서 결정적으로 중요한 듯이 보이는 것은 하나님 나라에 관하여 아는 것이 아니라 그것에 직면하여 결단하는 것이다.[80] 초대에 관한 결단은 그 사람이 혼인 자리 내부에 있게 되느냐 그 바깥에 있게 되느냐, 그 사람이 '사느냐' '죽느냐'

---

77) Otto, The Kingdom of God and the Son of Man, 128쪽.
78) H. D. Wendland, Eschatologie des Reiches Gottes bei Jesus: Eine Studie uber den Zusammenhang von Eschatologie, Ethik und Kirchenproblem, (Gutersloh, 1931), 35쪽. quoted in 비슬리 머리, 『예수와 하나님 나라』, 박문재 역, 200쪽.
79) 비슬리 머리, 『예수와 하나님 나라』, 박문재 역, 214-215쪽.
80) TeSelle, Speaking in Parables: A Study in Metaphorical Theology, (Philadelphia, 1975), 71쪽.

를 결정한다.[81]

예수는 하나님 나라의 하나님 중심성을 강조하셨지만, 자신과 하나님 나라의 관계에 대해서는 분명히 밝히지 않았다. 그는 자신을 직접 왕이라고 선언하지는 않았다. 더 나아가 그는 '하나님 나라'라는 용어를 정확하게 정의하신 적이 없다. 그럼에도 불구하고 예수님이 하나님 나라가 "가까왔다" 혹은 "임했다"라고 말할 때 "하나님의 통치가 이루어지는 영역이 우리가 사는 세상 바로 이곳이며 우리 인간 역사 가운데"라고 결론짓는 것이 정당하다.[82] 하나님 나라는 하나님의 선물이며 신자의 노력이다. 우리는 하나님 나라를 기다리며 하나님 나라를 위해 일한다.[83] 예수가 선포한 하나님 나라에 들어오는 사람은 오는 세대를 미리 경험하는 기쁨을 맛보게 된다. 생명을 얻게 된다(요 3:3). 죄 사함을 받는다(막 2:5). 하나님의 의를 누리게 된다(마 5:20). 하나님 나라를 은혜로운 선물로 받기 위한 유일한 방법은 그리스도의 통치 아래 자신을 복종시키는 것이다. 회개와 믿음으로 주 앞에 나오는 것이다.[84] 이미 도래하였다고 선포하신 하나님 나라는 숨겨져 있다. 하나님 나라는 가시적인 외형적 영광을 추구하지 않는

---

81) Ibid., 77쪽.
82) J. Ramsey Michaels, Servant and son: Jesus in parable and gospel, (Atlanta, John Knox Press, 1981), 75쪽.
83) Edwyn Hoskyns & Noel Davey, The Riddle of the New Testament, (London: Faber & Faber, 1974), 115쪽.
84) Arthur F. Glasser, Announcing the Kingdom, 188쪽.

다.[85] 하나님의 백성들은 말과 행함으로 하나님 나라를 선포하며 민족들에게 나아가 그들을 주께 돌아오게 해야 한다.

하나님 나라의 목적은 이 세상에 하나님 나라가 임하게 하는 것이다. 하나님 나라는 개인으로부터 시작되지만, 세상을 위한 것이다. 하나님 나라의 목적을 잊어버리고 영혼 구원만을 강조하거나, 영혼 구원의 중요성을 잊고 그리스도인의 사회적 책임만을 강조하는 우를 범해서는 안 된다. 예수님께로 개종하는 것과 하나님 나라의 통치를 받는 것에 대한 본래적 의미를 회복해야만 한다.[86]

### 3) 동사의 시제가 보여주는 하나님 나라의 현재성

마태복음 12장 28절은 하나님의 나라가 예수의 사역과 함께 역사 속에 확고한 실체로 임하는 것을 생생하게 묘사한다.

그러나 내가 하나님의 성령을 힘입어 귀신을 쫓아내는 것이면 하나님의 나라가 이미 너희에게 임하였느니라.[87] (마 12:28)

εἰ δὲ ἐγὼ ἐν Πνεύματι Θεοῦ ἐκβάλλω τὰ δαιμόνια, ἄρα ἔφθασεν ἐφ᾽ ὑμᾶς ἡ βασιλεία τοῦ Θεοῦ.[88] (마 12:28)

---

85) Ibid., 188쪽.
86) Leon. Howell, "Conversion: For the Sake of the World", (International Review of Mission 72, no.287,1983.), 366쪽.
87) 개역개정.
88) SBL(Society of Biblical Literature) GREEK.

ἔφθασεν ἐφ' ὑμᾶς ἡ βασιλεία τοῦ Θεοῦ. "하나님의 나라가 이미 너희에게 임하였느니라." 동사 ἔφθασεν(에프다센)이 직설법, 부정과거, 능동태, 3인칭, 단수로 사용되었다.

겨자씨와 누룩의 비유(막 4:30-32; 마 13:31-32; 눅 13:18-19)는 하나님 나라가 눈에 보이지 않게 시작된다는 것을 설명한다.

천국은 겨자씨 한 알과 같다.
Ὁμοία ἐστὶν ἡ βασιλεία τῶν οὐρανῶν κόκκῳ σινάπεως,

동사 ἐστιν 은 동사 εἰμί의 직설법, 현재, 3인칭, 단수이다. 천국을 현재형 동사로 표현하고 있다. 겨자씨 비유는 어느 날 이 땅을 차지할 하나님 나라는 이미 인간 세계에 와 있되 사람들이 전혀 상상하지 못했던 겨자씨와 같이 아주 무의미하게 보이는 것으로 와 있다는 것이다. 이 작은 나라가 이 세상에 있다는 것이다. 그러나 이 나라는 하나님의 나라이기에 작게 보인다고 무시할 수 없는 그분의 나라이다.[89]

보화와 진주(마 13:44-46)의 비유를 살펴보자.

천국은 마치 밭에 감추인 보화와 같으니
Πάλιν ὁμοία ἐστὶν ἡ βασιλεία τῶν οὐρανῶν θησαυρῷ κεκρυμμένῳ ἐν τῷ ἀγρῷ,

---

89) 조지 앨든 래드, 『하나님 나라의 복음』, 박미가 역, 91쪽.

동사 ἐστιν 은, 동사 εἰμί의 직설법, 현재, 3인칭, 단수이다. "천국은 마치 밭에 감추인 보화와 같다." 천국을 현재형 동사로 표현하고 있다. 이 비유들 속에서 가치 있는 대상은 하나님 나라이다. 그러나 그것은 장래에 얻으리라고 소망되는 보화가 아니라 현재에서 선물로 주어지는 것이다.

누가복음 17장 20-21절은 하나님 나라가 묵시종말적인 징조로 파악할 수 있는 것이 아니라는 것을 보여준다. "하나님 나라는 이미 너희 안에 있다." 하나님의 나라는 예수의 현재적 사건들 속에서 이미 앞서서 효력을 발휘하고 있다.[90] 하나님 나라가 묵시론적 표식을 벗어나서 현재시제로만 해석된다.[91]

> 하나님 나라는 볼 수 있게 임하는 것이 아니요 또 여기 있다 저기 있다고도 못하리니 하나님의 나라는 너희 안에 있느니라.[92] (눅 17:20-21)
>
> πότε ἔρχεται ἡ βασιλεία τοῦ Θεοῦ, ἀπεκρίθη αὐτοῖς καὶ εἶπεν, Οὐκ ἔρχεται ἡ βασιλεία τοῦ Θεοῦ μετὰ παρατηρήσεως· οὐδὲ ἐροῦσιν, Ἰδοὺ ὧδε, ἤ, Ἰδοὺ ἐκεῖ. ἰδοὺ γάρ, ἡ βασιλεία τοῦ Θεοῦ ἐντὸς ὑμῶν ἐστιν.[93]

---

90) W. G. Kummel, Promise and Fulfilment, 35쪽.
91) I. Howard Marshall, "The Hope of a New Age: The Kingdom of God in the New Testment," Themelios 11 no 1 (Sep 1985), 7쪽.
92) 개역개정
93) SBL(Society of Biblical Literature) GREEK.

ἡ βασιλεία τοῦ Θεοῦ ἐντὸς ὑμῶν ἐστιν. "보라 하나님의 나라는 너희 안에 있느니라." ἐστιν 직설법 현재 능동태 3인칭 단수로 사용하였다. 하나님 나라가 현재적으로 임하고 있음을 보여주고 있다.

예수님이 가르치신 하나님 나라의 핵심 내용은 산상수훈(마 5:3-10)에 잘 나타나 있다. 우리가 흔히 여덟 가지 복이라고 알고 있는 심령이 가난한 자, 애통하는 자, 온유한 자, 의에 주리고 목마른 자, 긍휼히 여기는 자, 마음이 청결한 자, 화평케 하는 자, 의를 위하여 핍박을 받는 자가 되라고 가르치셨다.

Μακάριοι οἱ πτωχοὶ τῷ πνεύματι· ὅτι αὐτῶν ἐστιν ἡ βασιλεία τῶν οὐρανῶν.[94]

정확한 의미의 해석을 위해 단어들을 분해해 보도록 하자.
- Μακάριοι / μακάριος의 소유격, 복수, 중성 형용사, (축복된(행복한) 사람들이다.)
- πτωχοὶ / πτωχός의 소유격, 단수, 중성 형용사, (가난한 사람들은)
- πνεύματι / πνεῦμα의 여격, 단수, 중성 명사, (성)령이
- Μακάριοι οἱ πτωχοὶ τῷ πνεύματι· (영이 가난한 사람들은 복이 있는 사람들이다.)
- ὅτι / 접속사 또는 접속 불변화사, (왜냐하면)

---

94) SBL(Society of Biblical Literature) GREEK.

- αὐτῶν / αὐτός의 소유격, 복수, 남성 인칭대명사, (그들 자신의 것)
- ἐστιν / εἰμί의 3인칭, 단수, 직설법, 현재, 능동태, (그것은 ~이다, 그것은 ~될 것이다.)
- ἡ βασιλεία τῶν οὐρανῶν (하늘나라가)
- ὅτι αὐτῶν ἐστιν ἡ βασιλεία τῶν οὐρανῶν. (왜냐하면 하늘나라가 그들 자신의 것이 될 것이기 때문이다.)
- 동사 ἐστιν이 현재형으로 사용되었다. 즉 지금 이 땅에서 하늘나라를 받게 될 것이라는 의미이다.

하나님 나라의 현재성은 예수님이 주기도문을 가르치실 때 하나님의 나라가 하늘에서 이루어진 것 같이 이 땅 위에서도 이루어지게 해달라고 제자들에게 기도하라고 가르치신 것과도 일치한다.(마 6:9-13)

주의 나라가 임하옵시며, 주의 뜻이 하늘에서 이룬 것 같이 땅에서도 이루어지이다.
ἐλθέτω ἡ βασιλεία σου· γενηθήτω τὸ θέλημά σου,
ὡς ἐν οὐρανῷ καὶ ἐπὶ τῆς γῆς·

정확한 의미의 해석을 위해 단어들을 분해해 보도록 하자.
- ἐλθέτω / 제2부정과거, 능동태, ἔρχομαι의 명령법, 3인칭, 단수, (그가/ 오게 하라)

- βασιλεία / 명사, 여성, 단수, 주격, (나라가)
- σου / σύ의 소유격, 인칭대명사, 2인칭, 단수, (당신의)
- ἐλθέτω ἡ βασιλεία σου· (당신의 나라가 오게 하라.)
- γενηθήτω / 부정과거, 수동태 이태동사, γίνομαι의 명령법, 3인칭, 단수, (그가/ 이루어지게 하라.)
- θέλημά / 명사, 중성, 단수, 주격, (결정이)
- σου / σύ의 소유격, 인칭대명사, 2인칭, 단수, (당신의)
- γενηθήτω τὸ θέλημά σου, (당신의 결정이 이루어지게 하라.)
- ὡς / 형용사, 주격, 축약형 (~같이)
- ἐν /전치사, (~안에)
- οὐρανῷ / οὐρανός의 여격, 단수, 남성명사, (하늘에서)
- ὡς ἐν οὐρανῷ (하늘에서와 같이)
- καὶ / 접속사, (그리고)
- ἐπὶ / 전치사, (~위에)
- γῆς / γῆ의 소유격, 단수, 여성 명사,
- καὶ ἐπὶ τῆς γῆς· (그리고 땅 위에서)

예수님은 하나님의 나라가 하늘에서 이루어진 것 같이 이 땅 위에서도 이루어지게 해달라고 제자들에게 기도하라고 가르치신 것이다. 우리는 하나님께 날마다 기도할 때마다 이 점을 기억해야만 한다. 우리가 "하늘나라가 이루어지게 하소서"라고 기도하는 것은 교인들과의 교제에서 "천국을 경험하게 하소서"라고 기도하는 것이고, "일상의 삶 속에서 하나님 나라를 경험하게 하소서"라고 기도하는 것이며, "지금 이 땅에 사는 나의 삶 속에 하나님 나라가 이루어지게 하여 주십시오"라고 기도하는 것이다. 이것이 주기도문의 하나님 나라 부분에 대한 핵심 사항이다.[95] 주기도문은 전적으로 하나님 나라가 임하였다는 사상으로 충만해 있고, 이러한 사실은 기도문의 처음 세 구간에서 더욱 분명히 드러난다. 그래서 주기도문은 하나님 나라의 완전한 계시를 언급한다.[96]

### 4) 구원 받음의 현재성

지금부터 하나님 나라의 '시간성'의 관계를 통해서 '구원의 현재성'에 대해 생각해 보려고 한다. 바울은 구원이 과거적(엡 2:8)이며 동시에 현재적(빌 2:12)이고, 아울러 미래적(살전 5:23)이라고 말했다. 그는 구원을 이야기하면서 에베소서 2장 8절, 빌립보서 2장 12절, 데살로니가전서 5장 23절에서 시제를 다르게 표현하고 있다.

에베소서 2장 8절에서는 우리가 믿음으로 말미암아 은혜로 구원을 받는다고 말하고 있다. 그런데 이미(already)와 아직(not yet) 사이를 살아가고 있는 우리들은 어떻게 구원 받았음을 확신할 수 있을까? 그리고 나 아닌 제3자가 나의 구원을 어떻게 확신할 수 있는 것인가? 그리고 종말의 때에 내가 받을 온전한 구원에 대한

---

[95] 조지 앨든 래드, 『하나님 나라의 복음』, 박미가 역, 31쪽.
[96] 헤르만 리델보스, 『하나님 나라』, 오관만 역, (2판: 솔로몬, 2012), 164쪽.

근거는 무엇인가?

너희는 그 은혜에 의하여 믿음으로 말미암아 구원을 받았으니 이 것은 너희에게서 난 것이 아니요 하나님의 선물이라.[97] (엡 2:8)

τῇ γὰρ χάριτί ἐστε σεσῳσμένοι ⌜διὰ πίστεως· καὶ τοῦτο οὐκ ἐξ ὑμῶν, θεοῦ τὸ δῶρον·[98] (엡 2:8)

한국어 성경 번역에는 동사가 '구원을 받았으니' 하나로 표현 되어 있다.

그런데 헬라어 성경에는 동사가 ἐστε(현재, 능동태, 직설법, 2인칭, 복수)와 σεσῳσμένοι(완료, 수동태, 분사, 주격, 복수, 남성)로 표현 되어 있다.

헬라어 성경 원문의 의미를 정확하게 파악하기 위해서 헬라어 단어들을 살펴볼 필요가 있겠다.

- γὰρ(접속사)는 '이유'를 말하는, '~로써, (그것) 때문에, ~인 까닭에' 등의 의미를 가진다.
- χάριτί(명사, 여성)는 '은혜, 호의, 선물, 자비(로운), 너그러움, 기쁨, 감사' 등의 의미를 가진다.
- ἐστε(동사)는 '나는~이다, 너는~이다, 그것은~이다' 등의 의미를 가진다.
- σεσῳσμένοι(완료, 수동태, 분사, 주격, 복수, 남성)는 '구조하다, 구원하다, 보호하다, 고치다, 보존하다, 잘하다, 완

---
97) 개역개정.
98) SBL(Society of Biblical Literature) GREEK.

전하게 만들다' 등의 의미를 가진다.
- διὰ(전치사)는 '~를 통하여, (그것) 때문에, ~에 의해서, ~으로부터, ~를 위해' 등의 의미를 가진다.
- πίστεως(명사, 소유격, 단수, 여성)은 '(종교적 진리에 대한, 하나님의 신실성에 대한, 종교적 선생에 대한)확신', 특히 구원에 대해 그리스도를 '신뢰'함의 의미를 가진다.
- τῇ γὰρ χάριτί ἐστε σεσῳσμένοι 구원 받았음은 은혜 때문이다. (ἐστε 동사는 영어에서 be 동사에 해당한다.)
- 한국어 성경의 번역처럼 '믿음으로 말미암아 구원을 받았으니'라고 하게 되면, 마치 구원받는 것이 믿음 때문인 것처럼 오해하게 된다. σεσῳσμένοι(구원 받았음)는 완료, 수동태, 분사로서 의미상 주어가 되어야 한다.
- σεσῳσμένοι(구원 받았음)은 διὰ πίστεως(구원에 대해 그리스도를 '신뢰'함) 때문이다.
- 따라서 τῇ γὰρ χάριτί ἐστε σεσῳσμένοι 「διὰ πίστεως·의 올바른 의미는 διὰ πίστεως(구원에 대해 그리스도를 '신뢰'함)으로 σεσῳσμένοι(구원 받았음)은 τῇ γὰρ χάριτί ἐστε (은혜 때문이다)이다.

이제 시간성 논의를 통해서 τῇ γὰρ χάριτί ἐστε σεσῳσμένοι 「διὰ πίστεως(구원에 대해 그리스도를 '신뢰'함으로 구원 받았음은 은혜 때문이다)는 문장에서 표현된 과거적 사건이 어떻게 현재적 사건이 되는지를 생각해 보려고 한다. 과거적 사건인 σεσῳσμένοι

(구원 받았음)은 현재적 사건이 된다. ἐστε(동사)가 현재시제의 동사이기 때문이다. 쿨만은 현재와 미래의 긴장을 기독교 역사에 적용해서 '이미'(already)와 '아직'(not yet)으로 보는 역사관을 마련했다. 현재는 이미 종말의 때이다. 그러나 아직 종말은 아니다.[99] 예수가 이 땅에 오심으로 말미암아 '이미'(already) 종말이 시작되었다. 예수의 십자가 사건은 구원의 사건이면서 동시에 종말의 사건이기 때문이다. 믿는 자에게는 구원이 임하고 믿지 않는 자에게는 종말이 임하는 순간이 바로 십자가의 사건이기 때문이다. 그런데 아직 종말은 아니다. 예수가 재림할 때까지 종말의 때는 유예되었기 때문이다. 그리스도인들은 유예된 순간, 곧 현재를 살아가고 있는 것이다. 우리는 십자가 사건을 신뢰함으로—구원에 대해 그리스도를 '신뢰'함으로—구원을 얻었다. 예수가 십자가에서 죽으신 구속 사건을 나를 위한 대속의 사건으로 신실하게 고백하는 순간 하나님께서는 은혜로 이천 년 전의 십자가상의 구원 사건을 나에게 현재적 사건으로 수여하신다는 것이다. 그래서 구원은 '너희에게서 난 것이 아니요 하나님의 선물'이 되는 것이다. '이미'(already)와 '아직'(not yet) 사이를 살아가는 우리에게 이천 년 전 예수의 십자가 상의 구원은 과거적 사건이지만 믿음을 고백하는 순간 '하나님의 은혜'로 우리에게는 주어지는 현재적 사건이 된다.

"너희는 그 은혜에 의하여 믿음으로 말미암아 구원을 받았으니"라고 번역된 한국어 성경은 의미는 어느 정도 비슷하다고 생

---

99) Oscar Cullmann, Christ and Time: The Primitive Christian Conception of Time and History 145쪽.

각되지만, 정확한 번역이라고 할 수 없다고 생각한다. 한국어 성경의 번역과 비교해 보기 위해서 헬라어 성경을 독일어로 번역한 루터의 번역과 NIV 영어 번역본도 살펴볼 필요가 있다. 먼저 헬라어 성경을 독일어로 번역한 루터의 번역을 살펴보기로 한다.

Denn aus Gnade seid ihr gerettet durch Glauben, und das nicht aus euch: Gottes Gabe ist es,[100]

- Denn aus Gnade seid ihr.(너희들은 은혜로 말미암은 것이다.)
- seid(2인칭, 복수, 현재형, 동사)는 헬라어의 ἐστε(현재, 능동태, 직설법, 2인칭, 복수)와 같이 현재형 동사이다.
- gerettet(과거분사)는 retten(구하다, 구조하다, 해방하다)동사의 과거분사형으로 사용되었다.
- gerettet durch Glauben(믿음으로 구원 받았음은)

루터의 번역은 헬라어 원문에 충실하게 번역되었음을 알 수 있다.

이제 영어 NIV 성경의 번역도 살펴보기로 하자.

For it is by grace you have been saved, through faith—and this not from yourselves, it is the gift of God.[101] —(엡2:8)

---

100) Lutherubersetzung, DIE BIBEL
101) NIV 영어성경.

it is by grace(은혜로 말미암은 것이다) you have been saved(너희가 구원받았음은)의 동사(have been saved)는 과거 완료형으로 사용되었다. you have been saved(너희가 구원받았음)이 가주어 it의 의미상 주어이다. 따라서 영어 번역도 헬라어 원문에 충실하게 번역되었다. 그러므로 it is by grace you have been saved는 "너희가 구원받았음은 은혜로 말미암은 것이다"가 된다.

이제 빌립보서 2장 12절 말씀을 살펴보자. 빌립보서 2장 12절 말씀에서는 "구원을 이루라"고 말하고 있다. 구원을 현재적으로 표현하고 있다.

그러므로 나의 사랑하는 자들아 너희가 나 있을 때뿐 아니라 더욱 지금 나 없을 때에도 항상 복종하여 두렵고 떨림으로 너희 구원을 이루라.[102] (빌2:12)

Ὥστε, ἀγαπητοί μου, καθὼς πάντοτε ὑπηκούσατε, μὴ ὡς ἐν τῇ παρουσίᾳ μου μόνον ἀλλὰ νῦν πολλῷ μᾶλλον ἐν τῇ ἀπουσίᾳ μου, μετὰ φόβου καὶ τρόμου τὴν ἑαυτῶν σωτηρίαν κατεργάζεσθε,[103]

헬라어 성경 원문의 의미를 정확하게 파악하기 위해서 헬라어 단어들을 살펴볼 필요가 있겠다.

---

102) 개역개정.
103) SBL(Society of Biblical Literature) GREEK.

- μετὰ(전치사)는 '~한복판에, 나중에, 함께' 등의 의미를 가진다.
- φόβου(명사, 소유격, 단수, 남성)는 '놀람, 공포, 두려움' 등의 의미를 가진다.
- τρόμου(명사, 소유격, 단수, 남성)는 '떨림, 공포어린 전율' 등의 의미를 가진다.
- μετὰ φόβου καὶ τρόμου (두렵고 떨림으로)
- ἑαυτῶν(대명사)는 '그를, 그녀를, 그것을, 그들을' 등의 의미를 가진다.
- σωτηρίαν(명사, 목적격, 단수, 여성)는 '구원, 안전, 건강' 등의 의미를 가진다.
- κατεργάζεσθε(현재, 중간태 또는 수동태 이태동사, 명령법, 2인칭, 복수)는 '완수하다, 마치다, 만들다, 수행하다, 성취하다' 등의 의미를 가진다.
- τὴν ἑαυτῶν σωτηρίαν κατεργάζεσθε(너의 구원을 성취하라(완수하라))
- κατεργάζεσθε가 현재형으로 성취하라, 완수하라는 의미를 가지고 있다.

영어에서는 work out your salvation(너의 구원을 애써서 성취하라) 현재적으로 애써서 성취하라고 말하고 있다. 온전한 하나님의 통치 아래서 살아가는 우리의 삶이 곧 '구원을 이루는' 삶임을 강조해서 말하고 있는 것이다.

이스라엘 백성들에게 십계명과 율법이 주어졌다. 그들에게 주어진 십계명과 율법은 시내산에서 하나님이 이집트의 노예 생활로부터 구원하신 이후에 이스라엘에게 주어졌다. 이러한 사실은 율법이 구원의 전제 조건일 수 없음을 일러주고 있다. 그렇다면 왜 하나님이 그들에게 십계명과 율법을 주신 것인가? 하나님은 이스라엘 백성들에게 명령하셨다. "내가 거룩하니 너희도 거룩하라." 거룩한 하나님의 백성으로 살아가도록 그들에게 십계명과 율법이 주어진 것이다. 불트만(R. Bultmann)처럼 실존론적 유형으로 인식한다면, '지금 여기서'(here and now) 결단하라는 임박한 요청이라는 차원으로 해석할 수 있다. 이러한 해석은 하나님 나라의 현재적 측면을 전제하고 있는 것이다. '예언자적 신학'과 알버트 슈바이처의 '철저 종말론', 그리고 오스카 쿨만의 '구원사 신학'에서 나타난 것처럼 선적인 시간 개념을 바탕으로 하든지, 칼 바르트의 '초월적 영원의 종말론', 도드의 '철저종말론', 파울 하우스트의 '가치론적 종말론', 루돌프 불트만의 '실존론적 해석'에서 나타난 것처럼 무시간적 영원 개념을 바탕으로 하든지, 몰트만의 '미래의 강림적 개념'을 사용하여 그의 종말론적 개념인 '오시는 하나님'을 전제로 하든지, 하나님 나라의 현재적 측면을 전제하고 있다. 하나님 나라의 현재성은 우주적 대 파멸의 종말을 선포하지 않고, 이 땅 위에 세워질 하나님의 '새 하늘과 새 땅' 곧 하나님의 나라에 대한 희망을 선포한다. 성서 본연의 전통에 있어서 종말론의 궁극적 핵심은 우주적 대파멸이 아니라, '이제는 죽음과 슬픔과 울부짖음과 고통이 없는' 하나님 나라의 미래에 대한 희망과 기다림에 있으며, 이 희망과 기다림에 근거한 개인의 삶의 변화와 사회와 역사의 변혁에 있으며, 이를 통한 하나님의 안식과 영광에 있다.

데살로니가전서 5장 23절 말씀에서는 우리 주 예수 그리스도께서 강림하실 때에, 곧 종말의 때에 우리의 온 영과 혼과 몸이 흠 없이 보전되기를 원한다고 말하고 있다.

평강의 하나님이 친히 너희를 온전히 거룩하게 하시고 또 너희의 온 영과 혼과 몸이 우리 주 예수 그리스도께서 강림하실 때에 흠 없게 보전되기를 원하노라.[104] (살전 5:23)

Αὐτὸς δὲ ὁ θεὸς τῆς εἰρήνης ἁγιάσαι ὑμᾶς ὁλοτελεῖς, καὶ ὁλόκληρον ὑμῶν τὸ πνεῦμα καὶ ἡ ψυχὴ καὶ τὸ σῶμα ἀμέμπτως ἐν τῇ παρουσίᾳ τοῦ κυρίου ἡμῶν Ἰησοῦ Χριστοῦ τηρηθείη.[105]

헬라어 성경 원문의 의미를 정확하게 파악하기 위해서 헬라어 단어들을 살펴볼 필요가 있겠다.
- Αὐτὸς(인칭대명사, 주격, 단수, 남성)은 '자신, 3인칭' 등의 의미를 가진다.
- εἰρήνης(명사, 소유격, 단수, 여성)는 '평화, 평강' 등의 의미를 가진다.
- ὁ θεὸς τῆς εἰρήνης(평강의 하나님이)

---

104) 개역개정.
105) SBL(Society of Biblical Literature) GREEK.

- ἁγιάσαι(부정과거, 능동태, 기원법, 3인칭, 단수)는 '거룩하게 하다, 깨끗하게 하다, 성별하다' 등의 의미를 가진다.
- ὑμᾶς(인칭대명사, 2인칭, 목적격, 복수)는 '너'의 의미를 가진다.
- ὁλόκληρον(형용사, 목적격, 복수, 남성)는 '끝까지 완전한, 절대적으로 완벽한, 완전한' 등의 의미를 가진다.
- ἁγιάσαι ὑμᾶς ὁλοτελεῖς(너를 거룩하게 하셨기를 원한다)
- ὁλόκληρο(형용사, 주격, 단수, 여성, 비교급)은 '모든 부분이 완전한, (몸이) 완벽하게 건강한, 전체의, 온' 등의 의미를 가진다.
- πνεῦμα(명사, 주격, 단수, 중성)은 '숨, 영혼, 영, 성령' 등의 의미를 가진다.
- καὶ ὁλόκληρον ὑμῶν τὸ πνεῦμα(그리고 너의 온 영과)
- ψυχὴ(명사, 주격, 단수, 여성)는 '생명, 사람, 피조물, 내적자아, 혼' 등의 의미를 가진다.
- καὶ ἡ ψυχὴ(그리고 혼과)
- σῶμα(명사, 주격, 단수, 중성)는 '신체, 몸' 등의 의미를 가진다.
- καὶ τὸ σῶμα(그리고 몸이)
- ἀμέμπτως(형용사, 주격, 축약형)는 '흠 없이, 책망할 것이 없는, 결백하게' 등의 의미를 가진다.
- παρουσία(명사, 여격, 단수, 여성)는 '출현, 재림, 강림, 나타남' 등의 의미를 가진다.

- κυρίου(명사, 소유격, 단수, 남성)는 '통치자, 하나님, 주, 주인' 등의 의미를 가진다.
- τοῦ κυρίου(너의 주의)
- ἐν τῇ παρουσίᾳ τοῦ κυρίου(너의 주의 강림하실 때에)
- ἡμῶν(인칭대명사, 1인칭, 소유격, 복수)는 '우리를'의 의미를 가진다.
- Ἰησοῦ Χριστοῦ(예수 그리스도의)
- τηρηθείη(부정과거, 수동태, 기원법, 3인칭, 단수)는 '지키다, 주의하다, 억류하다' 등의 의미를 가진다.
- ἡμῶν τηρηθείη.(우리들이 보존되었기를 원한다)
- Αὐτὸς δὲ ὁ θεὸς τῆς εἰρήνης ἁγιάσαι ὑμᾶς ὁλοτελεῖς 는 '평강의 하나님 그가 너를 거룩하게 하셨기를 원한다'는 의미이다.
- ὁλόκληρον ὑμῶν τὸ πνεῦμα καὶ ἡ ψυχὴ καὶ τὸ σῶμα ἀμέμπτως ἡμῶν τηρηθείη.는 '너희의 온 영과 혼과 몸이 흠 없게 보전되었기를 원한다'는 의미이다.

시간성의 관계에서 큄멜은 현재와 미래의 관계를 성취와 약속으로 본다. 큄멜에게 미래의 약속을 믿을 수 있는 근거는 현재 일어나고 있는 성취에 의해 주어진다.[106] 예수님 당시의 사람들이 미래의 구원을 믿을 수 있었던 근거는 지금 여기에서(now and here) 일어나고 있는 성취에 있었다. 예수님께서 선포하신 하나님

---

106) W. G. Kummel, Promise and Fulfilment: The Eschatological Message of Jesus, (London: SCM, 1957), 111-113, 141-143쪽.

나라가 눈앞에서 이루어지고 있는 모습을 보면서 그들은 미래의 약속을 믿을 수 있었던 것이다. 우리가 미래적 구원을 약속받는 것은 현재 살아가는 삶을 통해서이다. 믿음이 과거적 구원을 현재적 사건으로 현재화시켰다면, 현재를 살아가는 삶, 곧 행함—하나님 사랑과 이웃 사랑의 실천—이 미래적 구원을 현재화시킨다. 따라서 '이미'(already)와 '아직'(not yet) 사이를 살아가는 우리에게는 구원은 전적으로 현재적인 사건이다. 이렇게 시간성의 측면에서 살펴보면 구원의 문제에 있어서 믿음과 행함은 결코 분리될 수 없다. 온전히 통합될 수밖에 없다.

에베소서 2장 8절에서는 우리가 이미 구원을 받았다고 말하고 있다. 그런데 우리가 받은 그 구원이 하나님의 선물이라고 말하고 있다. 예수가 이 땅에 오심은 두 가지를 이루시기 위함이다. 하나는 구원을 위함이며, 다른 하나는 심판하시기 위함이다. 예수께서 이 땅에 이미 오셨다. 예수께서 이 땅에 오셨다는 것은 이미 구원이 선포되었다는 것이며, 동시에 심판이 시작되었다는 의미이다. 그러나 승천하시면서 다시 오실 것을 말씀하셨다. 우리는 그 유예된 순간을 살아가고 있는 것이다. 이미(already)와 아직(not yet) 사이를 살아가고 있다는 말이다.

그리스도인들은 루터의 '오직 믿음으로 말미암아 구원을 얻는다'는 선포로 말미암아 '행함'과 '믿음'을 구분하려고 한다. 그런데 우리가 짚고 넘어가야 할 것은 루터가 말한 '행함'은 공로사상을 지적하는 말이다. 그런데 이 '행함'이라는 말을 '율법'이라는 말과 동의어로 혼동함으로써 '율법'이 곧 '행함'이라고 잘못 이해하고 있는 것이다. 우리는 시간성을 살펴봄으로써 믿음으로 말미암아 은혜로 값없이 구원을 받는다는 사실을 확인했다. 따라서 공로사상에 의해 구원을 얻을 수 없다는 것은 이미 자명해졌다. 루터도 이러한 오해를 해명하기 위해 갈라디아서 주석을 통해 행함의 중요성을 강조하고 또 강조했다.

바울은 로마서 1장 17절에서 "오직 의인은 믿음으로 말미암아 살리라"라고 말하고 있다. 이 구절로 말미암아 바울이 율법은 폐하여야 할 것으로 말하고 있다고 오해할 수도 있다. 그러나 바울이 오직 믿음으로 구원을 얻을 수 있다고 로마서 앞부분에서 '오직 믿음'을 강조했지만, 뒷부분에서는 행함을 강조해서 말하고 있다는 사실을 기억하여야만 한다. 로마서 12장 1-2절에서 "그러므로 형제들아 내가 하나님의 모든 자비하심으로 너희를 권하노니 너희 몸을 하나님이 기뻐하시는 거룩한 산 제물로 드리라. 이는 너희가 드릴 영적 예배니라. 너희는 이 세대를 본받지 말고 오직 마음을 새롭게 함으로 변화를 받아 하나님의 선하시고 기뻐하시고 온전하신 뜻이 무엇인지 분별하도록 하라"고 말하고 있다. 하나님의 뜻을 분별하는 새 생활을 강조하여 말하고 있다. '거룩한 산 제물'로 드려지는 행함이 있는 삶을 살아가도록 강권하고 있는 것이다. 바울은 로마서에서 믿음과 행함이 한 쌍임을 말하고 있는 것이다. 그리고 로마서 13장 10절에서 '사랑은 율법의 완성'이라고 말하고 있다.

예수는 율법에 대해 어떻게 말씀하셨는가? 마태복음 5장 17-18절에서 "내가 율법이나 선지자를 폐하러 온 줄로 생각하지 말라. 폐하러 온 것이 아니요 완전하게 하려 함이라. 진실로 너희에게 이르노니 천지가 없어지기 전에는 율법의 일점일획도 결코 없어지지 아니하고 다 이루리라"고 말씀하셨다. 율법을 폐하러 오신 것이 아니고 완전하게 하려 함이라고 말씀하고 있다. 하나님 나라는 예수와 함께 지금 여기서 일어나고 있는 동시에 미래로 머물러 있으며, 미래로 머물러 있으면서 현재화되고 있다. 하나님 나라는 '미래적 현재'인 동시에 '현재적 미래'이다.[107]

믿음이 과거적 구원을 현재화시켰고, 행함이 미래적 구원을 현재화시키고 있다. 우리의 믿음을 증명할 수 있는 것은 우리의 '삶으로 드리는 예배'를 통해서이다. 종말론적인 시점으로 말미암아 큄멜은 현재와 미래의 관계를 성취(현재)와 약속(미래)으로 보고 있다. 그리고 큄멜에게 있어서 미래의 약속을 믿을 수 있는 근거는 현재 일어나고 있는 성취에 의해서 주어진다. 예수 당시의 사람들에게 있어서 예수를 그리스도로 믿는 믿음은 예수를 통해서 그들에게 현재 이루어지고 있는 성취된 사건들 때문이었다. 그들이 약속을 믿을 수 있는 근거는 현재 일어나고 있는 성취에 있었다. 나는 큄멜이 주장한 약속(미래)에 대한 믿을 수 있는 근거는 우리의 '삶으로 드리는 예배'(현재)에 있다고 생각한다. 믿음과 행함은 서로 분리된 것이 아니고, 마치 동전의 양면과 같이 온전히 하나인 것이다. 그래서 야고보서 2장 17절에서 "행함이 없는 믿음은 그 자체가 죽은 것"이라고 말하고 있으며, 야고보서 2

---

107) 김균진, 『예수와 하나님 나라』, (새물결플러스, 2016), 173쪽.

장 26절에서는 "영혼 없는 몸이 죽은 것 같이 행함이 없는 믿음은 죽은 것이니라"고 말하고 있다. 나는 믿음과 행함의 온전한 통합이 미래적 구원을 '약속'으로 믿을 수 있는 근거라고 생각한다. 믿음으로 예수의 대속 사건을 통해 우리에게 선포된 구원이 나에게 현재적인 사건이 되고, '삶으로 드리는 예배'를 통해서 미래의 종말론적 구원 사건이 나에게 현재적 사건으로 인식되게 된다고 생각한다.

'미래적 하나님 나라'와 '현재적 하나님 나라'에 대한 이해는 '미래적 구원'뿐 아니라 '현재적 구원'을 이해하기 위해서 반드시 필요하다. 나는 '현재적 하나님 나라'에 대한 인식의 부재로 인해 믿음과 실천(행함)의 불일치 현상이 발생하고 있다고 생각한다. 그러므로 무엇보다도 하나님 나라의 현재적 시간성에 대해 바르게 인식하는 것이 반드시 필요하다고 생각한다. 현재적 시간성에 대한 바른 인식을 통해서 구원이 미래적일 뿐 아니라 현재적이기도 하다는 것을 확인할 수 있게 된다면, 그리고 믿음과 실천이 분리되어질 수 없으며 온전히 통합된 하나인 것을 확인할 수 있게 된다. "현재는 이미 종말의 때이다. 그러나 아직 종말은 아니다." 우리는 이미 시작되었으며 아직 종말에 이르지 않은 그 중간의 시간을 살아가고 있다. 이러한 긴장 관계는 현재의 삶을 은혜의 삶으로 인식하게 되며, "서로 사랑하라"는 온 율법의 완성을 향한 삶인 '거룩한 산 제물'로 드려지는 행함이 있는 삶을 살아갈 수 있게 하는 것이다.

예수는 온 율법을 하나님 사랑과 이웃 사랑 두 가지로 요약하셨다. 그리고 하나님 사랑과 이웃 사랑을 한마디로 요약한다면 '서로 사랑하라'로 요약할 수 있을 것이다. 하나님 사랑은 '예배'를 통하여 직접적으로 드려진다. 이웃 사랑은 '삶으로 드리는 예배'를 통하여 간접적으로 드려진다. '삶으로 드리는 예배'는 곧 우리의 행함을 통하여 드러나게 된다. 나는 우리가 구원 받았음을 확인할 수 있는 것은 '거룩한 산 제물'로 드려지는 행함이 있는 삶—하나님 사랑과 이웃 사랑을 실천하는 삶—이라고 생각한다. 나 아닌 제3자가 나의 구원을 확인하는 것도 '거룩한 산 제물'로 드려지는 행함이 있는 삶이다. 미래의 종말론적 구원은 현재의 삶에서 '하나님 사랑'과 '이웃 사랑'을 요구한다.

## 4. 소결론

　신약성서의 중심 주제는 '하나님 나라(천국)'이다. 그런데 하나님 나라를 이해하는데 있어서 시간성에 대한 인식은 매우 중요한 문제이다. 하나님 나라가 미래적이며 묵시적인 종말을 의미한다고 단정 짓게 되면, 하나님 나라는 현재의 역사와는 아무런 관계를 갖지 못하게 되고 만다. 그리고 그리스도인들은 현재의 세상에서 할 수 있는 일이 아무것도 없게 된다. 그저 죽은 후에 들어갈 천국을 기다리는 것 밖에는 할 수 있는 일이 아무것도 없게 되는 것이다.
　그런데 예수가 선포한 '하나님 나라'에는 '미래적 하나님 나라' 뿐 아니라 '현재적 하나님 나라'도 함께 있다. 그리고 우리에게는 현재적 나라에 대한 믿음만이 하나님 나라의 선취적 경험을 가능하게 만드는 공간을 제공한다. 하나님 나라가 미래적일 뿐 아니라 현재적이라고 한다면, 예수가 선포한 하나님 나라의 진정한 의미는 하나님의 뜻을 인간 세상에서 수행하는 것이며, 사회 변혁과 관련된 이상일 수 있고, 역사 속에 공의로운 공동체를 건설하는 것일 수 있게 된다. 그리고 비로소 디아코니아적 선교는 그 뿌리의 기반을 얻게 되는 것이다.

'미래적 하나님 나라'와 '현재적 하나님 나라'에 대한 이해는 '미래적 구원'뿐 아니라 '현재적 구원'을 이해하기 위해서 반드시 필요하다. 필자는 '현재적 하나님 나라'에 대한 인식의 부재로 인해 믿음과 실천(행함)의 불일치 현상이 발생하고 있다고 생각한다. 그러므로 '하나님 나라'를 이해하기 위해서 무엇보다도 하나님 나라의 현재적 시간성에 대해 바르게 인식하는 것이 반드시 필요하다고 생각한다.

쿨만은 현재와 미래의 긴장을 기독교 역사에 적용해서 '이미'(already)와 '아직'(not yet)으로 보는 역사관을 마련했다. "현재는 이미 종말의 때이다. 그러나 아직 종말의 끝은 아니다." 우리는 이미 시작되었으며 아직 종말에 이르지 않은 그 중간의 시간을 살아가고 있다. 이러한 긴장 관계는 현재의 삶을 은혜의 삶으로 인식하게 되며, "서로 사랑하라"는 온 율법의 완성을 향한 삶인 '거룩한 산 제물'로 드려지는 행함이 있는 삶을 살아갈 수 있게 하는 것이다.

# Ⅲ
# 하나님 나라와
# 디아코니아의 관계성

우리는 Ⅱ장에서 하나님 나라를 이해하는데 필요한 시간성에 대하여 다루었다. 하나님 나라는 미래적일 뿐만 아니라 현재적이다. 우리는 하나님 나라의 현재성 안에서 믿음과 행함이 하나로 통합됨을 살펴보았고, 하나님 나라의 현재성 안에서 믿음이 과거적 구원을 현재화시켰고, 행함이 미래적 구원을 현재화시키고 있음을 확인하였다. 믿음과 행함의 온전한 통합은 미래적 구원을 '약속'으로 믿을 수 있는 근거가 된다. 믿음으로 예수의 대속사건은 나에게 구원의 현재적 사건이 되고, '삶으로 드리는 예배'를 통해서 미래의 종말론적 구원 사건이 나에게 현재적 사건으로 인식되게 된다.

　그런데 우리에게 하나님 나라를 살아가야 한다고 말할 때, 어떻게(how) 살라고 하는 것인가? 어떻게(how)에 대한 답을 얻기 위해서 예수가 이해한 '자기 정체성'에 대해서 살펴볼 것이다. 그리고 예수의 사역 내용들을 살펴보려고 한다. 예수의 '자기 정체성'과 예수의 사역들을 통해 우리는 먼저 예수가 이해한 '자기 정체성' 및 예수의 사역 내용들을 통해 예수의 '하나님 나라와 디아코니아와의 관계성'을 이해할 수 있을 것이고, 이 관계성 이해를 가지고 '어떻게'에 답하기 위한 토대를 마련할 수 있을 것이다.

## 1. 예수의 '하나님 나라와 디아코니아의 관계성' 이해

'기독교 사회봉사'라는 말은 신약성경에 나오는 '디아코니아'(διακονια)의 우리말 표현이다.[108] 이 '디아코니아'(διακονια)는 성경에 근거를 가지며, 초대교회부터 오늘날까지 일관되게 강조되어 오고 있는 중요한 개념이다. '디아코니아'(διακονια)라는 단어가 헬라어이기 때문에 헬라어로 기록된 신약성경에서 먼저 이 단어를 발견할 수 있다. 기독교 사회봉사 전체를 포괄하는 헬라어 단어는 어근 '디아콘'(διακον-)에 속하는 단어들이며, 이 단어들 가운데는 각각 동사형인 '디아코네오'(διακονεω: 섬기다, 일하다, 봉사하다)와 명사형인 '디아코니아'(διακονια: 섬김, 일, 봉사)와 또 다른 명사형인 '디아코노스'(διακονος: 섬기는 자, 일하는 자, 봉사자)가 있는데, 디아코니아를 의미할 때는 이 모든 것을 다 포괄하는 것을 전제로 해야 한다.[109]

동사형인 디아코네오(διακονεω)는 신약시대 이전 그리스 주변에서 오랫동안 세속적인 의미에서 '식탁에서 시중들다'는 의미로

---

108) 김한옥, 『기독교 사회봉사의 역사와 신학(History and Theology of social Activity in Christianity)』, (부천, 실천신학연구소, 2006), 20쪽.
109) 김옥순, 『디아코니아학 입문(Introduction of Diakonia)』, (서울, 한들출판사, 2010), 14쪽.

사용되었을 뿐 아니라, 신약성경에서도 같은 의미로 사용되었다 (눅 17:8, 12:37, 22:37, 22:26; 요 12:2; 마 22:13, 27:55; 막 15:41 등).[110] 후에는 보편적인 의미인 '섬기다'로 사용되었다.[111]

## 1) 디아코노스로 오신 예수님

### (1) 디아코노스로서의 예수 자신의 이해

우리는 예수를 삼위일체 하나님이시며, 이 세상을 말씀으로 창조하신 창조자가 되시고, 우리를 구속하여 주신 구원자 되심을 믿음으로 고백한다. 그런데 구속자 되시는 예수께서는 스스로를 어떻게 말씀하고 계시는가? 예수는 하나님 나라를 선포하시고, 하나님 나라에 대해 가르치시고, 고치시고 치유하시는 일에 집중하셨다. 그리고 예수는 스스로를 디아코노스(섬기는 자)로 왔다고 하나님 나라의 주인인 자신의 섬김에 대해 말씀하셨다. 우리는 예수의 자기 정체성에 대한 말씀을 통해 그 사역인 하나님 나라의 중심 내용이 디아코니아임을 드러내어 보여 주었다.

우리는 예수께서 "섬기는 자로 이 세상에 오셨다"(눅 22:27)고 말씀하고 있는 성경 구절에 집중할 필요가 있다. 필리피에 의하면, 복음은 그 가운데 예수 자신에 대하여 강조하며, 그의 구속사적인 보내심에 대한 말씀을 전승하였다. 이러한 예수에 대한 증언으로서 복음 가운데 가장 중심적인 말씀은 마가복음 10장 45절

---

110) 김옥순, 『디아코니아학 입문』, 19쪽.
111) 김한옥, 『기독교 사회봉사의 역사와 신학』, 20쪽.

과 마태복음 20장 28절 말씀이다.

인자가 온 것은 섬김을 받으려 함이 아니라 도리어 섬기려 하고 자기 목숨을 많은 사람의 대속물로 주려 함이니라.(막 10:45; 마 20:28)

여기에 나오는 '섬기다'라는 말은 그리스 말의 섬기다(διακονεω) 혹은 섬기는 것(διακοειν)을 의미한다. 세속 사회에서 볼 수 있는 식탁에서 시중드는 자로서 종이나 노예들이 주인을 섬긴다는 의미인데, 예수께서는 이러한 섬기는 자로서 자신이 보내졌음을 인식하셨던 것이다.[112]

예수를 세상에 보내신 하나님의 뜻은 무엇일까? 하나님의 뜻은 예수께서 섬기는 자로 오셨다고 하신 말씀과 일치하고 있는가? "하나님이 세상을 이처럼 사랑하사 독생자를 주셨으니 이는 그를 믿는 자마다 멸망하지 않고 영생을 얻게 하려 하심이라"(요 3:16). 하나님이 '세상'을 사랑하신다고 말씀하고 계신다. 세상을 사랑하셔서 예수를 이 땅에 보내셨다고 말씀하고 있다. 예수는 자신을 비우시고 인간이 되셔서 인간을 섬기러 이 세상 한복판으로 오셨다. 그가 오신 목적은 디아코니아였다.

필리피에게서 인자는 하나님의 종으로서 수동적으로 고난을 짊어졌을 뿐만이 아니라, 능동적으로 섬기는 자로서 인간들에

---

112) P. Philippi, Christozentrische Diakonie, Evangelische Verlagswerk, 1975, 123쪽.

게 하나님의 방법을 나타내시는 하나님의 최종적인 계시자이시다.[113] 이렇게 하나님의 최종적인 계시자로서 그리스도의 자기 비움의 성육신 사건을 필리피는 '섬기는 자'로서 설명하며, 하나님이 인간이 되신 이 사건은 하나님이 죄인 인간을 찾아오시는 사건이며, 많은 사람을 위해서 목숨까지도 희생하시는 섬기시는 구원의 행동 사건이라고 하였다.[114] 따라서 필리피는 그리스도 안에서 섬기시는 하나님 사건이 바로 신앙인이 가장 작은 자들을 섬기는 디아코니아 활동을 유효하게 하는 것이라고 보았다.[115]

필리피는 하나님의 계시에 상응하는 것은 섬김이며, 이러한 섬김이 하나님의 통치 영역 속에서 나타난 하나님의 뜻이며, 하나님의 방법이고 하나님의 길이 되는 것이라고 하였다.[116] 하나님은 자신을 비우시고 인간이 되셔서 인간을 섬기러 이 세상 한복판으로 오셨다. 이러한 하나님의 성육신 사건에서 십자가에 이르기까지 하나님의 행동은 인간의 사고로서는 도달할 수 없는 기적의 사건인 것이었다. 왜냐하면 그 당시 그리스 세속사회에서는 노예가 그의 주인을 업어주고 섬기는 것이 관습이었기 때문이다. 그러나 하나님은 이미 구약시대부터 이스라엘에게 그렇게 하시지 않았는가? 광야에서 네가 보았던 것은 한 사람이 그의 아이

---

113) P. Philippi, Diakonica, Uber die soziale Dimension kirchlicher Verantwortung, Hg. v. J. Albert (Neukichen-Vluyn: Neukirchener Verlag, 1984), 6쪽.
114) P. Philippi, Christozentrische Diakonie, 122쪽.
115) P. Philippi, Diaconica, 6쪽.
116) Ibid., 11쪽.

를 업듯이, 너희 하나님 야웨가 너희를 업으셨다는 사실이다.(신 1:31) 관습적으로 노예가 주인의 손과 발을 씻어 준다. 그러나 여기서는 하나님이 우리를 씻어 주셨다.(겔16:9)[117] 필리피는 이처럼 구약성서 속에 나타난 섬기시는 하나님의 본질은 예수 그리스도 안에서 최종적으로 성취되고 질적으로 더욱 새로워졌다고 하였다.[118] 그래서 마태복음 20장 26-28절과 마가복음 10장 45절, 그리고 누가복음 22장 27절에서 예수 자신이 섬기는 자로서 보내심을 받은 것에 대한 증언은 제자들에게 섬김 받고 군림하려는 세속사회의 그것과는 대조적으로 섬김의 근본 질서를 분명하게 제공해주고 있다.[119] 하나님 나라의 통치권을 위임 받은 그리스도는 섬기는 자로서 하나님 나라 복음의 핵심을 이루고 있는 것이다. 그러므로 섬기시는 하나님으로부터 보냄을 받은 예수가 선포한 하나님 나라는 하나님의 본질과 그의 뜻과 그의 방법에로 나아가는 '돌이킴' 이외에 다른 방법이 없는 것이었다.[120]

예수는 마지막으로 그의 제자들에게 다락방 교훈을 주시고 성만찬을 시작하시기 바로 직전에 그들의 발을 씻기셨다(요 13:1-11). 종으로서의 이러한 섬김으로써 예수는 특이한 하나님의 종으로서의 그의 역할을 극적으로 보여주신 것[121]이라는 글라서의 해석에 대조적으로 바흐는 다른 해석을 내놓는다. 독특한 역할을

---

117) P. Philippi, Christozentrische Diakonie, 131쪽.
118) Ibid., 221쪽.
119) Ibid., 125쪽.
120) 김옥순, 『디아코니아신학』,(서울, 한들출판사, 2011), 395쪽.
121) Arthur F. Glasser, Announcing the Kingdom, 205쪽.

극적으로 보여준 사건이 아니라 섬김은 그의 본래의 하나님, 혹은 하나님의 아들의 고유한 과제라는 것이다. 예수는 극적이거나 특별한 일로 섬김의 본을 보이신 것이 아니라, 자신의 정체성으로부터 그에게와 그를 따르는 자들에게 일상적이거나 평범한 일로서 섬기신 것이기 때문이다.[122] 그리고 제자들로부터 주와 선생으로 인정받는 분이 섬겼으니 제자들도 마땅히 서로 그리해야 할 것이라고 본을 보이시며(요 13:13-15), 유월절 마지막 식사, 즉 성찬의 의미가 "서로 사랑하라"(요 13:34)는 디아코니아의 계명인 것을 확인해 준다. 예수의 제자됨은 "서로 사랑하면" 자연히 나타날 것이라는 말씀도 덧붙이신다. 디아코니아를 배제한 제자도는 없다.

벤틀란트(Wendland)도 그리스도의 모습을 '섬기는 자로서의 그리스도'(Christos Diakonos), '종으로서 그리스도'(Christos Doulos)로 이야기한다. 벤틀란트는 '섬기다'(Diakonein)라는 말로 예수의 총체적 보냄을 포괄적으로 총 집약하여 말한다.[123] 그리스도는 온 세상과 전체 우주의 왕이시고 신이시며, 미래의 심판자이고 구원자이시다. 그런데 어떻게 그가 동시에 섬기는 자로서 그리고 종으로서 진술될 수 있는 것인가? 이 말은 섬기는 자와 종이 상대적 개념이냐는 물음이 아니라, 섬기는 자가 구원을 베푸는 자와

---

122) 비교. 울리히 바흐, 우리 모두를 위한 자유공간으로서의 디아코니아적 교회, 폴커 헤르만, 마틴 호르스트만, 이범성 역, 디아코니아학, 대한기독교서회, 348쪽.
123) H-D. Wendland, "Christos Diakonos, Christos Doulos", 181쪽. quoted in 김옥순, 『디아코니아신학』, 359쪽.

동일하며, 종이 해방의 주와 동일한 자가 되고, 이 개념들은 모두 한 인물 그리스도 안에 속하며 녹아 있다는, 한 인물의 정체성에 대한 여러 표현이다.

벤틀란트는 "그리스도의 섬기는 실존이 그의 총체적인 사역을 포괄하고 있다. 이것을 통하여 그는 종말론적인 구원자이시며 동시에 해방자가 되신다. 즉 그는 구유에 오심으로부터 십자가에 죽기까지 그의 역사적인 실존 전체가 말씀과 행동을 포괄하는 희생적인 순종의 섬김을 통하여 구원자이고 동시에 해방자이시다[124]"고 주장한다. 벤틀란트는 "이와 같은 예수 그리스도의 고유한 역설은 주님이 종이며, 종으로 계시고, 동시에 그 종은 과거에도 현재에도 미래에도 신이신 주님으로 계시는 것이다"[125]고 주장한다. 역시 하나님의 참 신 되심은 다른 뭇 신들과 다르게 신이 인간을 섬긴다는 '처음 듣는' 새로운 언술 때문이다.

모든 섬김의 중요한 본질은 순종이며, 예수의 말씀 가운데 자주 발견된다는 것은 놀랄 만한 일이 아니다. "나의 양식은… 나를 보내신 이의 뜻을 행하며 그의 일을 온전히 이루는 이것이니라"(요 4:34). "내가 하늘에서 내려온 것은 내 뜻을 행하려 함이 아니요 나를 보내신 이의 뜻을 행하려 함이니라"(요 6:38).[126] 이 순종의 사역은 죽기까지 복종하심으로 이루어졌다. 하나님이 그분

---

124) H-D. Wendland, "Christos Diakonos, Christos Doulos", 183쪽. quoted in 김옥순, 『디아코니아신학』, 359쪽.
125) 김옥순, 『디아코니아신학』, 359-360쪽.
126) Arthur F. Glasser, Announcing the Kingdom, 205쪽.

을 의롭다 하시고 죽음에서 부활시키셨다(롬 4:25). '하나님의 종' 으로서의 예수의 사역의 특이함은 사람들을 향한 그의 관심에서 드러난다.[127]

예수의 섬기시는 사역과 이에 따른 하나님 나라의 표적들은 하나님 나라의 도래를 가져왔다. 예수가 오심으로 하나님의 백성들과 새 언약을 맺는 새로운 시대가 열린 것이다. 예수는 사랑의 메시지를 전하셨다. 하나님의 백성들에게 형제애와 사랑을 실천하라고 하셨다.

4복음서는 모두 선지자로서의 예수에 대해 이야기한다. 확실하게, 그의 제자들도 그분을 선지자로 간주했다(눅 24:19). 군중들은 이렇게 판단했다. "큰 선지자가 우리 가운데 일어나셨다"(눅 7:16,39). 이 말은 예수가 밝히신 자기 정체성과 연결된다. "선지자는 예루살렘 밖에서는 죽지 않는다"(눅 13:33). 오순절 후에 베드로와 스데반은 예수가 모세의 예언을 성취하신 분이라고 하였다. 하나님께서 그들 가운데 이스라엘을 위하여 일으키실 모세와 같은 선지자라고 하였다(신 18:15-16; 행 3:18-23; 7:37). 더 나아가 그들은 모세의 경고를 곁들였다. "누구든지 그 선지자의 말을 듣지 아니하는 자는 백성 중에서 멸망 받으리라"(행 3:23).[128]

폴 미니어(Paul S. Minear)는 예수의 선지자적 역할의 중요성에 대해 부활 이후 사도들의 설교가 교회의 깊은 확신을 반영한다는

---

127) Ibid., 206쪽.
128) Arthur F. Glasser, Announcing the Kingdom, 202쪽.

점을 상기시킴으로써 이 점을 확증한다.[129] 그러나 과연 이것뿐일까? 예수의 선지자 역할을 부활 전의 사도들은 인정하지 않았었는가? 베드로를 선두로 제자들은 '사람들'이 하는 말과 다르게 선지자를 넘어서 하나님의 아들이라고 믿고 고백하였다. 부활 후의 제자들은 여전히 두려운 가운데 운집해 있으면서 다만 하나님의 영이 내리기를 기다리고 있었다. 그 영이 임하게 되자 비로소 제자들은 하나님 나라의 현재를 디아코니아의 실천으로 이해하게 되었다. 하나님의 아들이 디아코노스라고 자칭하신 뜻을 이해하고 받아들였다는 말이다. 그래서 선생의 말대로 자신들도 디아코노스가 되었다. 베드로의 설교에 삼천 명이 회개한 이유도 예수가 디아코노스라는 선포 때문이었던 것이며, 예루살렘교회는 디아코노스가 된 사도들로 인해 일곱 사람을 추가로 선출하여 디아코노스의 직무를 떠넘기기까지 하였다. 그리고 이 일곱은 스데반과 빌립처럼 하나님이 세상을 섬기는 자로 오셨다는 복음을 자신들의 신념으로 설파하였던 것이다. 이제야 비로소, 성령 받은 이후에 제자들은 비로소 하나님의 나라에 대해서 설교를 할 수 있게 되었던 것이다. 성령을 받지 않고는 섬김을 받기 위해 메시아왕국을 꿈꾸었던 그 이상이 포기될 수 없었기 때문이다. 성령 받은 그들은 섬김(디아코니아)으로 이루어지는 하나님 나라를 설교하고 실천하고 경험하였다.

---

129) Paul Minear, To Heal and to Reveal: The Prophetic Vocation according to Luke, (New York: Seabury Press, 1976), 106쪽. quoted in Arthur F. Glasser, Announcing the Kingdom, 202쪽.

하나님 나라의 메시지에 응답하는 사람마다 하나님 나라 안으로 침입해 들어온다(눅 16:16) 예수의 선지자적 사역은 구속사의 새로운 장을 보여줌으로써 드러난다.[130] 예수는 예언을 성취하시고(눅 7:28), 사탄을 물리치셨다. 하나님 나라의 여명이 밝아 왔다. 새로운 시대가 열린 것이다. 가난한 자, 포로된 자, 눈먼 자, 억눌린 자들이 '요한보다 큰 자'가 되었다. 메시아 시대가 열린 것이다."[131] "섬기는 자가 큰 자가 된다"는 것을 경험하는 하나님 나라가 그들 가운데 시작된 것이다. 예수의 선지자적 사역과 그에 동반한 하나님 나라의 수많은 표적들은 하나님 나라의 도래가 완벽하게 도래했음을 수용했다. 예수가 오심으로 하나님의 백성들과 새 언약을 맺는 새로운 시대가 열린 것이다.[132] 예수는 디아코니아로 나타나게 되는 사랑의 메시지를 전하셨다. 하나님의 백성들에게 형제애와 사랑을 실천하라고 하신 것이다.

히브리서는 오직 예수만이 하나님과 인간 사이를 연결하는 완벽한 다리가 되신다고 설명한다. 예수 그리스도는 완전한 하나님이시며 완전한 인간이시다. 한 걸음 더 나아가서 히브리서는 예수는 전혀 죄가 없으신 분으로 하나님이 받으실 만한 속죄 제물이 되실 수 있었으며 실제로 자신을 제물로 드리셨다고 설명한다 (히 9:11-14). "그러므로 자기를 힘입어 하나님께 나아가는 자들을

---

130) Arthur F. Glasser, Announcing the Kingdom, 203쪽.
131) Paul Minear, To Heal and to Reveal: The Prophetic Vocation according to Luke, 118-119쪽. quoted in Arthur F. Glasser, Announcing the Kingdom, 203쪽.
132) Arthur F. Glasser, Announcing the Kingdom, 203쪽.

온전히 구원하실 수 있으니 이는 그가 항상 살아서 저희를 위하여 간구하심이니라. 이러한 대제사장은 우리에게 합당하니 거룩하고 악이 없고 더러움이 없고 죄인에게서 떠나 계시고 하늘보다 높이 되신 자라"(히 7:25). 예수는 끊임없이 백성들을 위해 하나님의 존전에 나타나신다(히 9:24).[133]

복음서는 예수를 왕이라 칭한다. 구약의 하나님은 왕국을 다스리시는 왕이셨다. 이런 관점에서 복음서에 기록된 예수는 하나님의 왕국을 선포하는 왕이시다. 예수 탄생의 기사들은 왕의 탄생을 의미하는 세부적인 내용들로 가득하다(마 2:2; 눅 1:32-33). 그런데 그 왕의 탄생 장소는 동방의 지혜자들이 계산해 내었던 헤롯의 궁전이 아니었고, 가장 작은 마을 중의 하나인 베들레헴의 민박업소에 딸린 마구간이었다. 그 탄생을 듣고 알리게 된 사람은 궁정의 나팔수가 아니라 들에서 양을 치며 밤을 지새워야 하는 목동이었다. 기저귀를 차고 누워계신 아기가 바로 세상을 구할 임금이셨다. 그는 목수의 아들로 성장하며 생업을 배운 청년으로 자랐는데 하나님을 아버지라고 늘 생각하는 '우리들' 가운데 하나였다. 그 왕이 마지막 예루살렘 입성에 타고 가신 탈것은 한 마리 나귀에 불과하였다(슥 9:9; 마 21:5). 군중들은 왕으로 예수를 맞았다(눅 19:38). 유대인들은 빌라도 법정에 예수를 고소할 때 그분이 왕이라고 했다는 점을 문제로 삼았다(눅 23:1-2).[134]

---

133) Ibid., 203-204쪽.
134) Ibid., 204쪽.

"네가 유대인의 왕이냐"는 빌라도의 질문에, 예수는 "네 말이 옳도다"(마 27:11)라고 대답하셨다. 윌리엄 버클레이는 "이 말씀은 예수가 자신을 왕이라고 부르라고 말씀하시는 것 같으나 그와 동시에 그분의 왕 되심이 무엇을 의미하는지에 대해 빌라도는 잘 알지 못했고 유대인들도 역시 짐작하지 못했다"[135]라고 설명한다. 야고보와 요한은 왕국이 이루어질 때 자기들에게 요직을 맡게 해주겠다는 약조를 해달라고 부탁했다(마 20:21).[136] 군중들은 그를 왕으로 삼으려 했다. 그리고 이렇게 말했다. "아마도 그가 우리를 로마의 압제에서 해방시킬 수 있고 우리가 우리의 모든 적들을 정복하도록 도울 수 있다." 그러나 예수는 그런 권력의 이해 위에 어떤 왕국도 세우는 것을 거부했다.[137]

하나님 나라는 사랑 위에, 하나님과의 화해 위에, 그리고 세상이 줄 수 없고 예수만이 주실 수 있는 자유 위에 세워지는 나라이다(요 8:36).[138] 그 자유는 진리를 아는 사람에게 주어지는데, 그것은 바로 "크고자 하는 자는 섬기는 자가 되어야 할 것"이라는 하나님 나라의 가치관이고, 이 하나님 나라를 받아들이는 사람이 진리를 알게 되는 것이다. 윌리엄 버클레이는 "예수의 목표는 분명했다. 오직 한 가지, 사람들로 하여금 하나님의 사랑에 응답하

---

135) William Barclay, Jesus as They Saw Him, (New York: Harper & Row, 1962), 241쪽. quoted in Arthur F. Glasser, Announcing the Kingdom, 204쪽.
136) Arthur F. Glasser, Announcing the Kingdom, 205쪽.
137) Ibid., 205쪽.
138) Ibid., 205쪽.

라고 설득하는 것이었다. 그 사랑을 예수 안에서 구체화하고, 온 땅의 백성들이 마음속에 하나님을 왕으로 모시게 하는 것이었다" 라고 기술한다.

거기에 '종'이라는 섬기는 사역이 첨가되었다. 모세는 그의 백성을 자유에로 인도하기 위하여 선택된 '하나님의 종'으로 간주되었다. 이사야 53장은 세상의 죄를 짊어질 '새로운 하나님의 종'을 약속한다. 빌립보서 2장에 의하면, 하나님의 아들은 스스로 종의 형태를 취하시고 십자가에 죽기까지 순종하셨다.[139] 선지자, 제사장, 왕으로서의 예수의 정체성은 바로 섬기는 자로 오신, 즉 죽기까지 순종하심으로 십자가에서 죽으신 사명을 위한 것이었다. 섬기는 자, 종으로서의 정체성을 그 중심으로 삼으신 것이다. 예수는 다른 사람들을 섬김으로써 성육신 모델을 보여주셨다. 제자들에게 보여주신 성육신 모델의 핵심은 다른 사람들을 섬기는 것이었다.[140] 그 이유는 제자들에게 하나님 나라의 복음을 선포하는데 효과적인 사역 모델을 보여 주기 위해서였다. 예수는 보냄을 받으신 분이시며 동시에 보내시는 분이시다.[141] 윌리엄 버클레이는 "그분은 언제나 하나님의 종이셨다. 하나님 나라에 대해 선포하는 것이 예수의 임무였지만 결국 그 왕국은 하나님께 속한 하나님 나라가 된다"[142]고 말한다.

---

139) J. 몰트만, 『삼위일체와 하나님 나라』, 김균진 역, (22판: 대한기독교출판사, 2014), 260쪽.
140) Arthur F. Glasser, Announcing the Kingdom, 201쪽.
141) Arthur F. Glasser, Announcing the Kingdom, 201쪽.
142) William Barclay, Jesus as They Saw Him, 244쪽.

예수의 섬김 사역이 가장 잘 요약된 단어를 말하라고 한다면, '인자의 섬김'이 될 것이다.[143] 이러한 예수의 섬김은 그의 성육신 하신 것과 십자가에서 가장 잘 나타나고 있다. 필리피는 교회 봉사의 근원을 그리스도의 성육신 사건 자체에서 찾아냄으로써 그 어려움을 극복할 수 있다고 하였는데, 그는 "사랑의 실천 행위는 기독교 신앙의 근본 행위이며, 더 정확히 말하자면 예수 그리스도의 성육신에 뿌리를 두고 있다"는 사실을 분명히 하였다.[144]

또 다른 성육신의 의미는 마태복음 1장 23절에 나와 있는 것처럼, 임마누엘 즉 하나님이 우리와 함께 하신다는 것이다. 누가복음 22장 27절에서 예수는 "나는 섬기는 자로 너희 가운데 있다"고 말씀하셨다. 여기서의 성육신은 섬기는 자로 우리와 함께 하시는 임마누엘의 주님이시다. 성육신은 사람들 위에 있는 하나님으로 오시는 것이 아니라, 사람들 가운데 계시는 한 인간으로 오셔서, 인간들과 함께 삶을 나누셨다는 것이다.[145] 필리피의 말을 빌리면, 희망의 메시아이신 예수는 인간들이 고대하는 예수가 되는 것이 아니라, 하나님께서 인간이 되신 메시아라는 것이다.[146] 그래서 그 메시아를 믿는다는 것은 그의 말을 듣는 것이지 나의 메시아 상에 그가 맞춰주어야 하는 것이 아닌 것이다. 그분의 나

---

143) 박영호, 『기독교 사회복지(Christian Social Welfare)』, (서울: 기독교문서선교회, 2004), 204쪽.
144) Karl Frantz Daiber, 『교회의 정체성과 교회봉사(Diakonie und Kirchliche Identität)』, 황금봉 역, (서울: 한국장로교출판사, 2005), 49-50쪽.
145) 박영호, 『기독교 사회복지(Christian Social Welfare)』, 118쪽.
146) 김옥순, 『디아코니아학 입문(Introduction of Diakonia)』, 266쪽.

라는 그분의 통치를 인정하는 곳이다.

신약성경이 말하는 디아코니아는 다른 사람을 불쌍히 여기고 동정을 가지고 돌보면서, 그들과 나를 전혀 별개의 존재로 인식하는 행위가 아닌 것이다. 또한 그것은 나를 다른 사람을 위한 존재로 여겨 그들을 처음부터 나보다 한 단계 낮은 존재로 여겨 도움을 주는 것도 아니라는 것이다.[147] 진정한 디아코니아는 예수 그리스도가 인간을 거리를 두고 돕기 위한 존재로 오신 것이 아니라, 그들과 함께 하는 존재로 그들 가운데 오셔서 성육신의 삶을 사신 것이다.

울리히 바흐(Ulrich Bach)는 바알 신앙에 근거하는 신앙에 대하여 "우리는 바알로서의 하나님을 원한다. 그는 우리와 다른 사람을 잘 되게 하고, 우리 개개인의 인생과 우리와 함께 사는 사람들에게서 십자가를 막아주며, 아니면 적어도 그것을 감당하게 해주는 자이다"라고 말하며, 우리 신앙의 방향을 바알로부터 십자가에 달리신 이에게로 움직여야 우리의 신앙은 성숙하게 된다고 하였다.[148]

글라서는 "누구든지 하나님의 뜻에 따라 자기 세대를 섬기려면, 다시 말해서 공적으로나 사적으로 하나님, 하나님의 백성, 민족들 가운데 이루어지는 하나님의 선교에 동참하려면 위험 부담

---

147) 박창현, "신학성서의 사회봉사(Social Activity in the New Testament)", 한국신학선교회 편,『선교와 디아코니아: 선교신학(Mission and Diakonia: Mission Theology)』, (서울: 한들출판사, 2002), 103쪽.
148) Ulrich. Bach, "Die dikoniesche Kirhe als Freiraum fuer uns alle"(1979), 이범성 역, Neukirchener Verlag des Erziehungsvereins mbH., 307쪽.

을 감수해야 하는데, 이것은 선택의 여지가 없다"[149]고 하였다. 섬김에는 반드시 고난이 따른다는 것이다.

조지 래드(George E. Ladd)는 십자가를 단순한 짐으로 생각하는 사람들을 향하여 "십자가는 짐이 아니다. 십자가는 죽음이 있는 자리에 세워진다는 사실을 기억하라. 당신이 십자가를 지고 간다면 당신은 반드시 골고다까지 가서 자신이 십자가에 못박혀 죽어야 한다"[150]고 강하게 말한다.

몰트만 역시 개신교의 봉사의 기초를 놓은 사람들은 "봉사를 시작하려 할 때 고통과 죽음을 각오해야 한다"[151]고 요구했는데, 사람들은 그 말을 의아하게 생각하였다. 왜냐하면, 많은 사람들은 십자가의 영광만을 바라지, 십자가의 고난은 원치 않기 때문이다. 몰트만은 계속하여 "구원의 메시아적 비밀은 고통을 배제하는 것과는 정반대가 되며, 그것은 기꺼이 고통을 감당하려는 것"[152]이라고 하였다.

바흐는 그의 책에서 "프리드리히 니체는 최상의 역설적 공식은 '십자가에 달리신 하나님' 이라는 말을 했다. 이제까지 한 번도 어느 곳을 뒤져도 그렇게 섬뜩하고 의문스럽고, 의아한 유의 무

---

149) Arthur F. Glasser, Announcing the Kingdom, 74쪽.
150) George E. Ladd, 『하나님 나라의 복음』, 박미가 역, 167쪽.
151) Jurgen Moltmann, "하나님의 나라와 봉사의 신학", 곽숙희 역. 『사회봉사의 신학과 실천』, 이삼열 편, (서울: 도서출판 한울, 1999), 77쪽.
152) Jurgen Moltmann, "하나님의 나라와 봉사의 신학(Theology of the Kingdom and Service)", 곽숙희 역. 『사회봉사의 신학과 실천』, 이삼열 편, 78-79쪽.

모한 대담함은 없었다. 이 무모함은 모든 고전적 가치의 새로운 평가를 요구한다. 하나님은 개선하는 높은 곳의 하나님이 아니다. 예수의 목적은 모두의 높아짐에 있지 않고, 우리 인간들과의 공동체에 있으며 이 함께함을 아래에서든지, 중간에서든지, 혹은 위에서든지 실현하는 것에 있다"[153]고 십자가의 그리스도를 요약하였다.

비혀른은 예수의 인격으로부터 신앙인의 사랑의 활동을 이해하였다. 즉 사랑으로 돌보며 행동하는 신앙인들 가운데서 그리스도는 구원하는 그리스도로서 자신을 천명하신다. 동시에 그리스도는 도움을 필요로 하는 자들을 만나는 그리스도이시다. 비혀른이 인식하고 있는 그리스도는 울고 있는 형제들과 심하게 좌절하고 있는 자매들을 신앙인이 사랑으로 돌보는 행동을 통하여 그리스도를 증명하고 이를 신앙의 중심에 두고 있는지를 늘 보고 계시는 분이시다. 신앙인은 가난한 모습을 가지신 부요하신 주님을 맞이해야 하는 것이다. 그리스도는 그의 사랑을 가지고 아주 다양한 은사들로써 인간들에게 마주 향하여 가시는 그리스도이시다. 동시에 그리스도는 우리 앞에 가난한 자로 서 계시고 누워 계시며 우리의 도움을 기다리신다. 이러한 전체적인 사고는 비혀른에게서 기독론적으로 각인되었다.[154] 이처럼 비혀른은 디아코니아 활동의 근거를 철저히 예수 그리스도의 인격과 사역에 두었

---

153) Ulrich Bach, "Die dikoniesche Kirhe als Freiraum fuer uns alle"(1979). 이범성 역, Neukirchener Verlag des Erziehungsvereins mbH., 307쪽.
154) 김옥순, 『디아코니아신학』, 272-173쪽.

다. 즉 예수 그리스도는 사랑으로써 실천적인 삶을 사는 신앙인들에게 구원의 주가 되시며, 이러한 구원의 그리스도는 도움을 구하고 있는 자들과 함께하는 신앙인을 만나 주신다는 것이다. 다시 말해서 하나님의 사랑을 보증하는 그리스도는 가난한 자들 속에서 우리를 만나시는 그리스도이시다.[155] 여기에 비혀른의 구원의 주님이신 그리스도에 기초하는 디아코니아 활동의 근거가 놓여 있는 것이다.

여기 비혀른의 디아코니아는 예수께서 선포하신 하나님 나라의 모양에 일치한다. 이스라엘이 기다리던 메시아가 가지고 올 하나님 나라에 대한 세례자 요한의 물음에 대답하신 예수의 말씀을 떠올려보자. "맹인이 보며, 못 걷는 사람이 걸으며, 나병환자가 깨끗함을 받으며, 못 듣는 자가 들으며, 죽은 자가 살아나며, 가난한 자에게 좋은 소식이 전파"(마 11:5)되는 것은 하나님 나라의 일이면서 동시에 디아코니아의 현장에 대한 설명이 아닌가! 디아코니아 현장에 대한 설명이 아닌 것이 이 중에 무엇이 있을까? 디아코니아는 하나님 나라의 내용이다. 하나님 나라는 디아코니아가 실천되는 곳이다. 디아코니아가 보이지 않는 하나님 나라는 하나님 나라일 수 없다. 기독교 왕국이라면 몰라도 말이다.

비혀른의 디아코니아 활동의 모든 길잡이는 오직 예수 그리스도 안에서 성취된 계시뿐이다. 그래서 비혀른은 디아코니아 활동을 신학의 외형적인 행동으로 이해한 것이 아니라, 신학의 심장

---

155) ibid., 286쪽.

부로 인식하였다. 디아코니아 활동은 우주적인 지평을 여는 것으로서 모든 교파나 국가의 경계를 넘어서는 것이다. 동시에 디아코니아는 신앙인의 삶을 사회적인 문제들에 집중하도록 해주며, 이러한 집중화는 인간의 삶 가운데 위기들을 인식하게 한다. 그리고 이러한 위기의 근본적인 원인을 찾아 그에 따른 대안과 도움을 제공하도록 해준다. 이처럼 비혀른에게서 하나님의 행동으로서 예수 그리스도 안에서 성취된 계시에 대한 신앙은 행동하는 신앙이며, 이 신앙은 하나님의 말씀과 구원하는 사랑의 행동이 뗄 수 없이 결합되어 있는 것이다.[156] 비혀른에 의하며 스스로를 희생하는 하나님의 사랑은 계시의 역사 속에서 자신을 스스로 실현하시는 하나님의 디아코니아 활동인 것이다.

"나는 시중드는 사람(섬기는 이: diakonos, diacon)으로 너희 가운데 와 있다."(눅 22:27) "너희 가운데서 누구든지 위대하게 되고자 하는 사람은 너희를 섬기는 사람이 되어야 한다"(막 10:43)고 예수는 선언하셨다. 섬김의 표식 속에서 하나님 나라는 이 세상에 도래한다고 예고된 것이다. 섬기는 자로서 그리스도는 그를 따르는 이들 안에 살아 있고, '교회의 디아코니아적 실존'의 기반을 이룬다.[157] 예수의 자기희생은 십자가에서의 "많은 사람들을 위한 대속물"(막 10:45)로 귀결된다. 마지막 심판(마 25:31-46)의 장면에서

---

156) 김옥순, 『디아코니아신학』, 279쪽.
157) 디아코니아를 사회윤리적 측면에서 연구하는 뮌스터 대학의 기독교사회학 연구소를 기초한 H. D. Wendland는 1962년 그의 탁월한 논문 "그리스도 섬기는 이, 그리스도 종"에서 디아코니아의 성서신학적 근거, 특히 디아코니아의 기독론적 근거를 서술한다.

예수는 주린 자, 목마른 자, 나그네, 헐벗은 자, 병든 자, 갇힌 자들에게 어떻게 하였는가를 최후 심판의 기준으로 삼아, 그 근거로 자신과 그들을 동일시하고 있다. 여기에 디아코니아의 충분한 근거가 있으며, 디아코니아는 이러한 예수의 뜻을 따르기 위하여 오늘 우리의 삶의 자리로 옮기려는 운동인 셈이다.[158]

선지자, 제사장, 왕으로서의 예수의 정체성은 바로 섬기는 자로 오신, 즉 죽기까지 순종하심으로 십자가에서 죽으신 사명을 위한 것이었다. 예수는 섬기는 자, 종으로서의 정체성을 그 중심으로 삼으셨다.

### (2) 하나님 나라의 새 가족에 대한 디아코니아적인 이해

우리는 누가복음 1장에서 예수님의 수태를 알리기 위해 가브리엘 천사가 나타난 장면을 잘 기억하고 있다. 해방신학의 신약 성서적 근거로도 사용되고 있는 이 본문에서 마리아는 구주의 탄생이 "여종의 비천함"을 돌아보시는 행동이라고 노래하고, "그의 팔의 힘을 보이시는" 일이라고 했다. 이제 잉태되고 출산될 아기가 하나님이 행동하시는 힘을 보여주겠다는 것인데, 이 아기가 보여준 힘의 근본은 다만 자기를 내어주신 섬김의 사건이었다. 그러니까 하나님의 힘은 세상에서 생각하는 힘과 달라서 약한 것으로 강한 것을 대신하고, 억압이 아니라 해방으로 다스리며, 죽음의 위협 대신에 생명의 약속으로 운영하는 힘이다. "능하신 이

---

158) 박인갑 교수 강의노트, "디아코니아에 대한 신약 성서적 이해", 2014년도, 3-4쪽.

가 행하신 큰 일"은 "그의 팔로 힘을 보이사 마음의 생각이 교만한 자들을 흩으셨고, 권세 있는 자를 그 위에서 내리치셨으며, 비천한 자를 높이셨고, 주리는 자를 좋은 것으로 배불리셨으며, 부자는 빈손으로 보내신" 일이다.

　이러한 마리아의 찬가[159]를 통해서 우리는 마리아가 예수를 디아코노스로 인식하고 있음을 확인할 수 있다. 그의 디아코니아적 사명은 비천한 자를 돌아보셨으며, 비천한 자를 높이셨고, 주리는 자를 좋은 것으로 배불리셨으며, 긍휼히 여기시고 기억하시되 영원히 하신다는 것이다. 반면에 마음의 생각이 교만한 자들은 흩으시고, 권세 있는 자를 내리치시며, 부자는 빈손으로 보내신다는 것이다. 해방신학의 대표적 신학자 구티에레즈가 기독교 복음의 진수를 구약성서의 출애굽사건과 신약성서의 마리아찬가에서 찾았던 것처럼, 다윗의 왕위를 이어받아 태어나고 영원히 야곱의 집을 왕으로 다스리실 메시아를 마리아는 아마도 미처 충분히 깨닫지 못했었다고 할지라도, 무력으로 그리고 계략으로 그리고 후회할 욕정을 채움으로써가 아닌 '세상의 질서'를 거스르는 하나님 나라의 새로운 질서, 즉 '소자'를 섬기는 디아코노스로 오신 분이라고 말하고 있다.(비교 구티에레즈 해방신학) 예수의 어머니는 태어날 이 아기에 대해 가정에 속한 신분이나 또는 세상에 속한 인물이 아닌 새로운 가족구성원 이해를 시작하고 있었던 것이다.

---

159) 개역개정 눅 1:46-55.

또한 누가복음 2장 41-51절에는 예수께서 열두 살 되던 해 유월절에 예루살렘으로 올라갔었던 일을 기록하고 있다. 그날들을 마치고 돌아갈 때에 아이 예수는 예루살렘에 머물렀으나 그 부모는 이를 알지 못하고 동행 중에 있는 줄로 생각하고 하룻길을 간 후 친족과 아는 자 중에서 찾되 만나지 못하매 찾으면서 예루살렘에 돌아갔다고 했다. 그리고 사흘 후에 성전에서 만난즉 그가 선생들 중에 앉으사 그들에게 듣기도 하시며 묻기도 하시니 듣는 자가 다 그 지혜와 대답을 놀랍게 여겼다고 기록하고 있다. 그의 부모가 보고 놀라며 그의 어머니가 이르되, "아이야 어찌하여 우리에게 이렇게 하였느냐. 보라 네 아버지와 내가 근심하여 너를 찾았노라"하니, 예수께서 이르시되 "어찌하여 나를 찾으셨나이까. 내가 내 아버지 집에 있어야 될 줄을 알지 못하셨나이까?"라고 대답하였다. 이 어쩌면 당돌하게 여겨지는 아이의 대답을 통해서 열두 살 소년 예수가 혈연 중심이 아닌 하나님 나라 중심의 사고을 하고 있음을 확인하게 된다. 예수의 가족관은 이렇게 새로운 차원에서 조명되고 있었다.

　우리는 또한 예수의 공생애 기간 중에 예수를 찾아 그의 어머니와 동생들이 찾아왔을 때 예수와 무리들의 대화 내용[160]을 주목할 필요가 있겠다. 예수의 어머니와 그 동생들이 예수께 말하려고 왔으나 무리로 인하여 가까이하지 못하니 어떤 이가 알리되, "당신의 어머니와 동생들이 당신을 보려고 밖에 서 있나이

---

160) 개역개정 마 12:46-50; 막 3:31-35; 눅 8:19-21 참조.

다." 예수께서 대답하여 이르시되, "누가 내 어머니이며 내 동생들이냐. 나의 어머니와 나의 동생들을 보라. 누구든지 하늘에 계신 내 아버지의 뜻대로 하는 자가 내 형제요 자매요 어머니이니라"라고 말하였다. 이러한 예수의 대답 가운데 하나님 나라에 대한 디아코니아적인 이해가 담겨져 있다. 곧 "누구든지 하늘에 계신 하나님의 뜻대로 하는 자가 내 형제요 자매요 어머니다"라는 사실이다. 이것이 곧 예수가 우리들에게 원하고 계신 하나님 나라요, 가족에 대한 이해인 것이다. 가족은 혈연적인 관계를 넘어서서 하나님의 뜻 가운데 함께 하는 모든 사람들에게로 확대되어 이해되고 관계 맺어져야 하는 것이다. 하나님 나라의 백성이 된다는 것은 지구 대 외계, 우리나라 대 다른 나라, 우리 지역 대 다른 지역, 우리 학교 대 다른 학교, 친족들 중에서도 내 식구, 식구 내에서도 결국 나 자신을 위하여 계속해서 울타리를 만드는 태도를 버리고 친구를 위하여 목숨을 내어주는 사랑, 타자를 위한 교회, 가난에 내몰린 이웃을 위한 진정한 함께 살기운동, 구조적 모순에 걸려든 민족과 국가들, 인류의 번영을 위한 자발적 기여 등으로 가족의 범위를 확대해야 할 우리의 새로운 가족 구성이라고 예수께서 알려주신 것이다.

돌봄과 섬김을 근간으로 하는 예수의 가족 이해를 우리는 요한복음 19장 25-27절의 말씀에서 또한 찾아볼 수 있다. 십자가 상에서 돌아가시기 전에 아들 예수는 그가 사랑하시던 제자의 곁에 함께 서 있는 자신의 어머니를 향하여 제자를 가리키시며 이렇게 말하였다. "어머니, 여기 [이제 제 대신 당신을 섬겨줄] 아들이 있습니다." 그리고 곁에 선 제자를 향하여 또 말하였다. "여기 너의 [돌보아 드려야 할] 어머니가 계시다." 그 말을 들은 그의 제자는 그 때부터 예수의 어머니와 섬기는 디아코니아적 관계를 실제적으로 형성했을 것이다. 인간의 사회적 관계는 상호부조 없이 지속될 수 없다. 가족을 기초적 단위로 지역공동체가 돌봄과 섬김의 주체가 되어야 한다는 사회복지적 자의식이 점차 보편화되어 가고 있는 현재 국가 사회 실정을 경험하는 세대를 우리가 살고 있다. 원시부터 부모 자식 사이에 존재해 왔을 법한 실질적인 섬김의 관계를 혈연을 넘어서 형성해 나가라고 예수는 그의 제자들과 공동체에게 요구하신 것이다. "만일 형제나 자매가 헐벗고 일용할 양식이 없는데, 너희 중에 누구든지 그에게 이르되 평안히 가라. 덥게 하라. 배부르게 하라 하며 그 몸에 쓸 것을 주지 아니하면 무슨 유익이 있으리요"(약 2:15-16)라며, 행함이 없는 믿음은 죽은 믿음이라고 야고보서 기자는 말하고 있다. 예수의 가족관계 설정은 실제적인 것이었고, 나아가 물리적으로 도움을 받아야 하는 사람들의 존재적 정당성과 도움이 행해져야 할 방법론 그리고 이를 위해 지워주는 신앙적 책임감은 이 세상에서 통용될 사회복지적 디아코니아 관계를 규정하고 있다.

그리고 나아가 예수는 가족 관계의 설정을 넘어서 자신과 타인을 동일시하는 차원으로 그 관계를 발전시킨다. 일상의 사회적 삶에서 배제되거나 소외된 사람들을 자신과 동일시하신 것이다. 마태복음 25장 31절부터 46절까지의 본문은 심판 날의 비유로 알려져 있다. 누가 마지막 날 구원을 받게 될 것이냐는 주제다.

이미 믿음으로 구원에 이른 신자들이 다시 구원의 문제에 봉착한 것이다. 그리고는 믿음으로 구원에 이른 사람들이 이제 행함으로 구원을 받게 된 형국이다. 그리고 이 순간 가치 있는 행함은 종교 행위가 아니라 인지상정에 충실한, 일반 사람에 대한 사랑의 실천이었다. 그중에 특히 도움을 필요로 하는 이웃에 대한 섬김의 행동이 최고의 가치를 지닌 행함이 된다. 이러한 가치평가를 신자들이 이해할 수 있는 방법으로 예수께서 설명하신 비유가, 바로 "소자에게 한 것이 내게 한 것"이며 "소자에게 하지 않은 것이 내게 하지 않은 것"이라는 말씀이다. 예수의 뜻대로 디아코니아를 행하는 자는 예수와 가족이 되고, 예수는 소자 자신이 되신다. 예수는 가족들 안에서 섬기는 디아코니아를 수행하며 소자들 안에서 섬김 받는 디아코니아를 수행하신다. 디아코니아를 두고 그리스도는 주는 자인 동시에 받는 자가 되신다. 마지막 날에 구원을 받는 사람은 디아코니아를 통해 예수의 가족으로 지낸 사람들이다. 이 비유를 말씀하는 순간 예수에게 중요한 것은 오직 '행함'이었다. 믿음과 행함, 복음과 실천을 두 개의 별 것으로 해석하는 생각은 예수에게서 비롯된 생각이 아니라, 믿음을 아전인수격으로 편의에 따라 적용하는 반디아코니아적 사고인 것을 여기에서 재삼 기술할 필요는 없을 것이다.

예수는 혈연 중심이 아닌 하나님 나라 중심의 생각을 하고 있다. 가족은 혈연적인 관계를 넘어서서 하나님의 뜻 가운데 함께 하는 모든 사람들에게로 확대되며 이해되고 있다. 이러한 성경의 기록들은 디아코니아적 가족 관계가 어떤 것인지를 잘 보여주고 있다. 하나님의 뜻대로 행하는 모든 사람들이 바로 나의 형제요, 자매요, 어머니인 것이다.

## 2) 예수의 디아코니아 사역

우리는 예수님이 가르치신 것들을 디아코니아적으로 해석할 수 있을까? 구약성서의 오경과 선지서들에서 중요하게 나타난 디아코니아적 사상이 신약성서에서도 예수의 '하나님 나라'라는 새로운 관점 아래서 새롭게 재구성되어 나타나고 있다. 하나님 사랑과 이웃 사랑의 계명은 이미 구약에서 나타난다(신 6:5; 레 19:18). 모든 선지자들은 하나님과의 깨어진 관계를 이웃과 깨어진 관계 속에서 판단하였다.

또한 신약의 예수의 선포 속에서 연결된다(마 19:37-39; 막 12:30 이하; 눅 10:27). 바울도 이웃 사랑으로 모든 계명을 요약한다(롬 13:9; 갈 5:14). 이 두 계명은 모세가 받은 열 가지 계명의 축약이며, 한편 구약에서는 수많은 율법의 내용들로 구체화되었다. 이 두 계명은 한편 신약에서 단 하나의 계명으로 요약되기도 하였다. "서로 사랑하라"는 것이다. 이를 주께서는 '새 계명'이라고 표현하셨다. 누가 누구를 서로 사랑한다는 말인가? 이 문장에서는 하나님은 더 이상 등장하지 않고 사람에 대한 얘기가 시작된다. 사람이 사람을 사랑하는 것이 하나님이 주시는 새 계명인 것이다. 사람의 도움을 필요로 하는 것은 사람이지 하나님이 아니다. 사람이 무슨 수로 하나님을 도울 것인가! 하나님은 사람이 사람을 사랑하라고 계명을 주시지만, 사람은 사람을 사랑하지 않고 하나님을 사랑하겠노라고, 하나님을 사랑하고 있다고 말하거나 생각한다. 아마도 눈에 보이지 않는 하나님을 사랑하는 것이 쉬운 일이어서 그럴 것이다. "누구든지 하나님을 사랑하노라 하고 그 형제를 미워하면 이는 거짓말하는 자니 보는 바 그 형제를 사랑하지 아니하는 자는 보지 못하는 바 하나님을 사랑할 수 없느니라"(요일 4:20). 사람을 사랑하지 않고 하나님을 사랑할 수는 없는 노릇이며, 디아코니아를 행하지 않는 믿음은 모르면서 믿는 잘못된 믿음이 되는 것이다.

마가는 사람 중심의 안식일(막 2:23-28), 정결 문제(막 7:1-23), 이혼 금지(막 10:2-16) 등 율법의 핵심적 요소라 할 수 있는 제사법과 정결법 그리고 절기와 안식일법을 전혀 새롭게 해석하는 예수의 모습을 그리고 있다. 마가는 예수의 사상을 전통적인 유대교적 율법이해를 뛰어넘은 하나님의 주권 하의 새로운 관점, 즉 '사랑의 계명'(막 12:28-34)으로써 계약법전의 개혁법인 성결법전(제의신학)조차 뛰어넘는 개인의 직접적 실천을 중시하는 무제약적인 하나님 사랑과 인간 사랑을 강조하고 있는 것이다. 결과적으로 황금률을 실천하게 하여 이웃에 대한 과제를 짊어지게 하고 무엇이든지 남에게 대접을 받고자 하는 대로 남을 대접하는 삶으로 나아가게 한다. 이러한 자기 인식으로 인해 이웃을 자기 몸처럼 사랑하는 인식에까지 이르게 된다(레 19:18).

누가는 보다 더 구체적인 디아코니아적 실천에 관심을 기울인다. 그는 사회적 소외 계층에 관심(눅 22:24-27)을 가지는 예수를 그러면서, 가난한 자에 대한 복의 선언(눅 1:53, 4:18, 6:20)과 부자에 대한 비판(눅 16:19-31, 19:1-10) 등을 기사화한다.[161] "주의 성령이 내게 임하셨으니 이는 가난한 자에게 복음을 전하게 하시려고 내게 기름을 부으시고 나를 보내사 포로된 자에게 자유를, 눈먼 자에게 다시 보게 함을 전파하며 눌린 자를 자유케 하고, 주의 은혜의 해를 전파하게 하려 하심이라 하였더라"(눅 4:18-19). 여기서 예수가 이 땅에 오신 목적이 밝혀져 있다. 즉 복음은 자유와 회복 그리고 해방의 은혜가 하나님이 예수를 이 땅에 보내신 핵심 이유인 것이다. 예수의 디아코니아는 늘 가난한 사람들과 연대로 나타난다. 왜 예수께서는 잔치를 중요하게 여기는 문화권에서 자주 있을 법한 고관대작과의 회식에 참석하지 않으셨을까? 선지자 이상의 존경을 받는 인물로서 과연 한 번도 초대받은 일이 없었을까? 예수는 부자를 위한 말을 하지 않으셨고 가난한 사람을 위해 말하셨으며, 부자를 위해 시간을 내지 않고 가난한 사람을 위해 시간을 내셨으며, 부자를 위해 정성을 쏟지 않고 가난한 자를 위해 정성을 쏟으셨다. 어리석은 부자 이야기(눅 12:16 이하)와 부자 청년 이야기(마 19:16 이하) 그리고 부자와 가난한 나사로 이야기에서(눅 16:19 이하) 우리는 억울하게 여길 것이라는 부자들이 하나님 나라에 들어가는 것이 얼마나 어려운 것인가를 알게 된다. 그렇다면 소자들을 위한 예수의 디아코니아는 어떻게 이루어졌는지 살펴보겠다.

---

161) 박인갑 교수 강의노트, "디아코니아에 대한 신약 성서적 이해", 2014년도, 1-2쪽.

### (1) 병자의 치유

구약성서에 나타난 치유는 먼저 병든 자가 육체적으로 나음을 받은 것을 의미하면서도(출 15:56; 신 28:27, 35; 왕하 20:5; 시 103:3 등), 동시에 상한 심령(사 61:1; 시147:3)과 타락에 빠진 죄악(시 41:5; 103:3 등)으로부터 고침을 받으며, 나아가 민족적인 수난으로부터 건져냄을 받는 구원의 의미(사 57:18; 61:1; 렘 17:14)와 가깝게 사용되기도 하였다.[162] 그런데 신약성서에서 예수의 치유는 대체적으로 육체적 건강을 회복하는 것을 의미할지라도, 부분적으로는 구약에 나타난 언약의 성취와 직접적으로 연결되어 있음을 보여준다(마 8:17; 11:5 등). 마태 기자에 따르면, 예수의 치유 기적은 육체적인 치유를 넘어서 하나님의 종의 사역이며, 이러한 사역은 대리자적인 고통을 받는 사역으로서 그의 능력을 도움을 필요로 하는 자들을 위해서 사용하는 것으로 증언한다(마 12:18; 사 42:1). 마태복음 5장 11절 이하와 누가복음 4장 18절 이하에서도 가난한 자들, 갇힌 자들, 눈먼 자들이 치유되는 것이 메시아의 행동으로 구원을 선포하는 맥락에서 이해되며, 이는 구원과 치유 행동이 동일한 근원이며 비중을 갖는 것으로 확인해 주었다.[163] 그래서 때로는 예수가 질병을 죄로 인한 것으로 말하기도 하며, 치유로서 용서받음을 선포하기도 하였다(막 2:5). 그런데 신약성서에서 질병의 의미는 인간의 육체적인 질병뿐만 아니라, 종종

---

162) W. Schrage, "Heils und Heilrung im Neuen Testament", 333쪽. quoted in 김옥순, 『디아코니아학 입문』, 277쪽.
163) Ibid., 334쪽. quoted in 김옥순, 『디아코니아학 입문』, 278쪽.

경제적인 위기와 가난으로 인해 구걸하는 상태 그리고 나아가서는 사회적인 소외와 낙인찍힘과 종교적으로 의식에 참여할 수 없도록 배제된 상태 등을 말한다.[164] 그러므로 신약성서에서 질병 치유는 이러한 상태를 치유하고 개혁하는 하나님의 통치와 정의에 대한 포괄적인 성격을 가지는 것으로 볼 수 있다.[165]

우리는 예수의 사역이 천국 복음을 선포하시고, 가르치시고, 모든 병과 약한 것을 고치신 것이었음을 알 수 있다. 먼저 우리는 마태복음 9장 35절을 주목하여 볼 필요가 있겠다. "예수께서 모든 도시와 마을에 두루 다니사 그들의 회당에서 가르치시며 천국 복음을 전파하시며 모든 병과 모든 약한 것을 고치시니라"(마 9:35).

예수께서는 나병환자를 고치셨고(마 8:1-4; 막 1:40-45; 눅 5:12-16), 백부장의 하인을 고치셨고(마 8:5-13; 눅 7:1-10; 요 4:43-54), 베드로의 장모의 열병과 귀신들린 자와 병든 자들을 고치셨고(마 8:14-17; 막 1:29-34; 눅 4:38-41), 간다라 지방의 귀신들린 자도 고치셨고(마 8:28-34; 막 5:1-20; 눅 8:26-39); 중풍병자를 고치셨고(마 9:1-8; 막 2:1-12; 눅 5:17-26); 혈루증으로 앓는 여인과 한 관리의 죽은 아이를 살리셨고(마 9:18-26; 막 5:21-43; 눅 8:40-56), 말 못하는 사람을 고치셨고(마 9:32-34), 손 마른 사람을 고치셨고(마 12:9-21; 막 3:1-6; 눅 6:6-11), 귀신들려 눈멀고 말 못하는 사람을 고치셨고(마 12:22-37; 막 3:20-30; 눅 6:43-45; 눅 11:14-23; 눅

---

164) Ibid., 335쪽. quoted in 김옥순, 『디아코니아학 입문』, 278쪽.
165) Ibid., 337쪽. quoted in 김옥순, 『디아코니아학 입문』, 278쪽.

12:10), 오천 명을 먹이시고 병자들을 고쳐주셨고(마 14:13-21; 막 6:30-44; 눅 19:10-17; 요 6:1-14), 가나안 여인의 딸을 고쳐주셨고 (마 15:21-28; 막 7:24-30), 갈릴리 호숫가에서 다리 저는 사람과 장애인과 맹인과 말 못하는 사람을 고쳐주셨고(마 15:29-31), 사흘 동안 먹지 못한 사천 명의 무리들을 먹여주셨다(마 15:32-39; 막 8:1-10).

예수의 구원 행동들은 육체적인 위기를 돌보는 일을 수용하는 것에 대한 증언이다. 복음서 기자들에게 있어서 예수의 육체적인 치유들이 평가절하되지는 않는다.[166] 원시 기독교적인 증언은 많은 육체적인 치유를 분명히 하고 있다. 이러한 치유 사건들 속에서 플라톤적인 육체와 영혼에 대한 인간의 이분화는 볼 수 없다. 예수에게서 인간은 전인적이다. 인간의 육체적인 위기는 전인적인 위기인 것이다. 그래서 가까이 온 하나님의 통치권 역시 이 땅 한복판에서 하나님의 통치권에 대적하는 이 땅의 권력들과의 싸움인 것이 확실하게 드러난다. 하나님의 왕적 주권성은 총체적인 주권성을 의미한다.[167]

진정한 구원의 의미는 전인으로서 인간이 영적이고 육체적인 생명을 가지며, 인간의 의미와 행동이 궁극적으로 하나님의 주권성으로 나아가는 것을 의미한다.[168] 병든 자가 육체적으로 치유

---

166) W. Brandt-Bethel, "Der Dienst Jesu", 29쪽. quoted in 김옥순, 『디아코니아학 입문』, 279쪽.
167) 김옥순, 『디아코니아학 입문』, 279쪽.
168) W. Brandt-Bethel, "Der Dienst Jesu", 30쪽. quoted in 김옥순, 『디아코니아학 입문』, 279쪽.

받음은 다시는 악한 세력에 굴복하지 않도록 하나님의 통치 아래로 들어가서 전인으로 살아가야 하는 것을 의미하는 것이다.

예수 그리스도의 총체적인 사역은 섬김이었다. 그의 인간되심, 세례 받으심, 시험 받으심, 그의 사역, 십자가와 부활의 삶은 하나님과 인간을 섬기시는 삶이었다. 이렇듯 예수를 통한 하나님의 섬기시는 활동이 하나님 나라의 내용인 것이다. 예수의 도래하는 하나님 나라에 대한 고지는 당시에 전체 이스라엘에게 사고의 전환을 요청하는 것이며, 이것이 곧 회개의 촉구였고 동시에 사회적 종교적으로 소외된 하층민들에게는 하나님 나라에서 복 있는 자들로 수용되는 것이었다.[169] 그리고 열두 제자를 부르사 더러운 귀신을 쫓아내며 모든 병과 모든 약한 것을 고치는 권능을 주셨다(마 10:1). 이것은 디아코니아가 하나님 나라의 중심 내용임을 밝히 드러내 주고 있는 것이다.

예수의 질병 치유는 질병에 대한 부정적인 가치관과 종교 의식적인 관점이 하나님 나라와 연관성 속에서 상대화되고 있으며, 이는 종교·사회적으로 소외된 자들에 대한 배려로서 이들이 하나님 나라로 모이고 있는 것이다. 초기 기독교 공동체의 입장은 예수의 축귀가 특별한 하나님의 주권적인 능력에서 오는 하나님 나라를 실현하는 이적의 징표로 이해하는 것이었다. 하나님 나라의 도래가 선포되는 곳에는 동시에 하나님 나라를 방해하는 세력이 쫓겨나는 것이다.[170]

---

169) P. Philippi, Christozentrische Diakonie, 47쪽.
170) 김옥순, 『디아코니아학 입문(Introduction of Diakonia)』, 281-282쪽.

부활 이후의 교회들은 그들이 병을 고쳐줄 때에 그리스도의 이름으로 하였다. 이는 그리스도의 이름이 현재적으로 나타나는 것에 기초한 것이다(막 7:22; 행 3:6; 19:13 등).[171] 초기 기독교 공동체는 성령 강림을 경험하였다. 그 가운데 말씀과 봉사가 있었으며, 그 봉사는 병자들을 고쳐줌과 식사 공동체였다. 예수 그리스도의 디아코니아를 하나님 나라와 분리하여 생각할 수 없듯이 신약성경에서의 디아코니아는 하나님 나라와 별개로 취급할 수 없다. 복음서에 나타나는 예수의 디아코니아는 다른 사람을 돕는 행동으로 나타나며, 그것이 예수의 전체적인 하나님 나라 활동이었음을 알 수 있다. 하나님 나라의 왕권을 위임받은 예수는 하나님 나라의 통치 방식에 전적으로 순종하셨다. 그런데 하나님 나라의 통치 방식은 세상의 방식과는 대조적인 섬김의 방식이라는 것이 중요하다.[172]

파울 필리피(P. Philippi)는 복음서의 디아코니아에 관한 중심 구절을 마가복음 10장 45절과 마태복음 20장 28절로 보고 있다. 그는 이 구절을 디아코니아적 강령이라고도 표현하였는데, "인자는 섬김을 받으러 온 것이 아니고, 도리어 섬기러 왔고, 많은 사람들을 위하여 대속물로 자기 생명을 주러 왔다"[173]는 것이다. 앞에서도 언급했거니와, 마태복음 25장 31-46절의 마지막 심판의 비유

---

171) F. W. Horn, "Diakonische Leitlinien Jesu", 121쪽. quoted in 김옥순, 『디아코니아학 입문』, 282쪽.
172) 김옥순, 『디아코니아학 입문(Introduction of Diakonia)』, 257-261쪽.
173) Paul Philippi, "Die diakonische Grundordung der Gemeinde"(1965), 이범성 역, Neukirchener Verlag des Erziehungsvereins mbH., 285쪽.

에서 재미있는 사실이 발견된다. 그것은 의인과 악인이 동일하게 예수를 선대한 것과 박대한 것을 전혀 기억하지 못하고 있다는 것이다. "언제 우리가 그렇게 했습니까?" 이 비유가 우리에게 주는 메시지는 40절 말씀이다. "너희들이 이 나의 가장 작은 형제들 가운데 하나에게 행한 것이 바로 나에게 한 것이다." 그리고 오른쪽에 선 자들, 즉 의인들의 놀랄만한 질문은 가장 분명하게 말해주기를 그것은 감추어진 현존이었다는 것과 그에 대해서 어떤 의로운 자들도 도무지 알지 못했다는 것과, 그들이 그 알지 못하는 것을 그들의 옥에 갇힌 자들, 굶주린 자들을 섬기는 사랑의 행위를 통해서 찾고 발견했다는 것이다.[174] 누가복음 10장 40절에서는 우리말로 '일'이라고 번역된 디아코니아의 사용이 주목된다. "주여, 내 동생이 나 혼자 일하게 두는 것을 생각지 아니하시나이까? 저를 명하사 나를 도와주라 하소서." 이것이 음식과 관련되어 "식사를 준비하다"라는 의미로 사용되었다는 것은 누가복음에서 일반적으로 음식을 만들거나 그것을 직접 차리는 일이 디아코니아로 분명하게 사용된 것을 알 수 있다.[175]

요한복음에는 한 번도 디아코니아라는 단어가 등장하지 않는

---

174) Wendland, H.-D. Christos Diakonos., Zur theologischen Begrundung der Diakonie. in: Ders. (Hg), Die Kieche in der revolutionare Gesellschaft. Sozialethische Aufsarze und Reden, 이범성 역, (Gutersloh: Gutersloher Verlagschaus Gerd Mohn), 277쪽.
175) 박창현, "신학성서의 사회봉사(Social Activity in the New Testament)", 한국신학선교회편, 『선교와 디아코니아 : 선교신학(Mission and Diakonia: Mission Theology)』, (서울: 한들출판사, 2002), 123쪽.

다. 그러나 요한복음이 강조하는 '사랑' 안에 이미 봉사와 섬김이 내포되어 있다. 특히 요한복음 13장의 세족 행위는 주님 되신 예수께서 스스로 종의 모습을 취하여 제자들의 발을 씻기신 것으로 그의 제자들은 물론 오늘날 그리스도인들에게 섬김의 본을 보여 준 모범이 되고 있다.[176] 예수의 발을 씻기신 섬김은 모든 형태의 권력관계의 자발적인 포기를 의미하는 것으로, 참된 섬김은 스스로 모든 형태의 권력관계를 포기한 데서 가능한 것이다.

예수님이 행하신 하나님 나라의 사역은 귀신들린 자에게서 귀신을 쫓아내고, 각종 병자들을 치유하고, 죄를 회개하고 믿는 자들에게 죄사함을 선포하는 것으로 특징지을 수 있다.[177] 예수님이 병을 고치시고 귀신을 쫓아내시고 기적을 베푸신 것은 하나님 나라를 보여주시고 이루신 일들이다. 이것을 단순히 병을 고치신 사건으로 기적을 행하신 사건으로 봐서는 안 된다. 이는 이 땅을 다스리던 죄의 권세가 무너지면서 죽음의 세력이 물러가고, 하나님 나라가 이뤄진 사건인 것이다. 마태복음 12장 28절은 하나님의 나라가 예수님의 사역과 함께 역사 속에 확고한 실체로 임하는 것을 생생하게 묘사한다. 귀신이라는 어두움의 힘에 사로잡힌 한 사람 위에 하나님의 현재적 지배가 일어났다. 예수님의 사역과 함께 하나님 나라, 하나님의 지배가 역사적인 실체가 되었다. 하나님 나라가 현재에 도래했다는 선포는 오직 예수님과 그의 사

---

176) 김한옥, 『기독교 사회봉사의 역사와 신학(History and Theology of social Activity in Christianity)』, (부천, 실천신학연구소, 2006), 174-175쪽.
177) Arthur F. Glasser, Announcing the Kingdom, 198쪽.

역에만 나타난다.

구약시대부터 구원에 대한 많은 기대와 예언이 있었다. 예언자들에 의해 선포되었고, 이스라엘 백성들이 기다리던 결정적인 구원은 언제나 미래적이었다. 기다리던 구원은 현재적으로 도래하지 않았다. 그런데 예수님과 함께 구원이 현재적으로 일어났다. 예수님의 사역과 함께 하나님의 지배가 역사 속에서 현실이 되었다.[178]

예수님의 치유와 축사 사역은 종말론적 구속사건으로 볼 수 있다. 예수님도 이렇게 말씀하셨다. "그러나 내가 하나님의 성령을 힘입어 귀신을 쫓아내는 것이면 하나님의 나라가 이미 너희에게 임하였느니라"(마 12:28).

### (2) 소자와 친구가 됨

예수의 삶의 모습에 나타나는 가장 두드러진 특징은 사람들과 '어울리고' 함께 '더불어' 살았다는 것이다. 그러나 예수의 삶의 큰 틀은 하찮은 자들과 어울려 산 것이다. 예수는 어디를 가든지 무리들이 따라다녔다. 복음서를 보면 표면에 드러나지 않지만, 많은 무리들이 예수와 함께하고 있다(막 2:4,13, 4:1, 5:21, 8:1, 10:1). 무리는 예수 곁에서 예수의 선포를 듣고, 예수와 함께 먹고 마시며 추종한 자들을 말한다.[179] 예수를 따르던 무리는 유대사회에서 비천하게 살거나, 죄인으로 지칭되던 자들이다. 그들

---

178) 김동건, 『예수: 선포와 독특성』, 79쪽.
179) Ibid., 237쪽.

은 가난한 자, 여자, 병자, 천한 직업을 가진 자, 떠돌이 등으로 특정 집단으로 분류되지 않는다. 그들은 정당한 사회 구성원으로 대접받지 못하고, 사회의 그늘진 곳에서 숨죽이며 살던 사람들이다. 예수를 추종한 무리는 가난한 '상태', 죄인의 '상태', 소외된 '상태', 억압받는 '상태'에 있던 사람들이었다.[180]

복음서에서 예수가 죄인들과 만나는 것에 대한 진술들은 이미 용서의 집행으로부터 말해지고 있다. 우리는 어떻게 죄의 용서가 집행되었는지 알 수 없으나, 분명한 것은 예수의 죄인과 만남 속에서 이미 죄의 용서가 실제로 집행되었다는 사실이다.[181] 이러한 죄의 용서는 병자가 건강해졌으며, 전에는 걸을 수 없었던 자가 침상을 들고 움직일 수 있었으며(막 2:12), 죄 많은 여인이 용서를 받은 것이다. 예수의 이러한 용서는 하나의 창조적인 행동이다. 잃어버린 아들이 다시 아버지의 집에 있으며, 잃어버린 양이 다시 양의 무리 가운데 있는 것이다. 그리고 잃어버린 은화가 다시 제자리에 있는 것이다. 죄의 용서는 부정적인 것이 아니며, 한 인간을 구원과 하나님의 나라로 자리 잡게 한다.[182]

세베대의 아들의 어머니가 그 아들들을 데리고 예수에게 와서 두 아들을 주의 나라에서 하나는 주의 우편에, 다른 하나는 주의 왼편에 앉게 해달라고 요구하자 그에 대한 대답으로 제자들에게

---

180) Ibid., 241쪽.
181) W. Brandt-Bethel, "Der Dienst Jesu", 32쪽. quoted in 김옥순, 『디아코니아학 입문』, 283쪽.
182) 김옥순, 『디아코니아학 입문』, 283-284쪽.

말했다.[183] "이방인의 집권자들이 그들을 임의로 주관하고 그 고관들이 그들에게 권세를 부린다. 너희 중에는 그렇지 않아야 하나니 너희 중에 누구든지 크고자 하는 자는 너희를 섬기는 자가 되고 너희 중에 누구든지 으뜸이 되고자 하는 자는 너희의 종이 되어야 하리라. 인자가 온 것은 섬김을 받으려 함이 아니라 도리어 섬기려 하고 자기 목숨을 많은 사람의 대속물로 주려 함이니라." 이러한 예수의 대답은 디아코니아적인 관계를 보여주고 있다. "큰 자는 오히려 섬기는 자가 되어야 한다." "나는 섬김을 받으려 함이 아니라 도리어 섬기려고 한다." 예수는 소자와 자신을 동일시하고 있다. 소자들의 친구이며 또한 본인이 섬기는 자요 소자인 것이다. 예수의 이러한 섬김이 신앙인과 교회를 섬기는 실존으로 존재하게 하며, 섬기고 봉사하는 삶이 예수 제자 공동체의 근본 원리가 되게 한다. 세상을 변화시키는 힘은 권력과 지위가 아니라 사랑으로 섬기는 섬김이다. 예수는 기득권자들과는 스스로 원수가 되었다. 이것이 바로 십자가에 달리는 원인이 되었다. 거지 나사로와 부자의 이야기[184]와 부유한 청년의 이야기[185]를 통해서 "가지고 있는 모든 것을 팔아 가난한 자들에게 나누어 주고 나를 따르라"고 말하고 있다.

요한의 입장에서 보면 설교, 치유, 귀신 축출, 그리고 하나님 나라에 관한 예수의 메시지는 그를 당혹케 하는 것들이었다. 천

---

183) 개역개정 마 20:20-28; 막 10:35-45 참조.
184) 개역개정 눅 19:19-31.
185) 개역개정 마 19:16-22.

둥 같은 심판은 어디에 있는가? 악한 자들에 대한 책망은 어디로 갔는가? 왜 귀신들에 대하여 행사하는 이 권능을 악한 자들 위에는 행사하지 않는가? 예수는 왜 그들의 잔치에서 그들과 함께 교제하는가? 왜 그는 죄에 대한 하나님의 의로운 진노의 선지자가 헤롯의 감옥 속에서 썩어 가는데도 한마디 항의도 하지 않는가? 이런 사람이 메시아일 수 있는가? 그러나 요한을 혼란스럽게 했던 예수의 행위들은 하나님의 기대되었던 주권이 이 세상 속에서 활동하고 있다는 표적이다. "가난한 자에게 복음이 전파된다." 이사야 61:1-2에 따르면, 하나님 나라의 선포는 희년의 선포, 하나님의 백성을 향한 해방의 좋은 소식, 은혜와 죄사함과 삶의 새롭게 함의 좋은 소식이다. 바로 이 선포가 예수에 의해 수행된 은혜와 권능의 행위들에 의미를 부여한다. 그것에 의하여 사람들은 때를 알게 되고 사람들에게 발생된 구원을 경험하도록 때가 부여하는 기회를 붙잡을 수 있게 한다. 예수는 구원하시는 주권이 자신의 사역의 사건들 속에 현존한다는 것을 암시하고 있다.

예수는 가난한 자, 소자들을 위해서 이 세상에 오셨다. 예수는 죄인과 소외된 자, 하찮은 자들의 친구였다. 그들에게 깊은 사랑을 보였고, 그들에게 하나님 나라를 선포했다. 예수가 소자들에게 '우선적' 사랑을 보인 것은 분명하다. 구약에서도 하나님은 가난하고, 권리를 잃어버린 자, 약한 자를 돌보신다. '과부와 고아'에 대한 사랑을 우선적으로 말한다. "너는 과부나 고아를 해롭게 하지 말라. 네가 만일 그들을 해롭게 하므로 그들이 내게 부르짖으면 내가 반드시 그 부르짖음을 들으리라"(출 22:22-23). 예수가 가난하고 소외된 자의 편에 선 것은 분명하다.[186] 사회적 약자에 대한 예수의 관심은 그렇지 않은 자에 비하여 더 크다고 할 수가 있다. 그가 약자이어서 불쌍하기 때문이 아니라 사회적 약자가 하나님의 사랑을 더 확실하게 느끼기 때문이다. 그리고 사회적 약자도 지금 당장 온 우주에 편만해 있는 창조주 하나님의 사랑을 느끼고 누릴 특권이 있기 때문이다. 인간이라면 누구나 가지고 있는 이러한 보편적인 특권을 당당히 누리도록 하는 것이 디아코니아의 역할이라고 할 수 있을 것이다.

강도 만난 자의 이야기[187]를 살펴보자. 예수가 제자들에게 물었다. "어떤 사람이 예루살렘에서 여리고로 내려가다가 강도를 만나매 강도들이 그 옷을 벗기고 때려 거의 죽은 것을 버리고 갔다. 마침 한 제사장이 그 길로 내려가다가 그를 보고 피하여 지나가고 또 이와 같이 한 레위인도 그 곳에 이르러 그를 보고 피하여 지나가되 어떤 사마리아 사람은 여행하는 중 거기 이르러 그를 보고 불쌍히 여겨 가까이 가서 기름과 포도주를 그 상처에 붓고 싸매고 자기 짐승에 태워 주막으로 데리고 가서 돌보아 주었다. 그 이튿날 그가 주막 주인에게 데나리온 둘을 내어 주며 이르되 이 사람을 돌보아 주라 비용이 더 들면 내가 돌아올 때에 갚으리라." "네 생각에는 이 세 사람 중에 누가 강도 만난 자의 이웃이 되겠느냐?" "자비를 베푼 자니이다." "가서 너도 이와 같이 하라." 지금 네 이웃에게 행하라. 섬김은 지금 행하여야 한다고 말

---

186) 김동건, 『예수, 선포와 독특성』, 244쪽.
187) 개역개정 눅 10:30-37.

하고 있다.

그리고 바리새인들을 향하여서도, "독사의 자식들아 너희는 악하니 어떻게 선한 말을 할 수 있느냐. 이는 마음에 가득한 것을 입으로 말함이라. 선한 사람은 그 쌓은 선에서 선한 것을 내고 악한 사람은 그 쌓은 악에서 악한 것을 내느니라. 내가 너희에게 이르노니 사람이 무슨 무익한 말을 하든지 심판 날에 이에 대하여 심문을 받으리니 네 말로 의롭다 함을 받고 네 말로 정죄함을 받으리라"[188]라고 쏘아붙였다. "내가 진실로 너희에게 이르노니 세리들과 창기들이 너희보다 먼저 하나님의 나라에 들어가리라"(마 21:31). 레위기 19장 2절에 보면, "나 야훼가 거룩하기 때문에 너희도 거룩해야 한다"고 명한다. 하나님의 거룩은 이웃 사랑을 실천하는 것을 의미한다. 신명기 14:29; 16:11,14; 24:17-22; 26:11-13에서 우리는 고아, 과부, 나그네 그리고 레위인을 구체적으로 보호하고 사랑하시는 하나님을 만날 수 있다. 하나님의 사랑을 말하는 이들은 사회적 약자를 사랑하지 않을 수 없다.[189]

또 한 번 마지막 심판의 비유[190]의 말씀에 주목하자. "내 아버지께 복 받을 자들이여 나아와 창세로부터 너희를 위하여 예비된 나라를 상속받으라. 내가 주릴 때에 너희가 먹을 것을 주었고 목마를 때에 마시게 하였고 나그네 되었을 때에 영접하였고 헐벗었을 때에 옷을 입혔고 병들었을 때에 돌보았고 옥에 갇혔을 때

---

188) 개역개정 마 12:34-37.
189) 홍주민, 『디아코니아학 개론』, (서울: 한국디아코니아연구소, 2009), 46쪽.
190) 개역개정 마 25:31-46.

에 와서 보았느니라." "주여, 우리가 어느 때에 주께서 주리신 것을 보고 음식을 대접하였으며 목마르신 것을 보고 마시게 하였나이까? 어느 때에 나그네 되신 것을 보고 영접하였으며 헐벗으신 것을 보고 옷 입혔나이까? 어느 때에 병드신 것이나 옥에 갇히신 것을 보고 가서 뵈었나이까?" "내가 진실로 너희에게 이르노니 너희가 여기 내 형제 중에 지극히 작은 자 하나에게 한 것이 곧 내게 한 것이니라." 예수는 이 비유를 통하여 당시의 종교인들에게 소자와 연대할 것을 요구하고 있는 것이다. 예수는 스스로 소외 받고 외면 받는 세리와 죄인들의 친구가 되어 주었으며, 주린 자들과 목마른 자들과 나그네 된 자들과 헐벗은 자들과 병든 자들과 옥에 갇힌 자들, 곧 소자들의 친구가 되었으며, 스스로를 소자와 동일시하였던 것이다. 예수는 제자들에게 디아코니아가 무엇인지를 알려주셨으며, 또한 디아코니아로 부르고 계신다. 너희는 선생과 같으면 족하다. 크고자 하는 자는 섬기는 자가 되라고 말이다.

벤틀란트는 "세상을 섬기는 그리스도의 현존은 두 가지 형태를 가진다. 그 하나는 교회 공동체이고, 다른 하나는 그리스도가 세상 속에서 숨겨진 그리스도로서 현재하고 계신다"[191]고 말한다. 디아코니아는 숨어 계시며 현존하시는 그리스도와 만나는 운동으로써 수행되는 것이다. 이는 교회공동체의 디아코니아 활동을 통해서, 교회의 은사공동체의 세상에서 가장 작은 자들을 섬

---

191) H-D Wendland, 『Christos Diakonos, Christos Doulos』, 184쪽. quoted in 김옥순, 『디아코니아 신학』, 360쪽.

기는 섬김을 통해서 증언되어야 하는 것이다.

무리들이 예수를 따라다닌 것은 심판의 두려움 때문이 아니었다. 오히려 그것은 잔치였다. 하나님 나라의 축제와 같았다. 모두가 죄를 용서 받고 구원 받는 기쁨이 있었다. 축귀, 치유, 가르침, 선포, 율법 논쟁, 개방 식사, 이 모든 것을 아우르는 예수의 삶의 모습은 즐겁고 기쁜 잔치의 모양을 가지고 있었다. 이 '어울림' 속으로 들어가면, 누구나 예수와 친구가 되었고, 하나님의 자녀가 되었다. 모든 것에서 풀려나는 자유가 있었다. 예수는 이것을 하나님 나라라고 말했다.[192]

### (3) 죄인들과의 식탁 공동체

예수의 공생애 삶에서 나타난 행동 중에 특이한 것이 있다. 그것은 예수가 공생애 동안 사람들과 함께 식사를 나눈 것이다. 예수의 공생애 활동에는 먹고 마시는 일이 자주 나온다. 예수의 첫 기적은 가나의 혼인잔치였다. 먹고 마시며 사람들이 어울리는 곳에서, 물로 포도주를 만들었다(요 2:1-10). 세리와 죄인들과 먹는 장면(막 2:15), 나병환자 시몬(막 14:3)의 집에서 식사하는 모습이 있다. 하나님 나라의 비유에서도 먹고 마시는 혼인잔치(마 22:2)가 나온다. 아버지가 아들을 위해 잔치를 열어준다(눅 15:22-24). 오병이어의 기적(막 6:41-44)도 중요한 장면이다. 하나님 나라의 완성을 상징하는 모습도 잔치로 이루어졌다(눅 22:14). 죽음 이후에 대한 말씀도 먹고 마시는 것으로 비유한다. "포도나무에서 난 것

---

192) 김동건, 『예수, 선포와 독특성』, 243쪽.

을 하나님 나라에서 새것으로 마시는 날까지 다시 마시지 아니하리라"(막 14:25). 식사하는 모습은 부활한 예수에게서도 나타난다. 예수가 제자들에게 나타나 함께 식사를 한다(눅 24:41-43). 엠마오로 가는 도중 제자들이 떡을 떼면서 예수를 알아본다(눅 24:30-31).[193]

예수는 복음서 어디에도 바리새인들이나 제사장들과 어울렸던 기록이 없다. 그런데 우리는 예수가 마태라 하는 사람이 세관에 앉아 있는 것을 보시고 이르시되 "나를 따르라" 하시니 그가 일어나 따랐다고 하는 사실을 알고 있다. 또한 예수가 마태의 집에서 앉아 음식을 잡수실 때에 많은 세리와 죄인들이 와서 예수와 그의 제자들과 함께 앉았더니 바리새인들이 보고 그의 제자들에게 이르되, "어찌하여 너희 선생은 세리와 죄인들과 함께 잡수시느냐?" 이에 예수가 그들에게, "건강한 자에게는 의사가 쓸데없고 병든 자라야 쓸데 있다. 너희는 가서 내가 긍휼을 원하고 제사를 원하지 아니하노라 하신 뜻이 무엇인지 배우라. 나는 의인을 부르러 온 것이 아니요 죄인을 부르러 왔노라"라고 대답했다.

예수는 스스로 세리와 죄인들의 친구임을 말하고 있다. 예수는 하나님 나라에 관한 경건한 감탄이 있을 때 바리새인들과 식탁을 함께 하고 있었고, 사람들은 그 분위기가 긴장되어 있다는 것을 감지한다. 예수께서 세리들과 다른 버림받은 자들과 식탁을 함께 할 때 그 분위기는 얼마나 다른가. 그러한 배경 속에서 참여

---

193) 김동건, 『예수, 선포와 독특성』, 229쪽.

자들은 은혜와 구원을 체험한다. 그들은 기뻐한다. 이것이 모든 인류에게 미치는 삶의 잔치를 지금 여기에서 축하하는 식탁 교제다. 이것을 바리새인들이 이해할 수 없고, 그 점에 그들의 위기가 놓여 있다.[194] 바리새인들은 하나님 나라가 지금 시작되고 있다는 것을 믿지 않으며, 잃은 자들과 함께하는 예수의 식탁 교제와 이 사건의 연결성을 전혀 보지 못한다. 부르심 받기를 원하지 않는 사람들은 진정한 식사를 맛보지 못하게 된다.[195]

하나님 나라 임재의 표적은 각종 기적 이외에도 여호와의 영이 내린 자이며 기름부음 받은 자의 예언된 직무인(사 61, 눅 4:18-19), 소자들과 잠깐이 아니고 늘 어울리심으로 나타내셨다. 예수는 제사장, 바리새인, 정치인, 귀족들과 회식을 하신 적이 없지만, 소자들과 식탁공동체를 즐기셨다. 그러나 예수가 반드시 가난하고 소외된 자들과만 식사를 한 것은 아니다. 예수의 교제도 특정 부류의 사람으로만 제한되지 않았다. 예수는 유대관원 니고데모와 진지한 대화(요 3:1-10)를 했고, 백부장의 종을 치유(마 8:5-10)했다. 예수가 부자들과 교제를 피한 것도 아니다. 삭개오는 세리이고 부자였다(눅 19:2). 예수는 안식일에 바리새인 지도자의 집에서 떡을 나누었다(눅 14:1). 예수의 개방 식사는 부자를 거절하지 않았다.[196] 스스로 참여를 거절하였을 뿐이다.

---

194) 비슬리 머리, 『예수와 하나님의 나라』, 박문재 역, 214-215쪽.
195) Linnemann, Jesus of the Parables, 91쪽. quoted in 비슬리 머리, 『예수와 하나님의 나라』, 박문재 역, 215쪽.
196) 김동건, 『예수, 선포와 독특성』, 230쪽.

예수는 죄의 용서를 필요로 하는 죄인들의 상황으로 들어갔다. 그곳에 죄인들에게 열려지는 하나님 나라가 임하게 되는 것이다. 죄인들과 세리들은 율법주의자들에 의해 낙인찍힌 자들로서 식사공동체에서 소외되었다. 예수가 죄인들을 찾아가서 돌보는 일은 하나님의 무한한 사랑의 본보기를 보여주는 것이었다.[197] 고대사회 영역에서 식사공동체는 친근성을 나타내는 것이었다.[198] 여기서 예수가 세리와 창녀들과 함께 식사함으로 예수가 이들과 친구가 되는 관계의 개방성을 의미하며, 그 당시에 사회적인 선입견으로 인해 인간으로서 그들이 당하고 있는 고통을 치유하며, 하나님 나라에서 인정받는 인간의 가치를 인정하는 것이다.[199] 죄인들과 함께하는 예수의 식탁공동체는 예수께서 자기를 개방하여 사회적으로 치여 밀려난 자들을 하나님의 은혜로 새롭게 창조되는 기쁨 속으로 초대하는 메시아적인 만찬을 의미한다.[200] 가장 작은 자들이 하나님 나라에서는 하나님의 은혜의 자녀들이 되는 기쁨과 존엄성을 갖는다. 그래서 예수께서 그들과 함께하는 식사공동체의 장소는 예수께서 그들을 섬기는 장소였다.[201]

---

197) Ibid., 284쪽.
198) F. W. Horn, "Diakonische Leitlinien Jesu", 113쪽. quoted in 김옥순, 『디아코니아학 입문』, 284쪽.
199) 김옥순, 『디아코니아학 입문』, (한들출판사, 2010), 285쪽.
200) F. W. Horn, "Diakonische Leitlinien Jesu", 116쪽. quoted in 김옥순, 『디아코니아학 입문』, 285쪽.
201) P. Philippi, Christozentrische Diakonie, 136쪽.

예수의 개방 식사가 오늘 우리에게 남긴 신학적 의미는 크다. 하나는 구원이다. 예수는 개방 식사에서 모든 사람을 수용했다. 개방 식사에서 용서와 화해가 이루어졌다. 그것은 '구원'을 의미한다.[202] 다른 하나는 개방성이다. 예수는 개방 식사에서 누구도 배척하지 않았다. 모든 사람이 조건 없이 식사에 참여할 수 있었다. 이방인도 참여할 수 있었고, 종교적으로 결함이 있는 사람도 문제가 되지 않았다. 여자와 아이도 배제되지 않았다. 예수의 식탁에서 사회적 신분, 남녀의 성별, 종교적 차이, 유대인과 이방인의 경계가 완전히 허물어졌다. 당시 구원은 엄격하게 유대주의의 범위 안에 한정되었다. 그러나 개방 식사는 유대주의를 넘어서는 구원의 개방성을 보여준다.[203] "또 너희에게 이르노니 동 서로부터 많은 사람이 이르러 아브라함과 이삭과 야곱과 함께 천국에 앉으려니와"(마 8:11) 모두가 하나님의 은총의 식탁에 함께 앉게 될 것을 소망한다.

예수 살아생전에 일련의 죄인들과 식사공동체가 초기 기독교 공동체에 새로운 언약의 성만찬적인 식사로 전승되고 있다. 복음서들과 바울 서신에 의하면, 식탁에서 섬기는 자로서 빵과 포도주의 성만찬적인 의미는 구속적인 희생의 예수 그리스도를 기념할 뿐만 아니라, 언약의 법은 하나님 나라의 새로운 언약의 백성으로서 그의 새로운 언약과 그의 언약의 식사에 속하는 것이기

---

202) 김동건, 『예수, 선포와 독특성』, 235쪽.
203) 김동건, 『예수, 선포와 독특성』, 236쪽.

도 하다(마 26:26-30; 눅 22:15-20; 고전 11:23-25).[204] 그래서 하나님 나라의 새로워진 언약의 백성은 예수 그리스도가 세우신 언약의 법으로서 성만찬에 참여하는 것이다. 그리고 우리가 이와 같은 성만찬에 참여하는 것은 예수 그리스도가 살아생전에 목숨까지 희생하는 사랑으로 인간을 섬기신 십자가의 구속의 사랑을 기억하며, 그가 제자들에게 주신 "서로 사랑하라"는 '새 계명'을 이 세상 속에서 구체적으로 현실화시키는 것을 의미한다. 사랑으로 실천하는 신앙인의 삶이 바로 하나님 나라의 내용이며, 사랑으로 실천하는 삶을 통한 하나님 나라에 참여는 이미 왔으나 아직도 완성으로 향해가는, 즉 하나님 나라를 확장해 가는 삶이다.[205]

예수가 선포한 하나님 나라는 그 당시에 종교적이고 사회적으로 기득권을 가진 자들의 절대 가치관이 하나님 나라와 관련해서 끊임없이 상대화되고 있다. 여기에서 우리는 하나님 나라의 역동적인 운동성을 포착할 수 있다. 하나님 나라는 정체된 하나의 종교적·법적 이념이 아니라 시공간 속에서 구체적으로 활동하는 운동성이다. 그래서 하나님 나라는 이미 왔지만 지금도 오고 있고 앞으로도 올 것이다. 우리는 현재 속에서 하나님 나라의 과거와 미래를 끊임없이 요청받고 있다. 이 운동의 주체는 하나님이시지만 하나님은 인간을 통하여 역사 속에서 일하시기에 인간 또한 하나님 나라 운동의 주체가 된다. 이때 인간은 하나님과는 다른 질적 차이를 가지고 하나님 나라를 확장해 가는 주체이

---

204) P. Philippi, Christozentrische Diakonie, 137쪽.
205) 김옥순, 『디아코니아학 입문』, 286-287쪽.

다. 역사적 실존인 인간은 하나님 나라 운동과는 무관할 수 없으며 특히 하나님의 백성은 이 운동에 자발적인 적극성을 요청받는다.[206)]

필자는 예수의 자기 정체성에 대한 이해와 예수의 사역을 통해 예수가 선포한 하나님 나라의 중심 내용이 '디아코니아'라고 생각한다. 디아코니아는 예수 그리스도의 인격과 사역의 본질로서 이해되기 때문에 철저하게 섬기는 자와 종으로서의 섬김을 함께 보아야 한다. 독일의 조직신학자 파울 필리피(Paul Philippi)는 예수께서 몸소 지내신 '하나님 나라'의 삶을 "섬기는 자로서의 예수, 종으로서의 예수"(christos diakonos, christos doulos)라는 말로 표현하였다. 이렇게 '하나님 나라와 디아코니아'는 예수 그리스도의 인격과 사역 가운데에서 뗄 수 없는 관계로 만나고 있는 것이다.

---

206) Ibid., 287-288쪽.

## 2. 제자들과 초대교회의 '하나님 나라와 디아코니아의 관계성' 이해

이제 '디아코니아와 하나님 나라의 관계성'을 제자들과 초대교회를 통해 살펴보려 한다.

### 1) 성령 받기 이전의 제자들

제자들은 예수가 선포한 하나님 나라를 제대로 알고 있었을까? 제자들은 예수가 선포하는 하나님 나라에 대해 강하게 저항하였다. 그들이 이해하고 있는 하나님 나라는 솔로몬 시기에 그들이 고대하며 기다리던 정치적인 메시아였다. 다윗의 후손으로 왕으로서 이 세상에 오시는 메시아. 그리하여 로마의 압제로부터 그들을 구출해줄 메시아를 기다리고 있었으며, 그들이 생각하는 하나님 나라는 정치적 권력을 통해서 군림하는 하나님 나라였다. 그런데 예수는 섬기는 자로 이 세상에 오셨음을 선포하셨다. 이에 제자들은 강하게 저항하는 모습을 보였다.

제자들 중 야고보와 요한은 왕국이 이루어질 때 자기들에게 요직을 달라고 부탁했다.(마 20:21) 군중들은 그를 왕으로 삼으려 했고, 로마의 압제에서 해방시켜 주기를 요구했다. 그러나 예수는 거부했다.[207] 구약성서에서 약속된 성취자 메시아로 오신 예수 그리스도가 그 당시 사람들이 기대하는 메시아와 질적으로 다른 메시아상을 제시하였다고 보았다. 즉 예수 그리스도는 하나님의 구원 행동을 섬기는 자로서 나타내시며 죄인들이 받아야만 하는 세례를 받으시고, 영광의 길이 아니라 십자가에서 죽으시기까지 고난의 길을 가심으로써 메시아가 되셨다.[208] 이와 같은 예수 그리스도의 질적으로 다른 메시아상을 사회의 권력구조에 습관화된 인간들은 용납할 수 없어 거부하였다.

필리피는 예수님이 하나님 나라 통치와 관련해서 윗자리를 요구하는 제자들을 사회적 해석이 가능하지 않은 종말론적인 하나님의 통치의 비유들로 가르쳤다고 보았다. 즉 이는 예수가 하나님의 뜻과 계명에 대항하는 사회 구조로부터 하나님의 공동체를 가능케 하는 질적으로 완전히 전환되는 사고체계를 가르치는 것을 뜻한다.[209] 예수는 마가복음 10장 42절에서 "그러나 너희는 안다"고 말하며, 마태복음 20장 25절에서는 "이방인의 귀족들로부터 아래로 힘으로써 다스리며, 그들의 권력을 폭력으로 남용한다." 이것은 이방 종교의 형태로서 이러한 사회 구조는 하나님 계명과 뜻에 저항하는 형태인 것이다.[210] 그래서 예수는 "너희 가운데는 그렇지 않다"고 한 걸음 더 나아간다. 오히려 너희 가운데서

---

207) Arthur F. Glasser, Announcing the Kingdom, 205쪽.
208) Ibid., 54쪽.
209) P. Philippi, Diakonica, 4쪽.
210) P. Philippi, Christozentrische Diakonie, 110쪽.

크게 되고자 하는 자는 너희를 섬기는 자가 되어야 한다는 것이다. 그리고 인자도 역시 섬김을 받으려고 온 것이 아니라 섬기려고 왔듯이, 누구든지 너희 가운데서 첫째가 되려면 너희의 종이 되어야 한다. 그러므로 위에서 아래로 누르는 사회 구조적인 권력 사용과는 전혀 다르게 그리스도를 따르는 제자들의 질서는 다른 사람을 위해 낮아지는 질적으로 완전히 새롭게 전환한 가치관 위에 세워져야 하는 것이다.[211] 마태복음 11:11은 하나님 나라에서의 위대성은 이 세대에서 사람들 가운데서의 위대성과는 다르게 부여된다. 이것은 인간의 업적의 문제가 아니라 은혜의 문제이다. 모든 제자는 그러한 위대성을 획득할 수 있으며 획득하여야 한다는 것을 강조하고 있다.[212]

필리피는 섬기시는 메시아에 저항하는 인간의 성공 신화적인 메시아 신앙에 대하여 하나님에게 저항하는 사탄의 세력으로 규정하였다. 이를테면 인간은 위로부터 아래로의 권력을 통하여 지배함으로써 하나님에게 저항하는 사회 구조 형태 속에서 인간의 위대함을 증명하려고 한다.[213] 게다가 종교는 이러한 사회적인 구조를 형이상학적 측면에서 영광스러운 것으로 높이 세워줄 수 있는 가능성이기도 하다. 이러한 가능성은 종교가 큰 자를 현상 유지되도록 합법화시키는 일에 종사하든지, 혹은 종교가 작은 자의 시야를 사후 세상으로 전환시켜서 그들의 일상생활을 참아내

---

211) Ibid., 114쪽.
212) Schnackenburg, God's Rule and Kingdom, 133쪽.
213) P. Philippi, Christozentrische Diakonie, 110쪽.

게 하는 것이다. 이 두 가지 경우에 바로 종교가 민중의 아편이란 표현이 어느 정도 설득력을 가질 수 있는 것이다.[214] 세베대의 아들들처럼 성공과 지배가 서로 결합된 성공 메시아주의에 대한 갈망과 소원은 그 모두가 아담 이후의 타락된 인간성으로 이는 하나님을 지향하는 사회 구조 도식 아래로 무릎을 꿇는 것이다.[215] 사탄은 "나에게 절하라"고 예수에게 유혹하였으며, "너는 세상의 통치권을 가져야만 한다"고 유혹하였다. 이러한 것은 힘과 권력이 위로부터 아래로 지배하는 것으로 이해되는 것이며, 그것이 인간에게 영광스러운 것으로 여겨지는 것이다. 예수가 만일 이러한 유혹의 사탄에게 굴복하였다면, "그는 그리스도가 아니었던 것이며 그리스도가 될 수도 없었던 것이다."[216] 이렇듯 필리피는 예수가 인간이 추구하는 영광의 길이 아니라 하나님의 뜻에 순종하는 길을 택하심으로써 세례요한, 베드로, 세베대의 아들들과 그리고 사탄의 메시아론을 새 언약의 기독론에로 전환시키신 것이라고 보았다.[217]

우리가 하나님 나라 활동으로서 예수의 봉사 사역을 통해서 알 수 있는 것은 예수가 자기를 낮춰 섬김으로 생명을 살리는 사역을 일관되게 하였다는 사실이다. 예수는 섬기는 자가 큰 자가 되는 것을 제자들에게 실례로 모범을 보여주었다. 성육신은 높은

---

214) P. Philippi, Diakonica, 5쪽.
215) P. Philippi, Christozentrische Diakonie, 111쪽.
216) P. Philippi, Diakonica, 5쪽.
217) 김옥순, 『디아코니아신학』, 398쪽.

자리를 버리고 종이 되기까지 낮은 곳으로 내려오신 예수의 자기 비움이다. 이러한 자기 비움과 함께 순종하는 것이 섬기는 자세의 기본이다. 예수가 세례를 받을 때에 인식한 메시아적인 과제는 권력과 지배를 통한 통치자로사의 메시아가 아니라 섬김을 통한 메시아 상을 새롭게 제시하고 있는 것이다. 섬김으로 자기를 낮추심을 통한 예수의 선포는 가난하고 소외된 자들에게 도래하는 하나님 나라에 대한 섬김 준비성과 자기 겸손을 갖추도록 요구하였다. 왜냐하면 하나님 나라는 가난한 자들의 권리를 보호하고 그들을 주체로 일으켜 주기 때문이다.[218]

필리피는 섬기시는 그리스도상을 올바로 인식하면서 구약성서에서 약속된 성취자 메시아로 오신 예수 그리스도가 그 당시 사람들이 기대하는 메시아와 질적으로 다른 메시아 상을 제시하였다고 보았다. 즉 예수 그리스도는 하나님의 구원 행동을 섬기는 자로서 나타내시며 죄인들이 받아야만 하는 세례를 받으시고, 영광의 길이 아니라 십자가에서 죽으시기까지 고난의 길을 가심으로써 메시아가 되셨다.[219] 이와 같은 예수 그리스도의 질적으로 다른 메시아 상을 사회의 권력 구조에 습관화된 인간들은 용납할 수 없어 거부하였다. 즉 세례요한은 요단강에서 예수가 죄인들과 똑같은 위치로서 메시아의 세례 받음을 진지하게 수용하지 않으려고 하였다. 내가 당신에게 세례를 주는 것이 아니라, 당

---

218) 김옥순, 『디아코니아학 입문』, 287쪽.
219) Ibid., 54쪽.

신이 나에게 세례주어야만 합니다(마 3:14-15).[220] 베드로 역시 그리스도를 고백하지만, 그리스도가 수난 받으시는 길은 막아선다(마 16:16, 22-23).[221] 베드로가 산 위에서 거기에 오두막을 지으려 한다. 그러나 주님은 베드로를 영광이 없는 자기낮춤을 상징하는 아래 마을로 데리고 온다(막 9:2 이하). 베드로는 영광의 발씻김과 같은 종의 섬김을 완강히 거부하였다(요 13:6,8).[222] 섬기시는 하나님의 뜻과 본질에 순종하는 예수는 인간의 뜻을 추구하는 베드로에게 "사탄아 뒤로 물러가라"고 말한다. "왜냐하면 너는 그것이 하나님-척도인데 그것을 생각하지 않고 인간-척도를 생각하기 때문이다"(마 16:23).[223] 하나님 나라의 질서를 세우시려는 자리에 그리스도를 내세운 그들의 왕국을 세우려는 것이다. 하나님을 저항하는 인간-척도는 사탄의 척도이며, 이는 위로 올라가 다른 사람 위에서 지배하며 섬김을 받으려고 하는 것이다. 이러한 사탄의 방법은 인간을 그의 종교적인 열정주의에 얽어맬 수 있다. 그러나 하나님은 그의 사랑으로써 스스로 자신을 비우시고 위로부터 아래로 내려오신다. 하나님은 그 자신의 높이 빛나는 영광의 자리를 하나의 노획물처럼 방어하시지 않으시며 섬김을 받으시는 것이 아니라, 스스로 내어주는 희생과 스스로 섬기시며 이러한 섬김의 형체로서 이 세상 속에서 도움을 구하는 많은 자

---

220) Ibid., 132쪽.
221) Ibid., 76쪽.
222) 김옥순, 『디아코니아신학』, p.133쪽.
223) P. Philippi, Christozentrische Diakonie, 91쪽.

들의 형제됨으로 하나님의 창조의 뜻을 성취하시는 분이시다.[224] 그동안 기다려온 메시아이신 그리스도는 섬기시는 메시아로 성취되었다. 이렇듯 성취된 메시아적 기독론은 질적으로 아주 다른 메시아이신 것이다.[225]

필리피는 섬기시는 그리스도를 중심에 세운 복음의 총체적인 결말을 구원의 죽음을 앞에 두고 새 계명과 연관시킨다(요 13:34). 즉 그는 예수가 제자들과의 마지막 만찬 자리에서 허리에 노예 앞치마를 두르고 본보기로써 낮아짐에 대한 봉사를 실천하신 것에 대하여 말한다. 그 속에서 우리는 이와 관련된 베드로의 저항을 볼 수 있다. 필리피는 베드로의 저항에 대해 섬기는 그리스도를 겨냥한 신학적 저항으로 보았다.[226] 왜냐하면 예수는 그의 발 씻김을 그에게 귀속되었다는 의미로 보여주시고 이를 통하여 섬기시는 그리스도상의 기독론을 분명하게 제시하셨기 때문이다. 따라서 이렇게 섬기시는 예수께 속한 자가 하나님을 사랑하는 자로서 증명되는 것이다. 예수께서 제자들에게 새 계명을 주신 것도 이러한 맥락이다. "너희는 서로 사랑하라. 내가 너희를 사랑한 것처럼 너희는 서로 사랑하라!" 이것이 예수께서 주님이시면서 선생으로서 노예들의 섬기는 봉사를 몸소 보여주심으로써 제자들에게 서로 사랑하는 방법을 가르쳐주신 것이다.[227] 그러므로

---

224) P. Philippi, Diakonica, 5쪽.
225) 김옥순, 『디아코니아신학』, 397쪽.
226) P. Philippi, Diakonica, 9쪽.
227) P. Philippi, Christozentrische Diakonie, 185쪽.

사랑으로 섬기시는 그리스도 안에 있는 자들은 오직 서로에게 사랑으로 섬기는 자들이 될 수밖에 없다. 그렇지 않다면 우리는 섬기시는 그리스도에 대하여 저항하며, 결국에는 그리스도와 무관하게 되는 것이다. 최고의 계명인 하나님 사랑은 표면상으로 말로만 하는 것이 아니다. 하나님을 사랑하는 최고의 계명이 실천되는 곳에는 이웃을 사랑하는 실천이 따를 수밖에 없다.[228] 신앙인들이 섬기시는 예수 그리스도 안에서 계시된 하나님의 사랑을 순종할 때에, 이웃과 함께 더불어 사는 풍요로운 삶을 이루어가게 된다. 그러므로 필리피가 '섬기는 자'를 근거로 세운 기독론은 신앙인과 교회를 그리스도 중심적인 디아코니아의 삶에로 이끌어가는 것이다.[229]

필리피는 우리가 하나님 통치의 하나님 나라를 취하는 것은 관습적인 것을 돌이키는 것, 즉 이방인들이 당연하게 생각하는 것을 돌이켜야 하는 것으로 이는 우리가 하나님께서 '완전히 다른 방식'으로 계시하신 뜻과 방향에로 나아가는 것이라고 보았다.[230] 이에 대한 증거로써 필리피는 예수께서 산상수훈에서 이방인들이 관습적으로 추구하는 잘못된 욕망들을 버리고(마 6:5-8), 완전히 돌이켜서 하나님의 뜻과 그의 나라로 들어가는 올바른 방향(마 6:9-14)을 제시하셨다고 말한다.[231] 또한 필리피는 공

---

228) P. Philippi, Christozentrische Diakonie, 176쪽.
229) 김옥순, 『디아코니아신학』, 400쪽.
230) P. Philippi, Christozentrische Diakonie, 112쪽.
231) Ibid., 225쪽.

관복음에 나타난 제자들의 지위 싸움에 대한 예수의 제자 교훈 속에서 이러한 하나님의 방법에 대하여 언급한다. 여전히 제자들의 관심은 항상 누가 하나님 나라에서 보다 더 큰 자가 되며, 가장 큰 자가 되느냐에 쏠려 있다.(마 18:1; 막 9:33; 눅 9:46) 이에 대하여 마태는 하나님 통치 영역에서 이러한 관심이 질적으로 전환되는 예수의 가르침을 제자들에게 제시한다. 만일 너희가 완전히 돌이키지 않으면, 너희는 하늘나라에 들어가지 못한다.(마 18:3) 그래서 작고 경시되어 보이는 어린이에 대한 생각을 그들에게 보여준다. 즉 하나님의 본질은 누구든지 자신을 낮추며 권리를 가지지 못한 자들을 수용하는 것이다.[232] 따라서 마태복음 25장은 예수님의 수난 보도를 시작하기 전에 제자들에게 주는 뚜렷한 교훈으로서 예수 그리스도가 굶주린 자, 헐벗은 자, 병든 자, 떠도는 자 그리고 옥에 갇힌 자들인 '그의 가장 작은 형제들'과 동일시되며, 그들에 대하여 신앙인이 디아코니아 활동을 책임 있게 수행해야 함을 증언하고 있다.[233]

### 2) 성령 받은 후의 제자들

섬김과 봉사로써 활동하시는 하나님은 예수 안에서 활동하셨고 그래서 예수는 섬김으로 활동하였다. 예수의 부활 이후 섬김의 활동은 어떻게 더 확장되어 갔는가?

---

232) Ibid., 98쪽.
233) Ibid., 96쪽.

부활 사건 이후에 기독교의 봉사는 예수의 살아 계신 동안의 발자취를 '섬기는 그리스도'(christos diakonos)로 규정하였고, 이러한 섬김의 사역이 신앙의 중심 주제로서 점점 더 확고해졌다. 초기 기독교 공동체는 예수의 죽음을 죄인을 위한 속죄의 죽음으로 이해했을 뿐 아니라, 공동체 안에서 교제와 섬김에 대한 모범으로 파악하였다.[234] 초대교회가 섬김을 목표로 삼은 것은 이 땅 위에서 섬기는 모범을 보이신 예수의 말씀과 그 행위에 뿌리를 두고 있음을 보여준다. 초기 기독교 공동체는 예수의 말씀을 섬기는 행위에 결합시켜 교회의 고유한 위상과 권위를 합법적으로 발전시켜 간다.[235] 초기 기독교 공동체는 섬기는 예수의 모범을 따르는 실천을 함으로 예수 공동체임을 보증받았다.[236]

"주는 것이 받는 것보다 복되다"(행 20:35)라는 말은 복음 속에서 섬김과 봉사를 반복하여 권면하는 예수상을 누가가 말하는 것이다.[237]

초대교회의 모습을 살펴보는 일은 부활 이후, 좀 더 정확히 말하며 성령강림 이후 디아코니아의 역할 증대를 이해하는 데에 매우 중요하다. 많은 목회자들이 베드로의 오순절 설교를 부러워할 것이다. 그 말을 받은 사람들이 앞을 다투어 세례를 받게 되었는데 그 수가 삼천이나 되었기 때문이다. 그것은 도대체 어떤 내용

---

234) F. W. Horn, "Diakoniesche Leitlinien Jesu", 109쪽. quoted in 김옥순, 『디아코니아학 입문』, 289쪽.
235) Ibid., 109쪽. quoted in 김옥순, 『디아코니아학 입문』, 289쪽.
236) Ibid., 109쪽. quoted in 김옥순, 『디아코니아학 입문』, 289-290쪽.
237) Ibid., 110쪽. quoted in 김옥순, 『디아코니아학 입문』, 291쪽.

의 설교였는가? 무엇을 설교하면 그러한 경험을 할 수 있을까? 궁금하지 않을 수 없는 노릇이다. 성령을 받은 사람들은 무언가에 취한 자들 같았다. 왜냐하면 그들은 환상을 보고 꿈을 꾸었기 때문이다. 새로운 이상이 그들을 지배했던 것이다. 설교를 들은 이스라엘 사람들은 율법의 완성자를 율법의 범법자로 만드는 일에 실패하여 율법을 모르는 로마의 손에 붙여 그들이 기다려왔던 메시아를 죽였다. 세상을 사는 지식이 충천한 헬라인에게는 미련한 생각과 행동으로, 소위 하나님 신앙으로 무장된 유대인에게는 거슬리는 말로 심기를 어지럽히고 세계관을 무너뜨리던 예수를 십자가에 못 박은 악행의 마무리가 죽은 자의 부활로 말미암아, 성령의 임재와 충만으로 인해 죄책감만 남게 되었을 때, 이스라엘은 드디어 새로운 메시아관을 정립해야만 했다. 그들이 원치 않았던 디아코노스 예수, 섬기는 메시아를 받아들여야만 했다. 다윗의 무력과 승전보를 잊어야만 했다. 원수를 무릎 꿇리기 대신 발을 씻김으로 섬겨야 하는 새로운 이스라엘이 되어야만 했던 것이다.

과연 이 설교에 순복한 이스라엘의 공동체는 디아코니아적이었다. "서로 사랑하라"는 새 계명을 실천하는 유무상통의 원리가 거룩한 권위가 되어 일상생활을 지도하고 있었다. 예수께로부터 직접 책망까지 들어가며 배웠어도 받아들일 수 없었던 섬기는 직분, 디아콘 직을 어느새 받아들인 사도들은 "선생만 같으면 좋을 것"이라는 디아코노스의 제자직을 실천하고 있었다. 구제할 일이 산더미같이 많아지는 교회 운영에 있어서 급기야 열두 사도들의 입에서 나온 말은 "우리가 하나님의 말씀을 제쳐놓고 접대를 일삼는 것이 마땅하지 않다"(행 6:2)는 것이다. 접대는 중요하되 말씀을 제쳐놓을 수는 없다는 뜻이다. 그래서 접대는 계속되어야 하지만 사도들이 계속할 수 없으니, 모든 제자들 가운데 "성령과 지혜가 충만하여 칭찬 받는 사람 일곱을 택하여" 그들에게 맡기게 된 것이다. 이 말을 들은 교회의 온 무리는 기뻐했고 뽑힌 자들이 이 일을 대신했으며, 예루살렘 교인은 더욱 늘어만 갔고 허다한 제사장의 무리도 이 도에 복종하게 되었다.

그런데 사도행전에서는 하나님 나라에 대해 전하는 것과 기도하는 것이 이들 사도만의 업무는 아니었던 것이, 디아코니아에 위임된 일곱 사람들은 본연의 업무 외에도 설교하고 기도하였으니, 예루살렘교회의 사도들은 집사 같은 사도들이었고, 집사들은 사도 같은 집사들로서 영적인 것과 육체적인 것이 신앙에서 구분되는 각각의 일이 아니라 종말을 시작한 현세의 모습으로 합쳐진 하나님 나라를 보여주고 있었던 것이다.[238] 이처럼 사도행전에서 예루살렘교회의 사도들이 집사 역할을 하고 집사들은 사도의 전도 행위를 함으로 말씀과 행함이 하나가 되어 말씀 디아코니아와 섬김 디아코니아가 로마교회의 디아코니아적 교회의 모습을 보여주었다.

우리는 또한 사도행전 3장 1-10절의 말씀에 주목해 볼 필요가 있다. 베드로와 요한이 보행장애인을 교회 안으로 들이고 예배하

---

238) 이범성, "하나님 나라 목회의 선교", 김민호 외, 하나님 나라를 목회하라, (드림북, 2019), 273-274쪽.

는 공동체의 일원으로 세우는 모습을 확인할 수 있다. 성령 받은 후의 베드로와 요한에게는 더 이상 소외받는 자들인 장애인에 대한 차별의 모습은 사라지고 섬기는 자의 모습으로 나타나고 있는 것이다. 야고보(야고보서 저자를 사도 중 하나이거나 혹은 예수의 동생이라고 추측하는 저자 논란은 차치하고)는 행함을 강조하고 있다. "행함이 없는 믿음은 그 자체가 죽은 것이라. 어떤 사람은 말하기를 너는 믿음이 있고 나는 행함이 있으니 행함이 없는 네 믿음을 내게 보이라. 나는 행함으로 내 믿음을 네게 보이리라 하리라"(약 2:17-18). 이처럼 야고보는 성령 받음의 증거로서 섬김의 행동을 통해서 너의 믿음을 드러내 보이라고 말하고 있다(약 2:14-16). 성령 받은 후의 제자들이 물건을 서로 통용하였다(행 4:32-37). 이것은 "구원과 회개의 공동체는 하나님의 현재적인 지배 아래 있으며, 하나님 나라를 향하는 역동성 안에 있음을 보여주는 것"[239]이었다.

### 3) 초대교회의 디아코니아

초대교인들은 하나님 나라의 디아코니아 사역을 어떻게 이해하였을까? 베드로전서 서신에서는 박해와 고난당하는 신앙인 공동체들에게 섬김과 사랑에 대한 근거들을 명확하게 보여주고 있다. 신앙인의 사랑의 활동을 구속사적인 기독론에 근거시키고 있다. 즉, 예수의 길은 처음부터 고난과 섬김의 초점 아래 조명되며

---

239) 김동건, 『예수, 선포와 독특성』, 179쪽.

이에 대해 가장 중요한 것이 두 곳에서 보인다. 베드로전서 2장 21-25절에서 이사야 53장과 밀접한 연결을 가지면서 예수의 대리적 고난에 대하여 말한다. 예수께서 당하신 고난이 너희를 위한 고난이었다는 것과 그가 너희의 죄를 짊어지고 이러한 고난의 길을 끝까지 인내로 걸어갔으며 마침내 정의와 구원을 이루었다는 점이다. 또 베드로전서 3장 8-22절에서는 예수가 죄 없이 당하시는 고난을 통해서 인간을 위한 측량할 수 없고 제약 없는 구원이 시작되었다.[240] 예수의 고난과 섬김의 길에 대한 증언이 노예들(벧전 2:20)과 전체 교회공동체(벧전 3:8)에 직접적으로 사랑의 섬김을 촉구한다.[241] 우리는 여기서 베드로의 이야기[242]에 주목할 필요가 있다.

"너희가 열심히 선을 행하면 누가 너희를 해하리요? 의를 위하여 해를 받으면 복 있는 자니 그들이 두려워하는 것을 두려워하지 말며 근심하지 말고, 너희 마음에 그리스도를 주로 삼아 거룩하게 하고 너희 속에 있는 소망에 관한 이유를 묻는 자에게는 대답할 것을 항상 준비하되 온유와 두려움으로 하고, 선한 양심을 가지라. 이는 그리스도 안에 있는 너희의 선행을 욕하는 자들로 그 비방하는 일에 부끄러움을 당하게 하려 함이라. 선을 행함으로 고난 받는 것이 하나님의 뜻일진대 악을 행함으로 고난 받는 것보다 나으니라." 소망에 관한 이유를 묻는 자에게 대답할 것

---

240) 김옥순, 『디아코니아학 입문』, 326쪽.
241) Ibid., 327쪽.
242) 개역개정 벧전 3:13-22.

을 준비하되 그것은 바로 너희가 이해한 디아코니아를 행함을 통하여 표현하는 것이어야 한다고 말하고 있다.

신앙인들이 하나님의 집에서 서로를 세워주는 섬김에 대한 가장 중요한 말씀이 베드로전서 4장 7-11절에 나타나고 있다. 무엇보다 모든 신앙인은 하나님이 공급해 주시는 사랑으로 서로를 뜨겁게 섬겨야 하고, 여기서는 주인이나 노예나 남녀노소 없이 모두 해당된다고 하였다.[243] 여기에 더불어 겸손함으로 서로를 섬겨야 하는데(벧전 2:11-12), 이러한 섬김의 목표는 하나님을 찬양하기 위함이며, 이러한 하나님 찬양이 선교적인 활동 목표가 되도록 하는 것이다. 그러므로 하나님 찬양을 위해서 신앙인 공동체는 사랑으로 형제들을 섬기며, 교회 공동체를 넘어서 이웃을 향해가는 사랑의 섬김이 촉구된다.[244]

요한서신은 하나님 사랑과 이웃 사랑에 대한 분리할 수 없는 연결을 그 중심점에 둔다. 무엇보다 요한1서는 이러한 사고의 중심축을 이루고 있다. 하나님은 우리를 사랑하셨고 우리를 죄로부터 화해시키기 위하여 그의 아들을 보내셨다. 그래서 그의 아들을 믿는 우리는 서로 사랑해야 한다[245](요일 4:7-12). 교회공동체의 신앙고백은 예수그리스도가 육체가 되었다는 것과(요일 4:2), 그가 실제로 세례와 죽음에까지 철저히 나아갔다는 것을(요일 5:6) 잊어서는 안 된다. 왜냐하면 예수께서 단지 이와 같은 행동을 함

---

243) 김옥순, 『디아코니아학 입문』, 329-330쪽.
244) Ibid., 326쪽.
245) Ibid., 332쪽.

으로 하나님의 사랑이 전적으로 증거되었기 때문이다.[246] 우리는 사랑으로 활동하시는 하나님을 우리의 사랑의 행동을 통해서 인식하게 된다. 요한서신은 우리에게 예수 그리스도에 대한 올바른 신앙고백을 "하나님은 사랑이다"라고 인도한다. 요한일서 2장 4-5절에서 그의 계명을 지키는 자가 하나님을 사랑하는 것인데, 하나님을 사랑하는 자는 형제를 사랑하지 않을 수 없다는 것이다.(요일 4:20) 요한일서 1장 7절에는 우리가 그의 빛 가운데에서 행하면 우리 안에 사귐이 있다고 하였는데, 이것은 서로 서로의 공동체를 의미하는 것이다.[247] 빛 가운데 거한다는 것은 예수 그리스도께서 그렇게 하신 것처럼, 어두운 가운데 있는 자에게 향해가서 그들에게 빛을 비추는 것이다. 이때의 빛을 비추는 것은 하나님의 사랑을 가지고 인간을 돌보는 삶을 의미하는 것이다.[248] 그 빛은 우리의 디아코니아로 비추어지는 것이다.

야고보서신 기자는 율법적인 복음을 말하고 있다. 그에 의하면 신앙인들은 자유를 성취하는 율법과 관련이 있다(약 1:25, 2:12). 그는 구약의 율법은 목적에 도달하였다는 표현을 매우 많이 사용하고 있다. 율법은 법 조항 자체의 외형적인 것으로부터 전체성과 통일성의 완성에 도달되었다. 전체성과 통일성에 도달된 율법은 이제 종으로 순종 가운데 있는 율법이 아니라, 자유로

---

246) W. Brandt-Bethel, "Der Dienst Jesu", 52쪽. quoted in 김옥순, 『디아코니아학 입문』, 332쪽.
247) 김옥순, 『디아코니아학 입문』, 333쪽.
248) 김옥순, 『디아코니아학 입문』, 334쪽.

이끄는 하나의 선물로서의 율법이다.[249] 야고보서에게 있어서 이러한 율법은 다음과 같은 내용을 가진다. "너는 네 자신을 사랑하는 것처럼 네 이웃을 사랑해야 한다"(약 2:8). 완성된 자유로서의 율법은 신앙인들을 행동으로 촉구한다. 이는 신앙인들이 사랑의 돌봄 행동에 부름을 받은 것이다.[250] 야고보서는 말씀을 받는 것과 행하는 것이 서로 연관되어 있음을 그의 표현 방법으로 증언하고 있다. 특히 야고보서에게 예배는 약자들에 대한 봉사와 연관을 가지고 있다. 순수하고 흠 없는 예배는 위협과 병 가운데 있는 과부와 고아를 지켜주는 것이다(약 1:26-27). 이렇듯 야고보에게 있어서 진정한 예배는 일상적인 삶 가운데서 약자들을 돌보는 사랑의 활동과 연관되어 있다.[251]

야고보서신은 그리스도의 말씀이 율법이다.[252] 그래서 야고보서는 누구든지 형제를 멸시하고 심판하는 자는 율법(하나님의 말씀)을 멸시하고 심판하는 자인 것이다.[253] 이처럼 행하지 않으며 듣기만 하는 자에게는 말씀이 아무런 의미가 없고, 말씀을 받고 행하는 자는 자신의 행동 가운데서 하나님의 복을 받는다는 것이 계속하여 야고보서에는 반복되고 있다(약 1:25). 특히 야고보서는

---

249) W.Brandt-Bethel, "Der Dienst Jesu", 54쪽. quoted in 김옥순, 『디아코니아학 입문』, 335쪽.
250) 김옥순, 『디아코니아학 입문』, 336쪽.
251) Ibid., 337쪽.
252) W.Brandt-Bethel, "Der Dienst Jesu", 55쪽. quoted in 김옥순, 『디아코니아학 입문』, 337-338쪽.
253) 김옥순, 『디아코니아학 입문』, 337-338쪽.

약자들에 대한 봉사를 디아코니아와 연관 짓고 있는데, 진정한 예배란 일상적인 삶 가운데서 약자들을 돌보는 사랑의 활동과 연관되어 있다. 복음서와 사도행전, 초대교회 서신에서 하나님 나라의 중심 내용이 바로 디아코니아임을 분명하게 확인할 수 있었다.

그렇다면 그리스도인의 정체성은 어떠해야 할까? 예수는 손수 물을 떠서 제자들의 발을 씻어주시는 모범을 보여 주셨다(요 13:14-15). 필리피(P. Philippi)는 "그리스도 안에서 섬기시는 하나님 사건이 바로 신앙인이 가장 작은 자들을 섬기는 디아코니아 활동을 유효하게 하는 것이다"[254]라고 보았다. 예수는 "너희는 서로 사랑하라. 내가 너희를 사랑한 것처럼 너희는 서로 사랑하라"고 말씀하신다. 사랑으로 섬기시는 그리스도 안에 있는 자들은 오직 서로에게 사랑으로 섬기는 자들이 될 수밖에 없다. 이렇게 서로 사랑하는 것만이 섬기시는 예수께 속한 자가 하나님을 사랑하는 자로서 증명되는 것이다. 나는 그리스도인들은 '섬기는 자로서의 그리스도'(Christos Diakonos), '종으로서 그리스도'(Christos Doulos)인 예수의 정체성을 자신의 정체성으로 삼고 세상을 섬기는 자의 삶을 살아가는 것이라고 생각한다.

누가는 신앙공동체를 "대안 공동체"(Alternative Community)로 규정하고 있다. 누가는 초대교회의 삶에 대하여 세 번이나 요약하고 있다. "사람마다 두려워하는데 사도들로 말미암아 기사와 표적이 많이 나타나니 믿는 사람이 다 함께 있어 모든 물건을 서로

---

254) P. Philippi, Diaconica, 6쪽.

통용하고 또 재산과 소유를 팔아 각 사람의 필요를 따라 나눠주며 날마다 마음을 같이하여 성전에 모이기를 힘쓰고 집에서 떡을 떼며 순전한 마음으로 음식을 먹고 하나님을 찬미하며 또 온 백성에게 칭송을 받으니 주께서 구원 받는 사람을 날마다 더하게 하시니라"(행 2:43-47).

"믿는 무리가 한마음과 한뜻이 되어 모든 물건을 서로 융통하고 자기 재물을 조금도 자기 것이라 하는 이가 하나도 없더라. 사도들이 큰 권능으로 주 예수의 부활을 증언하니 무리가 큰 은혜를 받아 그중에 가난한 사람이 없으니 이는 밭과 집 있는 자는 팔아 그 판 것을 가져다가 사도들의 발 앞에 두매 그들이 각 사람의 필요를 따라 나누어 줌이라"(행 32-35).

"사도들의 손을 통하여 민간에 표적과 기사가 많이 일어나매 믿는 사람이 다 마음을 같이하여 솔로몬 행각에 모이고 그 나머지는 감히 그들과 상종하는 사람이 없으나 백성이 칭송하더라. 믿고 주께로 나아오는 자가 더 많으니 남녀의 큰 무리더라. 심지어 병든 사람을 메고 거리에 나가 침대와 요 위에 누이고 베드로가 지날 때에 혹 그의 그림자라도 누구에게 덮일까 바라고 예루살렘 부근의 수많은 사람들도 모여 병든 사람과 더러운 귀신에게 괴로움 받는 사람을 데리고 와서 다 나음을 얻으니라"(행 5:12-16).

초기 기독교 공동체는 예수의 말씀을 섬기는 행위에 결합시켜 초대교회의 고유한 위상과 권위를 합법적으로 발전시켜 나갔다. 초대교회는 섬기는 예수의 모범을 따르는 실천을 함으로써 예수 공동체임을 보증받았다. 제자들과 초대교회는 예수가 선포한 하나님 나라의 중심 내용이 '디아코니아'라고 생각하였고, 예수의 말씀을 섬기는 행위와 결합시켰다. 이렇게 '하나님 나라와 디아코니아'는 예수의 제자들과 초대교회 안에서 뗄 수 없는 관계로 만나고 있는 것이다. '디아코니아'가 곧 그리스도인의 정체성인 것이다.

## 3. 바울의 '하나님 나라와 디아코니아의 관계성' 이해

이제 '디아코니아와 하나님 나라와의 관계성'에 대해 바울이 어떻게 이해하고 있는지 성서적 근거들을 살펴보려고 한다.

### 1) 바울이 이해한 하나님 나라

우리는 예수께서 행하신 하나님 나라의 사역을 통해서 하나님 나라가 예수의 사역과 함께 역사 속에서 확실한 실체로 임하였다는 것을 확인할 수 있었다. 그리고 구원은 언제나 미래적일 뿐 아니라 현재적 사건임을 알 수 있었다. 바울도 예수가 선포한 하나님 나라에 대해서 알고 있었을까? 그리고 하나님 나라가 현재적 상황과 관련되어 있음을 말하고 있을까?

"그들이 날짜를 정하고 그가 유숙하는 집에 많이 오니 바울이 아침부터 저녁까지 강론하여 하나님의 나라를 증언하고 모세의 율법과 선지자의 말을 가지고 예수에 대하여 권하더라."(행 28:23)

"바울이 온 이태를 자기 셋집에 머물면서 자기에게 오는 사람을 다 영접하고 하나님의 나라를 전파하며 주 예수 그리

스도에 관한 모든 것을 담대하게 거침없이 가르치더라."(행 28:30-31)

사도행전 28장 23절과 사도행전 28장 30-31절을 통해 살펴보면, 바울도 확실하게 예수가 선포하시고 가르치신 하나님 나라에 대해 증언하고 전파하고 가르쳤음을 확인할 수 있다. 슈뢰더와 베반스는 현재 가톨릭선교신학의 역작으로 취급되는 『예언자적 대화의 선교』에서 이천 년 교회는 '예수의 복음'보다는 '예수에 관한 복음'에 대해 말해왔다고 평한다.[255] 예수께서 전하신 것을 '하나님 나라'에 관한 것인데, 교회는 그 대신 '예수는 누구인가'라는 질문에만 대답해 왔다는 것이다. 그 바람에 예수께서 맡겨두고 가신 '하나님 나라'에 대해 말하는데 이천 년 교회의 역사는 소홀했다는 매우 타당한 주장을 한 것이다. 그렇다면 오늘날 우리는 예수가 선포하시고 가르치신 '하나님 나라'보다는 바울이 가르쳤던 '예수 그리스도에 관한 것'에 더 많은 관심을 기울이고 있는 것인가? 바울은 결코 그렇게 하지 않았다. 바울도 '하나님 나라'를 전파하기 위해서 '주 예수 그리스도에 관한 모든 것'을 함께 가르쳤던 것이다. 사도행전 19장 8절을 살펴보면, 바울이 "회당에 들어가, 석 달 동안을 담대히 하나님의 나라에 관한 것들을 말하며 변론하고 권면하되"라고 기록하고 있으며, 사도행전 20장 25절에서도 "보라, 내가 너희 중에 왕래하며 하나님의 나라를 전파하

---

[255] 슈레더와 베반스의 『예언자적 대화의 선교』에서는 "예수의 복음"과 "예수에 관한 복음"을 말하고 있다.

였다"고 기록하고 있다.

바울은 미래 영역적 개념의 하나님 나라를 고대하면서 "우리 주 곧 구주 예수 그리스도의 영원한 나라에 들어감을 넉넉히 너희에게 주시리라"(벧후 1:11)고 말하고 있다. 바울은 예수 재림 때에 믿는 자들이 들어갈 미래의 영역으로 하나님 나라를 말하고 있는 것이다.[256] 그렇지만 바울이 하나님 나라를 단지 미래적 영역으로만 이해한 것은 아니다. 우리는 '이미(already)' 구원의 '첫 열매'를 받았으나(롬 8:23), '아직(not yet)' 완성을 받지 못했다고 했다. 그것은 그리스도의 재림 때 완성되기 때문이다. 우리는 하나님 나라의 실현의 세 단계를 생각해 볼 수 있다. 그리스도 예수의 사역, 죽음, 부활로 이미 출범한 과거, 하나님의 아들 주 예수 그리스도가 하나님의 영(성령)의 힘으로 그의 교회를 일꾼으로 사용하여 하나님의 구원의 통치를 펼쳐가고 있는 현재, 그리고 주 예수 그리스도의 재림으로 하나님 나라가 완성되는 미래이다. 바울도 구원론을 이러한 세 시제로 가르치고 있다. 바울 서신에서는 구원이라는 동사가 나올 때 세 시제가 나온다. 우리는 이미 구원을 받았고, 지금 구원을 받아가고 있고, 종말에 구원의 완성을 받을 것이다.[257]

전통 신학에서는 바울의 구원론의 세 시제를 칭의, 성화, 영화라는 구원의 서정 세 단계들로 구분하여 고찰하고 있으며, 믿음

---

256) 조지 앨든 래드, 『하나님 나라의 복음』, 박미가 역, 21쪽.
257) 김세윤, "바울의 하나님 나라 복음", 김세윤, 김회권, 정현구 지음, 『하나님 나라의 복음』, (새물결플러스, 2013), 309쪽.

으로 이미 의인이라 칭함을 받은 우리가 거룩하게 삶으로써 성화를 이루어 끝내는 하나님의 영광에 이른다고 말한다.[258] 그러나 바울은 '성화'(sanctification)라는 말을 세 경우에 적용하여 말하는데, 첫째는 믿음/세례로 하나님께 바쳐진, 또는 하나님의 소유된 백성으로 만들어진 사건, 곧 성도(거룩한 이, saint)가 된 사건을 지칭할 때 사용한다(고전 1:2; 롬 1:7; 15:25; 15:31; 고전 6:11; 16:1; 고후 1:1; 9:1; 빌1:1; 살전 4:7 등). 이것은 성화의 과거이다. 둘째는 성화의 현재로서 '하나님의 거룩한 백성으로 살기'이다. "너희 몸을 하나님께 산제사로 바치라"(롬 12:1). "성화가 너희들에게 두신 하나님의 뜻이라. 우상 숭배하지 말고 음행에 빠지지 말고 이웃의 것을 탐하지 말고 성령의 도움으로 성화를 이루어가라"(살전 4:1-8). 이것이 하나님의 거룩한 백성으로 사는 것이다(참고, 6:15-23; 고전 3:17; 6:1-11,19; 7:34; 고후 1:12; 살전 2:12; 3:12-13; 5:23). 셋째로 바울은 성화를 최후의 심판 때 완성되는 것으로 말한다. "우리 주 예수께서 그의 모든 성도와 함께 강림하실 때에 하나님 우리 아버지 앞에서 거룩함에 흠이 없게 하시기를 원하노라"(살전 3:13). 바울은 보통 하나님의 최후 심판석 앞에서 우리가 책망할 것이 없는 자로 하나님의 진노로부터 온전히 구원받을 것을 칭의의 언어로 표현하는데(롬 5:8-10; 고전 1:6-8; 빌 1:10-11), 그것을 성화의 언어로도 표현하는 것이다. 바울은 이와 같이 칭의의 언어와 성화의 언어를 동의어로 쓰며 구원의 세 단계(과거, 현재, 미

---

258) Ibid., 311쪽.

래)에 공히 적용한다.[259]

우리는 바울에게서 믿음과 행함이 구분되거나 분리되지 아니하며 하나로 통합되어 있음을 확인할 수 있다. 바울은 구원론의 세 시제를 칭의, 성화, 영화의 세 단계로 구분하여 생각하는 것이 아니라, 성화 안에 칭의의 성화(믿음의 고백과 세례를 통한 하나님의 소유된 백성 되기)와 하나님의 거룩한 백성으로서의 관계 안에서의 삶을 통한 성화(하나님의 거룩한 백성으로서 살기)와 흠이 없는 자로서 예수의 재림 때 완성될 성화(최후의 심판 때의 온전한 구원)로 통합되어 드러나고 있는 것이다.

바울은 로마서 14장 17절에서 "하나님의 나라는 먹는 것과 마시는 것이 아니요 오직 성령 안에 있는 의와 평강과 희락이라"(롬 14:17)고 말하고 있다. 의와 평강과 희락은 성령의 열매이다. 이것은 하나님께서 자신의 삶을 성령의 지배하에 놓은 사람들에게 주시는 것이다. 사도 바울은 이러한 영적 상태가 바로 하나님 나라라고 말하고 있다. 따라서 바울은 로마서 14장 17절 말씀을 통해서 하나님 나라를 현재 각자가 경험할 수 있는 영적 실체로 기록하고 있는 것이다.[260] 요한 아른트(Johann Arndt)는 "하나님의 나라는 먹는 것과 마시는 것이 아니요 오직 성령 안에서 의와 평강과 희락이라"(롬 14:17)는 말씀과 결합시킴으로써, "너희 마음에 있는 믿음의 말씀"(이것은 바울이 신명기의 구절을 로마서 10:7 이하에

---

259) 김세윤, "바울의 하나님 나라 복음", 김세윤, 김회권, 정현구 지음, 『하나님 나라의 복음』, 311-312쪽.
260) 조지 앨든 래드, 『하나님 나라의 복음』, 박미가 역, 20쪽.

서 번역한 방식이다)과 "하나님 나라는 너희 안에 있다"는 누가복음 17장 21절 사이의 이러한 연결을 강화했다.[261] 양식비평과 편집비평의 근거 위에서 해석을 확정하기 위하여, 스니드(R. Sneed)는 롬 14:17이 눅 17:20-21의 확장된 변형 구절이며, 롬 14:17과 눅 17:20-21 사이의 일치는 구전 기간 동안에 예수께서 하나님의 통치가 모세 계명의 준수가 아니라 성령을 받음에 의해 실현된다고 말씀하셨다는 요지의 언설이 유포되었다는 것을 시사한다고 주장한다.[262]

이 견해의 난점은 일반적으로 성경에서, 특히 예수님의 가르침에서 하나님 나라는 "영혼에의 하나님의 내재"[263]나 "개인의 마음에서 보이지 않게 역사하는 원리"[264]로서 묘사되지 않는다는 것이고, 누가복음 17:20-21에서 "성령의 내주의 약속"[265]을 보여주는 것은 아무것도 없다. 전형적으로 하나님의 통치는 심판과 구원의 행위들에 나타난 세상에서의 하나님의 주권적인 활동의 견지에서, 사람이 그 통치에 들어가고 그 구원의 영역에 들어간다는 견지에서 언급된다. "성령 안에서 의와 평강과 희락"이라는 하나님 나라에 관한 바울의 말도 예외가 아니다. 그것은 이 세상에서 하나님의 의와 평강과 희락의 확립에 대한 예언자의 가르침

---

261) Arndt, cited by Noack in das Gottesreich bei lukas, 23쪽.
262) Sneed, "The Kingdom of God Is Within You", 373-374쪽.
263) Harnack, What is Christianty? 3d ed, Trans. T. B. Bailey, (London, 1904), 57-58쪽.
264) Wellhausen, Das Evangelium Lucas, (Berlin, 1904), 95쪽.
265) Sneed, "The Kingdom of God Is Within You", 373-374쪽.

에 비추어 보아 이해되어야 한다.[266]

바울은 요한계시록과 마찬가지로 하나님 나라의 실현이라는 복음 선포의 틀을 유지한다. 바울의 편지들에는 '하나님 나라'라는 말이 여덟 번 나온다(롬 14:17; 고전 4:20; 6:9, 10; 15:50; 갈 5:21; 골 4:11; 살전 2:11-12; 1:5). 거기에 두 번에 걸쳐 사용된 '하나님 아들의 나라'라는 표현까지(고전 15:24; 골 1:13) 해서 총 열 번이나 나온다. '하나님 나라'는 구약과 유대교에서는 드문 개념이고, 신약에서도 복음서들 밖에서는 흔치 않은 개념이다. 그런데 바울은 그것을 여덟 번이나 썼다. 그만큼 그 개념이 바울에게 중요했고, 바울의 모든 복음선포의 큰 틀이었음을 암시한다. 바울의 언어를 제대로 이해한다면 우리는 그가 예수를 특히 '주'로 지칭할 때는 항상 '하나님 나라'의 틀을 염두에 두고 있었다는 것을 이해해야 한다. 그 칭호는 예수가 하나님의 주권을 대행하는 분임을 나타내기 때문이다.[267]

바울은 복음을 칭의론의 범주로 로마서에서 설명하고 있다. 그런데 로마서에서 이 다윗의 아들/하나님의 아들의 통치의 복음을 인용함으로써 시작하고 결론을 맺고 있다(롬 15:12). 곧 칭의론의 복음을 메시아/하나님의 아들 예수의 통치의 복음의 틀로 에워쌈으로써 로마서에서 자신이 펼치는 칭의론의 복음이 하나님

---

266) Kasemann, The Epistle to the Romans, trans and ed. Coffrey Bromiley, (Grand Rapids, 1980)
267) 김세윤, "바울의 하나님 나라 복음", 김세윤, 김회권, 정현구 지음, 『하나님 나라의 복음』, 285쪽.

(의 아들의) 나라(통치)의 복음이라는 묵시적 큰 틀을 가지고 있음을 시사하고 있는 것이다.[268] 바울은 골 1:13에서 "하나님이 우리를 사탄의 흑암의 권세에서 건져내서 그의 사랑하는 아들의 나라로 옮겼다"라고 한다. "사랑하는 아들의 나라"라는 말은 하나님의 아들 주 예수 그리스도가 현재 통치권을 대행하고 있으므로 '하나님 나라'가 '하나님 아들의 나라'로 가시화되고 있다는 말이다. 하나님이 사탄의 나라에서 우리를 건져 내어 그의 사랑하는 아들의 나라로 옮겼으니 '주권의 전이'(Lordship transfer, Lordship change)를 한 것이다. 지금까지 사탄을 알게 모르게 왕으로 모시고, 그의 뜻을 좇아 죄를 짓고 사망으로 품삯을 받으며(롬 6:23) 살던, 그래서 죄와 통치 아래 있던 우리를 하나님이 그의 아들 예수 그리스도를 통해 건져내어 그분의 나라로 옮겼다는 것이다. 바울에게 있어서 이것은 예수 그리스도가 선포한 하나님 나라의 복음과 같다. 예수 그리스도의 하나님 나라 선포는 우리가 회개함으로 사탄의 나라에서 나와 믿음으로 하나님의 의와 생명의 통치로 들어가면 거기에 구원이 있다는 것이다.[269] 사탄의 나라에서 하나님의(하나님의 아들의) 나라로 옮긴 것을 골로새서 1:14절에서는 '구속'(redemption), 즉 '사탄의 속박으로부터 해방시킴'이라고 한다. 그리고 그것을 다시 '죄사함'이라고 해석한다. 이렇게 사탄의 나라에서 건짐을 받고 하나님 나라로 들어와 하나님을 주로

---

268) 김세윤, "바울의 하나님 나라 복음", 김세윤, 김회권, 정현구 지음, 『하나님 나라의 복음』, 286쪽.
269) Ibid., 288쪽.

섬기고, 하나님의 통치를 받는 삶을 사는 것이 칭의이다. 여기서 바울의 칭의론이 예수의 하나님 나라 복음의 구원론적 표현인 것이다.[270]

### 2) 바울의 디아코니아

바울에게서 기독론은 그리스도의 섬김에 대한 증언을 의미한다. 바울은 하나님의 화해하는 행동에 대하여 말하며, 이 행동은 그리스도 안에 나타났음을 증언한다. 바울이 예수의 희생에 대하여 생각하며, 이러한 희생에 대한 표현들은 예수의 행동을 섬김으로 파악한 것들이다. 그래서 바울의 디아코니아의 기초는 예수 안에서 하나님이 최종적이고 궁극적으로 세상을 구원하신 그리스도의 죽음과 부활에 대한 종말론적인 구원사건으로서 칭의론에 세워져 있다.[271] 바울이 로마서 5장 8절에서 진술하듯이, 하나님은 우리가 아직 죄인이었을 때에 우리와 화해를 이루시기 위하여 그리스도를 희생의 제물로 삼으시는 사랑을 증거로 보이셨다. 예수의 섬기시는 희생을 통한 구원 행동은 인간을 단지 의롭게 해주며 화해시켜준 것뿐만 아니라, 의롭게 된 자들과 화해된 자들이 그들의 삶의 현실 속에서 구체적으로 행동해야 한다(고후 4:10). 그래서 이들은 이와 같은 종말론적인 현재 속으로 들어가

---

270) Ibid., 289쪽.
271) 김옥순, 『디아코니아학 입문』, 299쪽.

게 되는 것이다.[272]

진정한 신앙이란 그리스도 안에서 우리에게 증거된 하나님의 긍휼의 행동을 통해서만 가능하다. 그러므로 우리가 공로 없이 의롭게 되었다면 우리는 그리스도 자신이 우리 안에서 행하시는 모든 것을 행하는 것이다.[273] 여기서 루터는 두 가지의 관점을 가져온다. 그 하나는 칭의가 행함에 앞선다는 직설법의 은혜를 말하며, 다른 하나는 명령법의 행함이다. 그런데 행함의 주체가 인간 스스로가 아니라 인간 속에 있는 그리스도라는 점이다. 그래서 결국 이러한 행함은 직설법 안에 있는 명령법으로 이는 행함 안에 이미 주어진 은혜가 있는 것이다.[274] 우리가 바울의 명령법으로서의 행동에 대한 내용을 종합적으로 본다면, 신앙인의 행동에 대한 기초와 뿌리들이 예수 그리스도 안에서 하나님의 종말론적인 구원 행동이라는 점을 말해야만 한다. 예수 그리스도 안에서 의로워진 신앙인들이 행하는 돌봄 활동은 이미 예수 그리스도 안에서 행동하신 하나님의 구원 활동에 기초하며, 미래적인 하나님의 구원 활동을 오늘 여기에서 실천함으로 의로워진 것을 증명

---

272) W. Schrage, Ethik des Neuen Testaments. 186쪽. quoted in 김옥순, 『디아코니아학 입문』, 299-300쪽.
273) 루터는 1535년 9월 11일에 쓴 로마서 3장 28절에 대한 "신앙에 관하여"(de fide)란 그의 71조항으로 된 논박문 가운데서 테제 25-28에서는 오직 신앙만이 의롭게 만든다고 쓰고 있다. 그런데 그는 진정한 신앙에 대한 해석적 설명을 곧바로 이어지는 테제 29-29에서는 행함에 대하여 강조한다.(M. Luter, "De fide", in: WA. 39,1,46 u.44)
274) 김옥순, 『디아코니아학 입문』, 298쪽.

하는 것이다.[275]

바울은 자신의 사도적 과제를 '섬김'으로 이해한다(고후 3:3,6-9; 4:1; 11:8; 롬 11:13). 고린도후서에서 바울은 가난한 성도에 대한 구제 활동에 대하여 언급하고 있다. 자신이 예루살렘교회에 보낸 헌금에 대해 "다만 그들이 우리에게 요구한 것은 가난한 사람들을 기억해 달라고 한 것인데, 그것은 바로 내가 마음을 다하여 해오던 일이었다"(갈 2:10)고 한다. 특히 헌금은 기본적으로 사회적 약자들을 돕는 의미이며 신학적 상황을 말하고 있다(고후 8). 헌금은 사회적인 면이 있고(고후 9:12) 성도들의 부족을 채우는 데에 기여한다. 헌금은 성도들을 위한 '섬김(diakoneo)'이다(롬 15:22; 고후 9:1). 헌금은 '사랑의 증거'(고후 8:24)요, 은혜의 넘침이다.

명사형으로는 바울이 예루살렘 공동체의 가난한 자를 위해 모금한 것을 디아코니아(διακονια)로 일컬었다.[276] 가난하고 위기에 빠진 자들에 대한 생계유지 돌봄을 위한 연보로써의 디아코니아(διακονια)는 하나님을 예배하는 일과 동떨어져 있지 않은데, 이것은 결국 디아코니아(διακονια)가 하나님을 영화롭게 하는 예배에까지 나아가는 것을 의미하는 것이라고 보았다(롬 15:25-27, 고후 9:12). 하나님을 섬기는 예배를 Gottesdienst(하나님 섬김)으로, 이웃을 섬기는 봉사를 Naecatendienst(이웃 섬김)으로 표현하는 독일어 사용은 예배의 중요성을 '섬김(디아코니아)'에서 찾고 있는 것이다. 디아코니아는 하나님의 일이나 예수님의 일로서 증언되고 있

---

275) Ibid., 299쪽.
276) 김옥순, 『디아코니아학 입문』, 28쪽.

으며, 이러한 디아코니아 활동이 교회공동체에도 해당되는 것으로 미루어 볼 때, 교회공동체의 활동은 하나님과 예수 그리스도를 위한 일이며 교회공동체를 위한 일이 되는 것이다.[277]

또 다른 명사형으로 사용된 디아코노스는 바울의 서신에서 발견되는 봉사를 수행하는 자로서, 누군가 불특정한 사람을 위해 섬기고 봉사한다는 표현이다.[278] 바울은 명사형 디아코노스(διακονος)를 자신의 사도직에 대한 표현으로 사용하였고(고후 5:20), 자신을 디아코노스(διακονος)로 명명하며, 사도란 그리스도의 몸에 대한 봉사자로 보았다.[279] 성경 전체로부터 얻어지는 디아코니아(διακονια)의 개념은, 우선적으로 신앙인이 하나님을 섬기는 일로써 복음을 받드는 사도적인 봉사와 함께 이웃과 세상을 섬기는 것이다. 즉 디아코니아 활동은 그리스도가 세상 속에서 사회적인 약자들을 치유하시는 구원 활동에 근거하는 것이다. 기독교는 오랜 역사 속에서 사회적 약자들을 돌보는 것을 교회의 본질로 삼고, '교회의 표지'로 세웠다.[280]

바울은 신앙공동체의 삶에 대해서 말하며, 그는 신앙공동체를 살아 있는 유기체로서 묘사한다. 우리가 교회를 그리스도의 몸으로 이해하는 것은 존재의 영역에 놓여 있는 것이 아니라 의지의 영역에 있는 것이다. 그러므로 교회는 예수가 무엇을 원하였는가

---

277) Ibid., 29-30쪽.
278) Ibid., 30쪽.
279) Ibid., 31쪽.
280) 김옥순, "디아코니아 관점에서 본 장애인과 함께하는 교회공동체", 이범성 외 11명 공저, 『장애인 신학』, (한국장로교출판사, 2015), 270쪽.

를 인식하고 그의 원하심을 신앙인의 믿음 속에서 발견하도록 해 준다. 이때에 예수의 원하시는 뜻이 신앙인의 뜻 가운데 연속성을 가지고 살아 있는 행동으로 나타나는 것이다. 예수의 원하시는 뜻은 곧 하나님의 뜻이 나타나는 것이었고, 하나님의 뜻으로서 예수의 뜻이 이제 신앙인의 뜻으로 되며, 이는 구체적인 사랑의 활동으로 나타나는 것이다.[281] 바울에 의해 선포된 예수의 말씀인 "주는 것이 받는 것보다 복되다"(행 20:35)라는 말은 바로 가난하고 소외된 자들을 수용하는 교훈이다. 이 말씀이 실제로 역사적 예수의 선포에 속하는 것이다.

바울은 고린도전서 13장 4-7절에서 "사랑은 오래 참고 사랑은 온유하며 시기하지 아니하며 사랑은 자랑하지 아니하며 교만하지 아니하며 무례히 행하지 아니하며 자기의 유익을 구하지 아니하며 성내지 아니하며 악한 것을 생각하지 아니하며 불의를 기뻐하지 아니하며 진리와 함께 기뻐하고 모든 것을 참으며 모든 것을 믿으며 모든 것을 바라며 모든 것을 견디느니라"고 말한다. 사랑은 하나님이 우리를 사랑하신 그 사랑의 활동을 말한다. 우리에게 대한 하나님의 사랑은 우리 가운데서 이웃에 대한 사랑으로 확장되어 나타난다. 믿음의 완성은 사랑의 행동이며, 사랑의 행동이 수반되는 믿음만이 이웃에게 영향력을 주는 참 믿음이다.[282] 바울은 공동체의 지체로서 '약한 지체'에 대한 사랑의 돌봄

---

281) J. Rolloff, Die Kirche im Neuen Testament, (Guttingen: Vandenhoeck & Ruprecht, 1993), 107쪽.

282) 박인갑 교수님 강의노트, "디아코니아에 대한 신약 성서적 이해", 7쪽.

이 곧 하나님 나라의 현재성과 현장성을 보여주는 디아코니아라고 생각한 것이다.

바울은 고린도교회에 보낸 첫 편지인 고린도전서 12:12-31에서 교회를 몸으로 비유하고 있다. 특히 "아름답지 못한 지체"에 대한 비유를 통해 하나의 몸에 많은 지체가 있어야 하는 것처럼 하나의 교회에 여러 역할의 교인이 있다고 말한다. 24절에서는 "몸을 고르게 하여 부족한 지체에게 귀중함을 더하사", 25절에서는 "몸 가운데 분쟁이 없고 오직 여러 지체가 서로 같이 돌보게" 하라고 말한다. 바울은 약자들을 강자들에게 맡기는 것—약자들을 위해 강자들의 호의를 간청하는 것—이 아니라, 강자들과 약자들이 서로 연대적 공동체가 되어야 한다고 말한다.

디아코니아에 대하여 바울이 강조하는 바는 그리스도인들이 자신의 모든 소유를 포기하는 것이 아니라, 풍성하게 가진 자들이 궁핍한 자들과 나누는 것이며(고전 16:20, 고후 8:14), 그렇게 함으로써 만나를 거둘 때와 같이 "많이 거둔 자도 남지 않고 적게 거둔 자도 모자라지 않도록 해야 한다"(고후 8:15)는 것이다.[283] 바울에게 있어서 복음 선포의 직무와 이웃에 대한 봉사의 직무는 모두 디아코니아라는 단어로 일관한다. 로마서 15장 8절과 고린도후서 3장 8절에서 바울은 그리스도와 성령의 사역을 디아코니아라는 단어로 표현하기를 주저하지 않고 있는 것을 볼 수 있

---

283) Robert J. Banks, 『바울의 그리스도인 공동체 이상(Paul's Idea of Community)』, 장동수 역, (서울: 여수룬, 1991), 144쪽.

다.[284] 이 봉사의 중요성이 예루살렘교회를 위한 모금 활동에서 나타나는데, 이것이 곧 디아코니아였다. 이는 가난한 자들과 위기에 빠진 자들을 돕는 봉사였고, 이러한 섬기는 봉사는 예배하는 일과 동떨어지지 않는다. 그래서 예루살렘교회의 가난한 자들을 돌본 것은 예배적인 차원으로까지 고양된다.[285]

바울서신의 여러 군데에서 발견할 수 있는 사실은 바울이 자신의 고유한 사도적인 의무를 디아코니아로 이해하고 있다는 것이다(고후 3:3-6, 4:1, 11:8, 롬 11:13). 이는 그리스도의 봉사자로서 말씀을 증언하는 바울의 직무가 사도적인 교회공동체의 봉사자로서 말씀을 실천하는 디아콘으로서 봉사 직무와 분명히 결합되어 있다. 그는 말씀을 선포하였고, 또한 교회공동체 안에서 생계를 돌보는 일을 하였다.[286] 그가 예루살렘 사도회의에서 사도적 권위를 확인받고 이방을 향해 갈 때, 그는 사도들로부터 한 가지 부여받은 위임사항이 있는데 그것은 복음이 전파되는 곳에는 반드시 "가난한 자들이 기억되어야만 한다"(갈 2:10)는 것이다. 즉 가난한 자로 총칭되는 물질적·영적으로 고통당하는 사회적 약자들을 돌보는 것을 포함하는 것이 바로 우리가 전해야 할 복음이라는 것이다. 다시 말해 예수의 복음은 말씀의 봉사와 약자들을 돌보는 섬김과 봉사의 결합체이다.[287]

---

284) 김한옥, 『기독교 사회봉사의 역사와 신학』, (부천, 실천신학연구소, 2006), 190쪽.
285) 김옥순, 『디아코니아학 입문』, 311쪽.
286) Ibid., 313-314쪽.
287) Ibid., 318쪽.

바울은 교회공동체가 그리스도의 몸을 이루는 지체들의 공동체로서 모든 신앙인 구성원들이 서로 돌보면서 함께 더불어 사는 삶에 이르도록 하였다. 왜냐하면 교회공동체의 머리이시며 몸이신 그리스도가 섬기시는 자로 신앙인들과 함께 현존하시기 때문이다. 그래서 바울로부터 그리스도의 복음을 받은 자들은 교회공동체 안에서 디아코니아의 삶을 통해서 그리스도에 대한 신앙을 입증하는 것이었다. 그리고 이와 같은 신앙의 공동체 안에서는 여자와 남자, 종이나 자유자, 헬라인이나 유대인 모두 그리스도의 몸의 지체들로서 서로를 연대적으로 돌보는 삶을 이루는 것이다.[288]

고린도전서 11장을 보면, 사람들은 모이고, 기도하고, 하나님을 찬송했고, 복음을 선포했다. 그리고 가지고 온 것을 함께 먹었다. 이 식사 시간의 틀 안에서 성만찬이 이루어졌고, 이 식사 시간의 틀 안에서 사회적 약자들이 직접 식탁에서든지 아니면 간접적으로 그들의 병원 침상에서든지 아니면 그들이 수감된 곳에서 먹을 것을 얻으며, 교회의 대표자들로부터 섬김을 받았던 것이다.[289] 여기서 우리가 바울 서신을 통해서 알게 되는 사실은 바울 공동체의 디아코니아는 항상 공동 식사를 한 것으로 볼 수 있다는 것이다.

우리는 사도 바울이 교회공동체 안에서의 디아코니아를 실천

---

288) Ibid., 317쪽.
289) Philippi, Paul, "Die diakonische Grundordung der Gemeinde" (1965), 이범성 역, Neukirchener Verlag des Erziehungsvereins mbH., 296쪽.

했을 뿐만 아니라 민족을 위한 돌봄으로서의 디아코니아도 실천하였음을 확인할 수 있다.

바울에게 있어서 서로를 돌보는 사랑의 활동은 예수 그리스도의 목숨까지 희생하는 사랑 위에 기초하고 있다. 그리스도의 성육신 사건과 십자가 사건은 이러한 사랑의 활동의 근본 배경이 된다. 그런 점에서 바울은 디아코니아가 하나님 나라의 근본이라고 해석한 것이다. 바울에게 있어서 복음 선포의 직무와 이웃에 대한 봉사의 직무는 모두 디아코니아라는 단어로 일관한다. 바울은 디아코니아를 하나님 나라의 중심 내용으로 인식한 것이다.

## 4. 소결론

"하나님 나라와 디아코니아는 어떤 연관성이 있을까?"라는 물음을 가지고 지금까지 하나님 나라와 디아코니아와의 관계성에 대해서 성경적인 근거들에 대하여 살펴보았다. 특별히 예수는 스스로를 섬기는 자로 명명하였으며, 세상을 섬기는 자로 오셨다고 말씀하셨다. 그의 성육신 사건과 십자가의 대속 사건은 그의 섬김의 사역을 단적으로 보여주고 있다. 예수는 하나님의 뜻 가운데 함께 하는 모든 사람들이 바로 가족이라고 말한다. 그리고 가족을 기초 단위로 공동체가 돌봄과 섬김의 주체가 되어야 한다고 말한다. 예수는 실질적인 섬김의 관계를 형성하라고 그의 제자들과 공동체에게 말씀하신다. 예수가 선포한 하나님 나라를 제대로 이해하지 못했던 제자들은 예수의 섬기는 사역에 대해 강하게 저항하였다.

예수는 천국 복음을 선포하시고, 가르치시고, 모든 병과 약한 것을 고치셨다. 예수의 구원 행동들은 육체적인 위기를 돌보는 일을 수용하는 것에 대한 증언이다. 예수의 총체적인 사역은 섬김이었다. 제자들은 예수의 죽음과 부활 사건을 통하여 섬기는 자로 오신 예수님의 사역을 깨달아 알게 되었다. 부활 이후 제자들과 초대교회의 멤버들은 예수의 섬김의 사역을 그리스도인의 정체성으로 삼았으며, 예수가 보여주신 사랑의 섬김을 그리스도인의 정체성으로 삼아 디아코노스(섬기는 자)의 삶을 살았다. 섬기고 봉사하는 삶이 예수 제자 공동체의 근본 원리가 되었다. 세상을 변화시키는 힘은 권력과 지위가 아니라 사랑으로 섬기는 섬김이다.

바울도 예수의 섬김 사역을 자기의 사도의 직무로 알고 섬김의 사역을 이루어 나갔다. 바울에게 있어서 서로를 돌보는 사랑의 활동은 예수 그리스도의 목숨까지 희생하는 사랑 위에 기초하고 있다. 그리스도의 성육신 사건과 십자가 사건은 이러한 사랑의 활동의 근본 배경이 된다. 바울은 자신의 사도적 과제를 '섬김'으로 이해하였다. 디아코노스로 활동하시는 하나님은 예수 안에서 활동하셨고, 예수는 섬김으로 활동하셨다. 그리고 그리스도인으로서의 정체성을 지닌 우리들을 예수의 섬김 사역으로 부르고 있다. 성경 전체로부터 얻어지는 디아코니아의 개념은 신앙인이 하나님을 섬기는 일로써 복음을 받드는 사도적인 봉사와 함께 이웃과 세상을 섬기는 것이다. 디아코니아를 하나님 나라의 중심 내용으로 인식하는 것이다.

# IV
# 하나님 나라의 현재성을 살리는 디아코니아

우리는 Ⅲ단원에서 디아코니아가 하나님 나라의 중심 내용이며 하나님 나라를 살아가는 방법(how)에 대한 대답이 됨을 확인하였다. 우리가 기억해야 할 것은 하나님 나라는 죽고 나서 가는 천국이 아니라는 것이다. 우리가 예수를 믿는 것은 먼저 이 땅을 회복하기 위함이다. 천국과 하나님 나라는 다르다. 하나님이 소망하시는 나라는 이 땅이다. 이 땅이 새롭게 되는 것이다.[290]

　이제 '하나님 나라의 현재성을 살리는 하나님의 선교'의 실천에 대해 생각해 보기로 한다. 필자는 세계교회협의회(WCC)의 중심 활동인 교회 일치를 지향하는 '신앙과 직제'(Faith and Order)운동, 교회의 사회적 책임을 도모하는 '삶과 봉사'(Life and Work)운동과 하나님 나라의 현재성을 살리는 '복음의 전도'(CWME)운동을 하나님 나라의 현재로서의 디아코니아 경험이라고 생각하며, 하나님 나라를 위한 선교를 디아코니아의 실천 현장이라고 여기고 전개해 나갈 것이다. 아울러 최근 신학계에서 가장 활발하게 신학 활동을 벌이고 있는 신학자 중의 한 사람인 볼프의 신학적 결과물들을 통해 전개해 나가려고 한다.

　세계교회협의회(WCC)의 목적은 성경에 나타난 하나님의 명령에 대한 신앙적 응답을 따르는 일이다. 신앙적 응답을 따르는 일

---

290) 박원호, 『우리가 하나님 나라를 몰랐다』, (두란노, 2015), 29쪽.

이란, 예수님의 기도인 "다 하나가 되어"(요 17:21)를 응답으로 성취하기 위함[291]이며, 인간의 타락 후 하나님이 기뻐하신 조화로운 세계가 깨어졌는데 이 "깨어진 하나님의 한 세계, 한 가족을 회복하기 위함"[292]이다. 이처럼 하나님의 창조 계획, 원대한 구원 계획에 응답하는 교회의 신앙적 운동이다. 따라서 복음적 운동이다. 교회의 일치 문제는 선교를 위해서 꼭 필요한 노력이다. 교회의 일치가 없이는 세상으로부터의 신뢰를 회복할 수 없기 때문이다. 우리는 자성과 노력을 통해 교회 일치를 이루어 내야만 한다. 일치는 획일적인 일치나 기구적 일치가 아니고, 다양성 속의 일치이다. 즉 개 교회의 보편성과 독립성을 보장하면서 그리스도의 몸으로 서로 연결되는 것을 지향한다.

하나님 나라의 현재성을 살리는 하나님의 선교인 '교회의 일치'를 위해서 나는 종교 간 대화와 교회 간 일치 그리고 성도 간의 친교에 대해서 생각해 보려고 한다.

---

[291] WCC 제10차 총회 한국준비위원회, 『WCC 바로 알자』, 2013, 4쪽.
[292] Ibid., 4쪽.

## 1. '교회의 일치'를 위한 하나님 나라의 현재성을 살리는 디아코니아

종교 간 대화에서 일치를 가장 극명한 대립으로 몰고 가는 것은 교리에 대한 부분이다. 교리 부분 중에서도 신관에 대한 부분이다. 바로 삼위일체에 대한 부분이다. 신관에 대한 이해의 상충으로 인해 종교 간의 화해와 협력을 이끌어 내기가 어려운 것이 현실이기 때문이다. 종교라는 단어를 사용할 때, 종교는 우리의 모든 삶과 결코 분리될 수 없다. 종교는 인간이 모든 경험을 이해하는 방식, 곧 세계관을 형성한다. 따라서 어떤 사람을 이해하려면 그 사람이 속한 문화와 전통뿐 아니라 그 사람의 세계관에 영향을 미치고 있는 종교에 대한 이해가 꼭 필요하다.

순더마이어 교수는 "대화는 필요하다. 정보교환을 위한 대화나 윤리적인 대화는 가능하다. 그러나 합의를 위한 대화는 불가능하다"고 말한다. "정보교환을 위한 대화는 함께 살아가는 데 필수적이다. 왜냐하면 우리는 각각의 다른 신앙에 대한 상호적 정보를 필요로 하기 때문이다. 그리고 윤리적 대화는 공동체 안에서 함께 살아가기 위해서 꼭 필요하기 때문이다. 그러나 합의를 위한 대화에 대해서는 매우 회의적이다. 그는 근본주의자들과는 대화가 불가능하였다"[293)]고 자기의 경험을 이야기한다.

볼프는 기독교인과 무슬림들이 같은 신을 믿는다고 전제한다. 그는 루터의 견해를 통해서 이 사실을 확증한다. 루터가 볼 때, 무슬림들은 영적 생활(종교), 세상의 통치 체제(정치), 가정생활(경제), 이 세 영역에 대한 침해는 인간 삶의 모든 영역에 대한 위협이라고 생각했다. 루터는 무슬림이 "그리스도가 하나님의 아들이며 하나님의 속죄 제물이라는 것을 부정함으로써" 참된 종교를 파괴하고 있고, 무슬림이 이슬람 영역의 영토를 무력으로 확장하면서 참된 형태의 통치 체제를 그들의 발아래 짓밟고 있으며, 무슬림들이 여자와 자유롭게 이혼하고 여자를 '너무나도 값싸게' 그리고 '경시하는 태도로' 소유함으로써 결혼의 가치를 격하시키고 있다고 했다.[294)]

그러나 놀랍게도 루터는 그의 시대 대부분의 기독교인들보다 무슬림이 하나님의 율법과 계율을 더 잘 따르고 있다고 생각했다. 튀르크의 빈 포위 공격이 있고 한 달 뒤에 쓴 튀르크인의 관습에 관한 1530년의 소책자 서문에서, 루터는 그의 다른 많은 설교에서와 마찬가지로 오스만 무슬림이 도덕적인 면을 포함하여 많은 면에서 기독교인보다 우월하다는 점을 망설임 없이 지적했다. "축제나 기도, 일반적인 모임뿐 아니라 그들의 음식, 의복, 거주지와 그 밖의 다른 모든 것에서 보이는 검소함"은 오스만의

---

293) 순더마이어, "종교-폭력-관용", 2019년 한국에서의 세미나 원고 내용. 12쪽.
294) 미로슬라 볼프, 『알라』, 백지윤 역, (Ivp, 2016), 92쪽.

통치 아래에서는 아주 일반적인 것인데 반해, "우리에게는 그 어디서도 보이질 않습니다." 그보다 중요한 것은 이것입니다. "훌륭한 관습과 업적" 면에서 "튀르크인들은 우리 기독교인들보다 훨씬 뛰어납니다."[295]

같은 문서에서 루터는 약간의 과장을 섞어 이렇게 쓰고 있다. "나는 어떤 가톨릭 신자나 수도승, 성직자나 성직자와 동급의 신앙을 가진 사람이라도 만약 튀르크인과 단 3일만 함께 지낸다면 자신의 신앙을 지킬 수 있는 사람은 아무도 없을 것이라 믿습니다. 여기서 나는 교황의 신앙을 진지하게 흠앙하는 사람들, 그들 가운데서도 가장 뛰어난 사람들을 말하고 있습니다."[296] 루터가 볼 때 가톨릭 신자들처럼 도덕성에 중심이 맞춰진 종교를 원한다면 이슬람이 훨씬 그럴듯해 보였다. 1544년의 설교에서 루터는 튀르크인들이 자비를 베푸는 일에 있어 기독교인보다 훨씬 뛰어나다고 칭찬했다. 루터는 "그들은 이웃이 배고파할 때 그들과 빵을 나누지 않는 것이야말로 가장 큰 불신앙이며 가장 수치스러운 악덕이라고 여깁니다"[297]라고 덧붙였다.

루터가 볼 때 무슬림은 참되신 하나님, 지혜롭고 공의로운 하

---

295) Henrich and Boyce, "Martin Luther", 259쪽. quoted in 미로슬라 볼프, 『알라』, 백지윤 역, 93쪽.
296) Ibid., 259쪽. quoted in 미로슬라 볼프, 『알라』, 백지윤 역, 93쪽.
297) Luther, "Sermon for the Twenty-Sixth Sunday After Trinity", in Sermon of Martin Luther, electronic edition, (Charlottesville, VA; InteLex Corporation, 1995), 5:383-384쪽. quoted in 미로슬라 볼프, 『알라』, 백지윤 역, 93쪽.

늘과 땅의 창조주를 예배한다. 그리고 그들은 종종 부러울 만큼 도덕적으로 뛰어난 자질을 보여준다.[298] 무슬림이 삼위일체를 부정할지라도 그들이 유일하고 참되신 하나님을 믿는다고 생각했다. 그들은 단지 하나님을 잘못 이해하고 있을 뿐이다.[299] 미로슬라 볼프는 삼위일체 교리에 대한 상호 간의 이해가 상호 협력과 일치를 위해서 가장 중요하다고 생각한다. 필자도 미로슬라 볼프의 생각에 동의한다.

### 1) 종교 간 대화

기독교인들은 타종교에 대해서 세 가지 입장을 취하곤 한다. 배타주의, 포용주의, 다원주의가 그것이다.[300] 이러한 태도는 구원관과 밀접하게 관련되어 있다. 배타주의 태도를 취하는 사람들은 예수 그리스도 안에 나타난 계시를 유일한 진리로 주장하며 예수를 주와 구원자로 영접하지 않는 자는 멸망한다고 주장한다. 배타주의 태도를 취하는 사람들은 영접하지 않는 자들을 마귀나 사탄으로 규정하고 그들을 죽이는 일도 불사하였다. 스페인이 남아메리카를 정복하면서 편 선교정책이 바로 그러했었다. 포용주의는 예수 그리스도 안에 나타난 계시를 유일한 진리로 주장하지만 예수를 주와 구원자로 영접하지 않는 자들을 예비적 신자, 즉 전도 대상자로 간주한다. 그들은 "예수님이 주님이심을 알지 못

---

298) 미로슬라 볼프, 『알라』, 백지윤 역, 93쪽.
299) Ibid., 96쪽.
300) 레슬리 뉴비긴, 『다원주의 사회에서의 복음』, 홍병룡 역, (IVP, 1989), 338쪽.

하는 사람들의 삶 속에서 일하시는 하나님의 표지를 환영하고, 찾고, 기대해야 한다"[301]고 생각한다. 조금 더 진보적으로 생각하는 사람들은 타종교인들을 '익명의 그리스도인'[302]이라고 생각하기도 한다. 다원주의[303]는 모든 종교에는 구원의 길이 있다고 생각한다. 배타주의나 포용주의 입장의 사람들이라면 결코 수용할 수 없는 입장이다.

우리는 다른 종교인들 역시 하나님의 은총 아래 거한다는 사실을 인정해야 한다. 그리고 우리가 믿는 하나님에 대한 순수한 열정과 진지함을 고수한다면 다른 종교인들의 종교심 역시 존중되어야 할 것이다. 우리가 다른 종교와의 종교간 대화를 원한다면 통전적 선교관점에서 대화가 주는 유익함, 대화를 통해 각 종교에 대한 이해와 통찰, 서로 다른 경험, 공동체 생활과 특징들을 아는 기회로 삼아야 할 것이다. 존 캅(J. B. Cobb Jr.)은 이 두 가지를 풍부함(enrichment)과 정화(purification)로 요약하였다.

타종교와의 진정한 만남을 위해서는 다음과 같은 대화의 원리[304]를 생각해 보아야 한다. 첫째, 진정한 대화는 상대방을 존중하는 태도에서 출발해야 한다. 각 종교가 지닌 차이가 상대방을

---

301) 한국일, 『세계를 품는 교회』, (장로회신학대학교출판부, 2010), 204쪽.
302) 라너가 주장한 이론이다.
303) 바르트가 주장했던 '만인구원론'은 다원주의와 혼동해서는 안 된다. 다원주의에서는 구원의 길이 다른 종교에도 있다고 주장하는 반면에, '만인구원론'에서는 구원에 이르는 유일한 길은 예수라고 단언한다. 차이가 있다면, 하나님은 사랑이시니 만인이 다 구원받기를 원하심을 강조하는 부분이다.
304) 한국일, 『세계를 품는 교회』, 208쪽.

무시하는 이유가 될 수 없다. 둘째, 서로에게 마음의 문을 열고 배우려는 태도를 가져야 한다. 셋째, 대화에서 차이점을 숨기거나 회피하지 말아야 한다. 진정한 대화는 차이가 드러날 때 시작된다. 넷째, 대화와 증거는 상충되지 않는다. 왜냐하면 각 종교의 차이를 서로 존중하면서 그 지점에서 대화는 증거의 성격을 띠기 때문이다.[305] 다섯째, 종교 간의 대화는 선교의 맥락에서 이해되어야 한다.

종교 간 대화는 서로 다른 관점으로부터 자신의 종교의 내용이나 의식 등을 풍부하게 한다. 만일 대화에서 종교의 차이점이 간과되고 공통점만 확인한다면 대화를 통해서 얻을 수 있는 유익은 포기해야 할 것이다. 종교 간 대화는 자신의 종교의 풍부함과 정화적 차원뿐 아니라 선교를 위한 증거의 차원을 품고 있어야 한다고 생각한다. 따라서 대화에서 기독교의 독특성을 숨기거나 피하지 말로 분명하게 대화의 파트너에게 들려주어야 하며, 그것을 통해서 상대방에게 진리의 능력으로 인한 변화를 기대할 수 있어야 한다.

니콜 맥니콜(Nicol Macnicol)은 『기독교는 유일한 종교인가?(Is Christianity Unique?)』라는 책에서 종교를 크게 두 종류로 나누는데, 하나는 유대교, 기독교, 이슬람교와 같이 하나님의 자기 계시를 역사적 차원에서 이해하는 종교들이고, 다른 하나는 힌두교, 자이나교, 시크교, 불교와 같이 종교적 체험을 역사와 무관한 것으

---

305) 참고: 한국일, "선교와 종교: 증언과 대화", 『세계를 품는 선교』, 209-242쪽.

로 보는 종교들이다.[306] 필자는 모두 같은 뿌리에서 나왔으며, 하나님의 자기 계시를 역사적 차원에서 이해하는 종교인 유대교와 카톨릭과 정교회 그리고 이슬람과의 종교 간 대화를 전개해 보려고 한다.

'종교 간 대화'는 서로 간의 교리의 옳고 그름을 판단하려는 것이 목적이 아니고 상호 간의 이해를 통해 서로를 존중하는 태도를 가지도록 하기 위함이다. 교회의 일치는 궁극적으로 세상의 일치를 목적으로 하고 있다. 일치된 세상이 하나님 나라의 모습이다. 따라서 종교간 대화는 궁극적으로 상호 간의 디아코니아적 관계 형성을 꾀하기 위함이다. 하나님 나라의 현재성을 살리는 하나님의 선교는 디아코니아적 관계 형성을 통해서만 가능하기 때문이다.

그리스도교와 유대교는 성서에 대한 서로 다른 해석을 한다. 유대인들은 하나님의 약속이 아직 실현되지 않았다고 본다. 반면에 그리스도인들은 예수 그리스도로 말미암아 시작된 왕국에서 그 약속이 이미 실현된 것으로 해석했다. 유대인들은 예수를 메시아로 인정할 수 없었다. 그 까닭은 유대교가 죽임을 당하는 메시아에 관해서 들어본 적이 없기 때문이다. 고난 받는 예언자에 대한 개념은 있었지만 그가 메시아와 동일시되지는 않았다. 그러나 그리스도인들은 고난 받는 메시아야말로 예언의 진정한 의미였다고 해석했다. 그리고 그리스도인들은 성전과 율법을 무효화

---

306) 레슬리 뉴비긴, 『다원주의 사회에서의 복음』, 홍병룡 역, 319쪽.

했다.[307] 이러한 두 종교간의 갈등은 콘스탄틴 대제에 의해 그리스도교가 국교화되고 제도화되면서 박해받던 카타콤의 관용적인 종교가 배타적인 종교로 탈바꿈하기 시작했다.

가톨릭과 개신교 양 교회는 성경의 규범적 권위를 인정하면서도 성격을 '경전'(canon)으로 결정하는 데 있어서 서로 다른 견해를 보인다. 일반적으로 가톨릭은 구약성서 46권과 신약성경 27권을 합하여 73권을 경전으로 받아들인다. 그러나 개신교는 가톨릭교회가 인정하는 구약의 46권 중에서 그리스어로 씌어진 7권을 외경이라는 이유로 제외하여 39권만을 경전으로 인정하여 총 66권만을 경정으로 받아들인다.[308] 개신교가 성경만 인정하는 반면에 가톨릭은 성경과 성전(聖傳) 모두를 '경전'(canon)으로 받아들이고 있는 것이다.

초대교회 시기에 분명한 사실은 모든 그리스도인들이 세 거룩한 이름 아버지, 아들 그리고 성령의 이름으로 세례를 받았고, 그래서 이 '삼위일체성'(Trias)이 그리스도교 신앙의 본질적인 대상으로 여겨졌다는 것이다.[309] 3세기에서 4세기로 넘어가는 전환기에 일반적으로 널리 퍼졌던 온 교회의 확신에 따르면, 그리스도는 비상한 은사를 소유한 단순한 인간도 아니며 겉모습으로만 육

---

307) 채수일, 에큐메니컬 선교신학, (한신대학교출판부, 2002), 158쪽.
308) 한국 그리스도교 신앙과 직제협의회 신학위원회, 『그리스도인의 신학 대화: 한국의 정교회 천주교회 개신교회가 함께한』, (한국그리스도교신앙과직제협의회, 2019), 179쪽.
309) 레이문트 콧체, 베른트 묄러, 『고대 교회와 동방교회; 에큐메니컬교회사 Ⅰ』, 이신건 역, (3판, 한국신학연구소, 2002), 245-246쪽.

체를 지닌 하나님도 아니고 참으로 인간적이면서도 신적인 실재로 인식했다는 것이다. 가톨릭교회는 세례성사가 그리스도교 생활 전체의 기초이며, 성령 안에 사는 삶으로 들어가는 문이고, 다른 성사들로 들어가는 길을 여는 문으로 이해한다. 세례를 통해 죄에서 해방되어 하나님의 자녀로 다시 태어나며, 그리스도의 지체가 되어 교회와 한 몸을 이루어 그 사명에 참여하게 된다고 가르친다.[310] 그래서 세례는 '물로써 말씀 안에서 다시 태어나는 성사'[311]라고 규정한다. 물로 씻는 예식을 통하여 받은 세례는 그리스도 신비체의 한 지체가 되는 특권을 부여하고 모든 죄, 즉 원죄와 본죄와 죄로 인한 모든 벌까지도 사해진다고 가르친다. 반면에 고통, 질병, 죽음 등 현세적 결과 그리고 연약한 기질과 같은 인생에 내재한 나약함은 남아 있는 것으로 본다. 가톨릭 교리에 따르면 세례는 모든 죄를 정화하기만 하는 것이 아니라, 새 교우를 "새사람"(고전 5:17)이 되게 하며, "하나님의 본성에 참여하는"(벧전 1:4) 하나님의 자녀가 되게 하고, 그리스도의 지체, 그리스도와의 공동 상속자(롬 8:17), 성령의 전이 되게 한다.[312] 개신교회가 종교개혁 이후 가진 한 가지 확신은 세례를 기초로 하여 합법적으로 세례를 받은 모든 그리스도 신자들은 하나님의 자녀라는 공통적인 지위에 있다는 점이었다. 그리고 세례에 관한 가르침은

---

310) 한국 그리스도교 신앙과 직제협의회 신학위원회, 『그리스도인의 신학 대화: 한국의 정교회 천주교회 개신교회가 함께한』, 161쪽.
311) 가톨릭 교리서 1213항.
312) 한국 그리스도교 신앙과 직제협의회 신학위원회, 『그리스도인의 신학 대화: 한국의 정교회 천주교회 개신교회가 함께한』, 191쪽.

교파 간에 그다지 현격한 차이를 보이거나 교회 분열의 원인으로까지 지목되지는 않았다.

그러나 세례의 필요성에 대한 강조에도 불구하고, 1647년에 공포된 개혁교회(장로교회)의 '웨스터민스터 신앙고백'은 세례가 없어도 성령의 사역으로 말씀을 통해서만 구원이 가능한 것으로 보았다.[313] 하나의 이름으로 주는 세례는 그 시대의 풍습으로는 누군가에게 어떤 상태가 획득된 것을 증명하는 것으로 의도된 정결예식을 의미했다. 예를 들면 이방인 노예는 떠날 때 해방의 표지로 세례를 받았다. 아버지와 아들과 성령의 이름으로 주는 세례는 누군가에게 그 자신과 다른 사람들 앞에서 그가 하나님께 속함을 확증하는 정결예식을 베푸는 것을 의미한다.[314]

'성찬례'에 대해 가톨릭교회는 '성체성사'로, 개신교는 '성만찬'(the Lord's Supper)라는 용어로 부르고 있다.[315] 가톨릭교회는 성찬례가 그리스도의 희생 제사의 성격임을 강조한다. 그로 인해 교회의 예배가 지나치게 성례전(성사)과 성직자 중심으로 흘렀다. 그리고 성찬례에 대한 '실체변화(화체설)'을 주장한다. 성체 안의 그리스도의 현존을 주장한다.[316] 그러나 개신교회는 성찬례의 의

---

313) 한국 그리스도교 신앙과 직제협의회 신학위원회, 『그리스도인의 신학 대화: 한국의 정교회 천주교회 개신교회가 함께한』, 193쪽.
314) 로버트 갤러거& 폴 허티그, 『세계 기독교와 선교의 미래』, 문진섭, 문은영, 박형국, 백충헌 공역, (한국장로출판사, 2012), 65쪽.
315) 한국 그리스도교 신앙과 직제협의회 신학위원회, 『그리스도인의 신학 대화: 한국의 정교회 천주교회 개신교회가 함께한』, 197쪽.
316) Ibid., 198쪽.

미를 지나치게 그리스도의 희생제사의 성격으로 강조하는 것을 비판한다. 그리고 '화체설'을 인정하지 않는다. 가톨릭과 개신교가 "성찬례에 대한 공동 이해를 도울 수 있는 신학적인 관점"[317]은 다음과 같다. 성찬례(성만찬)는 예수 그리스도를 한 인격으로 만나게 해주는 체험의 성사이다. 성찬례는 단순한 말씀의 기념제로 끝내지 않고 그리스도의 희생 제사의 성사적 현재화로 이해하는 데에는 예수 그리스도의 유일회적인 십자가 희생과 구원적 의미에 대한 그리스도인들의 실존적인 신앙 체험이 바탕이 된다. '기념'(anamnesis) 혹은 '기억'(memoria)은 성찬례를 '지금-여기서' 구원하시는 그리스도의 현존을 체험하게 해주는 가장 중요한 통로이다. 신약성경은 성찬례를 코이노니아, 곧 친교와 교제로 기술하고 있다. 성찬례란 사람과 하나님과의 화해 그리고 사람과 사람들의 화해가 이루어지고 함축된 축제라고 할 수 있다.

이제 삼위일체의 이해를 통해 교회 간의 직제에 어떤 차이를 가져오게 되었는지 생각해 보기로 한다. 삼위일체는 위대한 갑바도키아 교부들처럼 '한 본질 세 본체'(one ousia three hypostases)[318]로 표현되거나, 서방에서처럼 '한 본질 세 위격'(one substance three persons)[319]으로 표현된다. 삼위일체론은 기독교 신앙에 있어서 다음과 같은 구성적 의미를 가지고 있다.[320] 첫째, 삼위일체론은 예

---

317) Ibid., 202-210쪽.
318) 후토스 L. 곤잘레스, 『기독교 사상사Ⅰ: 고대편』, 이형기, 차종순 역, (대한예수교장로회총회출판국, 1988), 363쪽.
319) Ibid., 385쪽.
320) 김균진, 『기독교 조직신학Ⅰ』, (8판: 연세대학교 출판국, 1990), 240-245쪽.

수 그리스도 안에서 일어난 구원의 역사적 사건에 있어서 하나님의 하나 되심을 고백하고자 한다. 둘째, 삼위일체론은 성령을 통하여 오늘도 일어나고 있는 하나님의 구원의 역사에 있어서 하나님의 하나 되심을 고백하고자 한다. 셋째, 삼위일체론은 예수 그리스도 안에 나타나서 활동하는 하나님의 오셨음(Gekommensein)과 그의 현재적 오심(Kommen)과 그의 미래적 올 것임(Kommen-werden)을 동시에 고백하고자 한다. 넷째, 모든 종속론적 표상과 양태론적 표상은 삼위일체론과 함께 거부될 수밖에 없다.

삼위일체적 하나님은 페리코레시스적 주체들이다. 일반적으로 페리코레시스[321]는 두 가지 의미를 가지는데, 그 하나는 "상호 침투적이고 상호 얽혀있는 관계(역동적인 의미)를 나타내며, 다른 하나는 한 사물이 다른 사물 안에 포함돼 있거나 둘러싸여 있음, 다른 것 안에 거주함(정적인 의미)"[322]을 나타내기도 한다. 삼위일체적 인격들을 페리코레시스적 주체들이다. 성부, 성자, 성령은 "하나의 신적 주체라는 존재의 서로 다른 양태들이 아니라, 오히려 분리된 행위 중심들의 생동적 실현화"[323]라고 말한다. 페리코레시스는 삼위일체적 인격들 사이의 상호적 내주성(interiority)을 의미한다. 주체로서 각각의 모든 신적 인격 속에, 다른 인격들이 또한 내주한다. 그들은 인격들 사이의 구별을 결코 포기하지 않

---

321) 페리코레시스의 우리말 번역은 '상호 내주', '상호 순환', '상호 침투' 등이다.
322) 곽미숙, 『삼위일체론: 전통과 실천적 삶』, (대한기독교서회, 2009), 140쪽.
323) Pannenberg, Theology, Ⅰ. 319쪽. quoted in 미로슬라 볼프, 『삼위일체와 교회』, 황은영 역, 359쪽.

음에도 불구하고, 동시에 모두가 상호적으로 다른 인격에게 온전히 스며든다. 실제로 이러한 인격들 사이에 존재하는 구별은 정확하게 말해서 바로 이러한 내주성의 전제 조건이다. 왜냐하면 상대방에게 해소되어버린 인격은 상대방 속에 존재한다고 이야기할 수 없기 때문이다. 페리코레시스는 "융합이나 혼합 없이 상대 안에서 상호-내재하는 것이다."[324] 이는 다음과 같은 두 가지 진술, "아버지와 아들은 서로 안에 있고" "그리스도인은 그분들 안에(우리 안에-복수형) 있다"(요 17:21)는 진술을 가능하게 만들어 준다. 삼위 인격들과 그 인격들의 내주성 사이의 관계는 논리적으로 성자의 '낳음'(generation)과 성령의 '나옴'(procession)을 전제한다. 왜냐하면 오로지 이미 구성된 인격만이 서로에게 연관될 수 있으며, 서로 안에 존재할 수 있기 때문이다.[325] 인격성의 상호적인 주고받음 속에서 삼위일체적 인격들은 서로 의존적일 뿐 아니라, 상호 내재적이다. 이 점은 요한복음에서 예수가 반복해서 말씀한 것이다. "그러면 너희가 아버지께서 내 안에 계시고 내가 아버지 안에 있음을 깨달아 알리라"(요 10:38; 14:10-11; 17:21). 이러한 삼위일체적 인격들에 대한 '상호 내재적 거주'와 '상호 침투'는 위-키릴루스(Pseudo-Cyril)에 의해 페리코레시스라고 알려진 것인데, 이는 신적 인격들과 그들의 통일성 모두의 특징을 결정하

---

324) Prestige, God, p.298.. quoted in 미로슬라 볼프, 『삼위일체와 교회』, 황은영 역, 348쪽.
325) 미로슬라 볼프, 『삼위일체와 교회』, 황은영 역, 356쪽.

는 개념이다.[326]

신적 삼위일체의 인격들이 가지는 내주성으로부터, '보편성(catholicity)'[327]이 드러난다. "아버지께서 내 안에 계시고 내가 아버지 안에 있다"(요 10:38)는 주장은 "누구든지 나를 본 자는 아버지를 보았다"(요 14:9-10)는 주장을 함축한다. 하나의 신적 인격은 단지 그 자신일 뿐만 아니라, 그 자신 안에 다른 신적 인격들을 동시에 담지한다. 그리고 오로지 그 안에 이러한 다른 인격들이 내주하는 가운데 그 인격은 진정한 인격이 된다. 성자는 오직 성부와 성령이 그 안에 내주할 때에만 성자가 되며, 이러한 성부와 성령의 내주함이 없다면 성자는 존재하지 않는다. 이러한 관계는 성부와 성령에게도 동일하게 적용된다. 비록 저마다의 방법으로 존재한다고 하더라도, 어떤 의미에서 각각의 신적 인격은 다른 두 인격이다. 그리고 이 점은 왜 삼위일체적 인격이 독특한 인격이 되는 것을 그치고, 그 독특성 속에서 완벽하게 보편적인(catholic) 신적 인격이 되는지를 설명해 준다. 물론 신적 인격들 사이에 존재하는 보편성은 창조세계와 그 역사에 열려 있으며, 이러한 상호적 내주성뿐 아니라 "하나님 안에 존재하는" 모든 피조물로 구성된다. 그러므로 오직 하나님(그리고 세 인격 각각)만이 "만유 안에 만유"(고전 15:28)가 될 수 있다.[328]

---

326) Ibid., 348쪽.
327) 역자는 '보편성' 대신에 '전일성'으로 번역하였으나 나는 '보편성'으로 번역하고 싶다. 그래야 '보편 교회'와 연관 지을 때 일관성이 있을 것 같기 때문이다.
328) 미로슬라 볼프, 『삼위일체와 교회』, 황은영 역, 349-350쪽.

신적 인격들의 상호적 내주성은 그들의 '통일성'의 성격을 결정한다. 페리코레시스 개념은 이 지점에서 인격의 연합-실체의 통일성(unio persoae-unitas substantiae) 사이의 양자택일을 극복할 가능성을 우리에게 제시한다. 삼위 하나님의 통일성은 수적으로 단일한 실체에 근거하는 것도 아니며, 또한 인격들 사이의 우연한 의도 속에 정초하는 것도 아니다. 이러한 삼위 하나님의 통일성은 삼위 인격들 간에 상호적으로 내주하는 존재에 있다. "영원한 사랑의 힘에 의해서, 신적 인격들은 서로 함께, 서로를 위해서, 서로 안에서 매우 친밀하게 존재하기에, 이들은 스스로 그들의 독특하고 비교할 수 없는 완벽한 연합 속에서 자기 자신을 구성한다."[329] 신적 본질의 통일성은 삼위의 신적 인격들이 가지는 보편성과 내주성의 표면이다.[330]

교회적 차원에서 인격적 특성들의 내주성은 신적 인격들의 내주성에 상응할 수 있다.[331] 인격적 만남 가운데서 다른 인격은 의식적으로든 무의식적으로든 나의 존재 속으로 흘러들어온다. 우리는 타자로부터 무언가를 받으면서 동시에 타자에게 자신을 준다. 이것이 바로 그리스도 안에서 내주하는 성령을 통해서 교회 안에서 일어나는 인격적 특성들의 상호적 내주과정이다. 성령은 이러한 그리스도인들을 서로 개방시키며, 그들이 자신의 독특함

---

329) Moltmann, "Einheit", p.124. quoted in 미로슬라 볼프, 『삼위일체와 교회』, 황은영 역, 350쪽.
330) 미로슬라 볼프, 『삼위일체와 교회』, 황은영 역, 350-351쪽.
331) Ibid., 352쪽.

속에서 보편적 인격들(catholic persons)이 되도록 허용한다. 바로 이 지점이 그들이 피조물의 방식으로 신적 인격의 보편성과 상응하는 지점이다. 그리스도인들의 보편성은 교회적으로 제한되지 않는다. 보편적 인격은 그 인격의 그리스도인 형제자매와 친구들뿐 아니라, 그 인격이 속한 전체 '환경'(모든 창조물)의 내주화도 포함한다.[332] 그러므로 교회는 삼위일체 하나님의 내주성 안에서 서로를 개방하고 자신들의 독특함 속에서 보편적 교회가 될 수 있다. 이러한 점에서 개신교회는 모두 보편적 교회가 된다. 서로에게 불평등이란 있을 수 없다.

교회의 통일성은 그리스도인들 안에서 성령의 내주함에 근거하고 있다.[333] 성령을 통해서 다른 신적 인격들도 그리스도인들 안에 내주하는 것이다. 성령은 다수의 인격들 안에 있는 하나의 인격이다. 이것은 삼위일체와 상응하는 교제 속으로 교회를 만드는 성령의 내주함이다. 하나님이 인간 존재들을 독립적 인격들로서 그들의 사회적, 자연적 관계를 통해서 구성하는 것처럼, 그들 안에 내주하는 성령은 독립적 인격들의 친밀한 교제로서 교회적 관계를 통해서 그들을 구성한다. 그들은 삼위 하나님의 통일성에 상응하고, 그러한 점에서 그들은 하나의 교회의 구체적인 예시라 할 수 있다.[334] 그러므로 교회는 삼위일체 하나님의 통일성 안에서 서로의 독특한 독립적 인격들의 친밀한 교제를 통해서 하나의

---

332) Ibid., 352-353쪽.
333) Ibid., 354쪽.
334) 미로슬라 볼프, 『삼위일체와 교회』, 황은영 역, 354-355쪽.

교회가 될 수 있다. 이러한 삼위일체의 통일성은 상호 섬김, 즉 상호 디아코니아성을 통해 유지된다. 서로 위하시고 전적으로 자율에 맡기되 지지하고 지원하는 삼위일체의 관계가 이 세상이 하나님 나라가 될 수 있는 기본 인간관계의 거울이자 모델이 된다. 이런 점에서 교회는 본질적으로 디아코니아적이다. 교회는 섬김을 본질로 한다.

서로 안에 존재하는 것은 삼위일체적인 '다수성'을 철폐하지 않는다. 그 인격들 사이에 존재하는 구별에도 불구하고 그들의 주체성들(subjectivities)은 서로 포개진다. 각각의 신적 인격은 주체로서 행동하지만, 동시에 다른 인격들이 그 안에서 또한 주체들로서 행동한다. 이러한 점은 왜 요한복음의 예수가 다음과 같은 역설적인 표현을 했는지를 잘 설명해 준다. "내 교훈은 내 것이 아니요"(요 7:16) 이러한 진술은 우리가 "나의 것"(mine)과 "나의 것이 아닌 것"(not mine) 사이의 갈등을 완전히 해체하기보다는 오히려 양자를 동등하게 강조한다면, 인격적 내주성 속에서, "나의 것"은 "나의 것"이 되는 것을 멈추지 않으면서 동시에 "나의 것이 아닌 것"이 되며, 동시에 "나의 것이 아닌 것"은 "나의 것이 아니기"를 그치지 않으면서 "나의 것"이 된다.[335]

신적 인격의 페리코레시스는 교회 사이의 관계에 대해 관련성을 가진다.[336] 삼위일체와 교회 사이의 상응은 신적 인격들의 보편성 위에 세워진다. 개별적 인격들과 마찬가지로 전체 공동체

---

335) Ibid., 348-349쪽.
336) Ibid., 355쪽.

역시 그들 나름의 정체성을 규정하는 특징들을 가진다. 그것이 그들이 살아가는 문화적 맥락에서 습득된 것이든, 혹은 그들 사이에 존재하는 탁월한 인격성들을 통해서 습득된 것이든 간에 말이다. 그들은 이러한 특징을 다른 교회에게 전달한다. 통시적이면서 공시적으로 서로가 서로에게 개방함으로써, 지역 교회들은 서로를 부요하게 하고, 그로 인해 점차 보편적 교회가 되어간다. 이미 하나님은 그들을 보편적 교회로 구성하였다. 왜냐하면 그들은 전체 하나님의 백성의 종말론 공동체를 선취하는 존재이기 때문이다.[337] 그러므로 교회는 삼위일체 하나님의 백성의 종말론 공동체를 선취하는 존재로서 하나의 교회인 것이다. 서로 안에 존재함으로써 삼위일체적인 다수성으로 인해 다양성을 철폐하지 않는다.

이제 이러한 이해를 바탕으로 서방교회(가톨릭)와 동방 정교회의 삼위일체에 대한 서로의 차이점과 그러한 차이점에 기인한 교회에 대한 이해가 어떻게 달라지고 있는지 살펴보기로 한다. 서방교회(가톨릭) 전통에서는 신적 본질의 통일성이 가장 우선시된다.[338] 라칭거도 그 전통 하에 있으며, 그는 교회 내의 관계를 삼위일체적 방식으로 파악했다. 하나님의 하나의 실체와 세 신적 인격들을 동일 수위적인 것으로 간주하더라도, 그는 통일성의 우위를 그의 출발점으로 삼는다. 그가 이 통일성을 실체의 차원에 위치시키기에, 하나님이라는 하나의 실체는 비우연적

---

337) Ibid., 355-256쪽.
338) 미로슬라 볼프, 『삼위일체와 교회』, 황은영 역, 334쪽.

으로(nonaccidentally) 파악되는 인격들에 대해 우선성을 가져야 한다. 마치 지역 교회들 사이의 관계가 신적 인격들 사이의 관계라는 유비를 통해 규정되는 것처럼, 보편 교회와 지역교회 사이의 관계는 하나님 안의 실체와 인격의 관계라는 유비 속에서 규정된다. 따라서 서방 교회에서는 하나의 보편 교회(전체)는 여러 지역 교회들에 대해서 우선권을 가진다. 비록 모든 지역 교회가 단순히 완전한 교회의 불완전한 부분들이 아니라 온전한 의미에서 교회들이지만, 그럼에도 지역 교회들은 전체로부터 나오고, 전체를 향해서 존재하는 한에서만 교회들이다. 이러한 점은 결국 지역 교회가 전체를 향해서 온전히 열려 있어야 함을 의미한다.[339] 삼위일체론과 교회론 사이의 관계는, "하나의 신적 본성이, 본질과 본질의 통일성이 마치 인격들의 삼중성을 '유지하는' 것처럼, 하나의 공동 근거로서 보편 교회는 지역 교회의 다양성을 유지시킨다."[340] 지역 교회는 정확하게 그들이 전체에 대해서 가지는 관계 속에서만 교회인 것이다. 신적 본질의 통일성 안에서는 성부의 수위성이 우선시된다. 필리오케는 약화되게 된다. 따라서 교회는 위계를 가지게 된다. 모든 지역 교회가 온전한 의미에서 교회들이지만, 전체를 향해서 존재하는 한에서만 교회들이다. 교회는 천국 열쇠를 소유한 교황의 권위 아래 존재하는 교회들인 것이다. 그리고 사제가 없는 교회는 교회가 아니다.

---

339) Ibid., 335쪽.
340) Beidermann, "Gotteslehre", 138쪽. quoted in 미로슬라 볼프,『삼위일체와 교회』, 황은영 역, 336쪽.

라칭거는 삼위일체적 인격성을 순수한 관계성으로 규정한다.[341] 인격은 관계(persona est relatio)이다. 삼위일체에 대한 이러한 이해는 두 가지 중요한 결과를 가져온다. 첫째, 인격들은 서로에게 지나치게 열려 있어서(투명해서) 이 인격들을 하나의 지속하는 신적 실체와 구별하기 힘들다. 그 결과 결국에는 그 하나의 실체가 세 인격들에 대해서 수위권을 얻을 뿐 아니라, 이러한 세 인격이 실제로 불필요한 여분의 존재가 되어 버린다. 만일 신적 인격들의 행위 배후에 이러한 인격들의 '나'가 존재하지 않는다면, 이러한 인격들은 결국 구원의 경륜에 불필요한 과잉의 것이 되며, "우리에 대한 삼위 하나님의 관계는 일원적인 것이 되고 만다."[342] 둘째, 이러한 인격들은 결국 관계들 속으로 해체되어 버리는 것처럼 보인다. 즉 성부는 아버지 됨으로, 성자는 아들 됨으로, 성령은 나옴으로 해체된다. 이러한 방식으로 이해되면, 이 인격들은 불필요한 것이 될 뿐 아니라, 활동 자체를 할 수 없게 된다. 순수한 관계들―즉 '낳음의 행위'(the act of begetting), '낳아짐의 행위'(the act of being begotten), '나옴의 행위'(the act of procession)―은 결국 그들이 기도에서 청원을 받고 예배를 통해 찬양을 받는 것 이상의 어떠한 행위도 구원사 안에서 행할 수 없게 된다.[343] 이러한 인격 개념으로부터 라칭거는 교회의 구조를 일원론적으로 파

---

341) 미로슬라 볼프, 『삼위일체와 교회』, 황은영 역, 341쪽.
342) LaCugna, God, 99쪽. quoted in 미로슬라 볼프, 『삼위일체와 교회』, 황은영 역, 341쪽.
343) 미로슬라 볼프, 『삼위일체와 교회』, 황은영 역, 341-342쪽.

악한다. 여기서 명확한 역설이 발생한다. 인격들은 '순수한 관계들'이기 때문에, 하나님은 오로지 분화되지 않은 하나의 신적 존재로서, 즉 하나의 '인격'으로서 외재적으로 행동할 수 있다.

이러한 방식으로 외재적으로 행동하는 하나의 신적 본성은 그리스도와 함께 하나의 주체를 구성하고 이로써 스스로 행위를 할 수 있게 된 하나의 교회에 상응한다. 여기서 삼위일체나 교회 모두에게 '하나'는 구조적으로 결정적이다. 하나의 신적 본성, 하나의 그리스도, 하나의 교황, 하나의 주교, 그리고 이러한 점은 결국 필리오케와 연관된 직선적 삼위일체론에 상응하게 된다. 즉 성령은 단순히 아들로부터 나오는 세 번째 인격이며, 결국 구원의 경륜에서 아들을 규정하지 못하는 존재가 되어버린다. 이 지점은 성령이 교회의 구조들을 역동적으로 만들어 주기는 하지만, 그럼에도 왜 구조들의 형식을 결정할 수 없는지를 잘 설명해 준다.[344] 사도의 권위 아래, 즉 교황의 권위 아래 있지 아니한 것은 교회가 아니라고 판단할 수밖에 없게 만든다. 이러한 생각은 교회 일치를 위한 이해에 역행할 수밖에 없게 만든다. 몰트만은 "하나님이 한 분 이라는 전제에서 출발하는 단일신론적 삼위일체론은 절대 군주제의 권위주의적이고 계층질서적인 구조들을 고착화 시키는데 악용되었으며, 이들 구조들은 필연적으로 그것이 정치적인 것이든 종교적인 것이든 간에 강압적이고 억압적인 성격을 지님으로써 인간의 자유와 충돌하게 된다"[345]고 말한다. 가톨

---

344) Ibid., 356-357쪽.
345) 곽미숙, 『삼위일체론: 전통과 실천적 삶』, (대한기독교서회2009), 113쪽.

릭교회는 군주적 주교직[346]이 확립되게 된다.

　동방 교회 전통에서는 삼위 인격의 삼중성이 우선시된다.[347] 지지울라스도 그 전통하에 있으며, 그는 하나님의 통일성은 하나의 신적인 실체에서 근거 지어지는 것이 아니라 오히려 아버지의 인격에 근거하는데, 이것이 바로 하나님의 하나의 실체가 왜 인격들에 대해서 존재론적 우선성을 갖지 않는지의 이유이다. 오히려 그 역이 실제로 타당하다. 즉, 하나님의 실존의 인격적 방식(즉 성부의 인격)이 신적 실체를 구성한다. 이러한 의미에서 하나님의 존재는 곧 하나님의 인격성과 상응하며, 이것은 언제나 교제 속에서 이루어진다. 실체는 오직 인격들로서만 존재한다. 따라서 하나의 신적 실체와 교회 사이의 유비는, 하나님의 존재 자체에서 인격 배후에 어떠한 실체도 없는 것처럼, 교회적 존재에서 지역 교회 배후에는 어떠한 보편 교회도 존재하지 않는다. 모든 지역 교회는 그것이 구체화 되는 특별한 장소에서 모두 보편 교회이다. 그럼에도 보편 교회와 동일하게 되기 위해서(즉 그 자체로 교회가 되기 위해서) 모든 지역 교회는 다른 지역 교회들과의 교제 속에 서 있어야 한다. 하나의 보편 교회는 다른 지역 교회들과의 교제 속에 서 있어야 한다. 하나의 보편 교회는 다른 지역 교회들에 비해서 어떠한 우선권도 가지지 않으며, 오히려 보편 교회는 바로 이러한 교회들로서 존재하며, 그 자체로 다른 지역 교회들과의 교제 속에 서 있는 존재로서 각각의 지역 교회 안에서 하나의

---

346) 여러 직무가 통일된 단일한 체제를 지니게 된다.
347) 미로슬라 볼프, 『삼위일체와 교회』, 황은영 역, 334쪽.

그리고 전체의 교회가 존재한다.[348]

지지울라스는 교회적 관계들의 구조를 일관되게 삼위일체적 방식으로 파악한다. 그는 성부의 인격에 수위성을 부여하는 비필리오케적(nonfilioqustic) 삼위일체 신학에 기반을 두고 교회적 관계의 구조를 이해한다. 하나와 다수 사이의 관계는 상호적이다. 성부가 성자와 성령을 구성하지만 동시에 이들에 의해서 조건 지어지는 것처럼, 그리스도 역시 교회를 구성하지만, 동시에 성령 안에서 교회에 의해서 조건 지어진다. 그리고 마찬가지로 그리스도의 형상으로서 주교는 교회 공동체를 구성하지만 동시에 성령적 실체로서 그 공동체에 의해서 조건 지어진다.[349] 교회적 관계를 성부의 인격에 우선성을 두게 되면 주교의 권한이 강화될 수밖에 없다. 그러나 삼위일체의 인격성에 기반하기 때문에 공동체성 또한 무시되지 않는다. 주교는 공동체에 의해서 기름부음을 받아야만 그 권한이 부여되게 된다. 이렇게 해서 교회는 주교 중심 교회가 된다.

지지울라스에게 하나와 다수 사이의 상호적 관계는 비대칭적이다. 성부는 성자와 성령을 구성하지만, 성자와 성령은 단지 성부를 조건 지을 뿐이다. 그리스도는 교회를 구성하지만, 반면에 교회는 단지 그리스도를 조건 지을 뿐이다. 따라서 주교는 교회를 구성하지만, 그는 교회에 의해서만 조건 지어진다. 결국 성부의 홀로 다스림(군주성, 단일 기원성)과 성자와 성령의 종속(지지울라

---

348) Ibid., 336쪽.
349) Ibid., 358쪽.

스가 말한 바 '일종의 종속')은 교회에 대한 그리스도의 다스림뿐 아니라, 교회 안에서의 위계적 관계들 속에서도 반영된다. 삼위일체의 인격처럼, 교회적 인격 역시 위계구조에 대한 인식 없이는 파악될 수 없다.[350] 그들은 단지 그리스도의 인격 속에서 행동하는 주교를 뒤따를 뿐이며, 단지 예전적 아멘으로 응대할 뿐이다. 더 나아가서 지지울라스는 평신도의 직제를 단순히 분화하지 않은 통일성으로 이해한다. 모든 이가 동일한 예전적 기능만 가질 뿐이다. 평신도들은 단순히 하나와 다수라는 위계적으로 구조화된 양극성 속에 놓일 뿐이고, 그 속에서 평신도는 전체로서 종속된 채로 남아 있을 뿐 아니라, 개인들로서는 사실상 아무런 중요성도 가지고 있지 않다.[351] 동방정교회에서는 평신도에게는 아무런 역할도 주어지지 않게 된다. 동방정교회도 가톨릭처럼 위계적 구조를 가진 직제의 형태를 가지게 된다.

똑같이 삼위일체 하나님 신앙을 소유하고 있지만 서방교회처럼 삼위일체 하나님의 본성에 강조점을 두고 그 본성에서부터 출발하여 교회에 대해 정의하는가, 아니면 동방교회처럼 삼위일체 하나님의 위격에 강조점을 두고 그 위격에서부터 출발하는가에 따라서 교회에 대한 이해가 달라지고 있음을 살펴볼 수 있었다. 그러나 이러한 다름을 다양성의 측면에서 이해하고 존중하면서 보편성을 향하여 서로의 이해를 확대해 나가야 할 문제라고 생각한다.

---

350) Zizioulas, "Die pneumatologische Dimension", p.141. quoted in 미로슬라 볼프, 『삼위일체와 교회』, 황은영 역, 358쪽.
351) 미로슬라 볼프, 『삼위일체와 교회』, 황은영 역, 358-359쪽.

종교개혁 이후 그리스도 교회 안에는 감독교회, 장로교회, 회중교회 등으로 대별될 수 있는 교회 제도가 실행되고 있다. 감독교회 내지 주교 중심의 교회는 성경과 교부들의 전통을 따르는 군주적 주교직을 시행한다. 단일한 감독이나 주교가 지역교회의 책임을 맡으며, 신주나 목사들과 부제나 집사들이 각기 맡겨진 책임에 따라 감독이나 주교에게 협력하며 지역 교회를 운영하는 형태이다. 가톨릭교회, 동방교회, 성공회, 감리교회, 루터교회, 구세군 등이 이러한 교회의 제도를 유지하고 있다.[352] 장로교회는 감독 기능을 당회, 노회, 지방회, 총회 등으로 대치시키는 반면 6명의 목사(설교 장로)와 열 두 명의 장로(치리장로)에게 장로직을 맡긴다. 1581년 제2 규율서에 따르면 목사, 교사(장로), 장로(종신직), 집사 등의 직무가 교회에 지속되어야 하며 감독의 역할을 대체하는 노회에게는 설교 및 교회 재정, 교회 규율 준수 여부, 성례전 등을 감독할 책임이 주어진다.[353] 회중교회는 성직자들에 의해 지나치게 법제화 된 제도교회에 대해 성령에 의해 주어지는 영적인 은사를 강조하였고, 교회와 사회의 긴밀한 관계에서 비롯된 사회적 통합 요소로서의 신앙생활에 대한 부정적인 입장으로부터 개인이 어떠한 사회의 제도적 강제도 없이 자유로이 신앙을 선택할 것을 강조했다. 이를 통해서 세례 받은 사람은 모

---

352) 한국 그리스도교 신앙과 직제협의회 신학위원회, 『그리스도인의 신학 대화: 한국의 정교회 천주교회 개신교회가 함께한』, 230쪽.
353) 한국 그리스도교 신앙과 직제협의회 신학위원회, 『그리스도인의 신학 대화: 한국의 정교회 천주교회 개신교회가 함께한』, 230쪽.

두 평등한 이들의 모임이라는 회중교회의 이상이 생겨났다. 대표적으로 침례교가 이에 속하며 이외에도 자유교회나 퀘이커교도들을 이에 분류할 수 있다.[354]

이제 우리는 '삼위일체에 대한 극명한 대립'으로 인해 서로 극으로 치닫고 있는 이슬람과의 종교 간 대화에 대해서 생각해 보기로 한다. 왜냐하면 종교 간 대화는 공통분모가 많기에 서로 다른 부분이 극명하게 드러나고 대립이 되는 이슬람과 기독교 사이에 더욱 필요하다고 여겨지기 때문이다. 기독교와 이슬람의 근본적인 차이인 신에 대한 인식이 서로를 대립으로 몰고 가고 있다. 기독교 신앙의 핵심인 삼위일체의 문제에 대한 오해 때문이다. 문제를 극히 단순화시켜 보면, 무슬림들은 오직 한 신을 예배하는 반면, 기독교인은 신들의 삼위일체를 믿는다는 것이다.

기독교인은 삼위일체 하나님을 믿는다. 기독교인은 유일하신 하나님을 단언하지만, 동시에 신적인 세 위격이 존재하며 그 세 위격 모두 예배받기에 합당하다고 주장한다.[355] 성삼위일체 하나님에 대한 기독교 교리의 가장 단호한 진술이자, 대다수의 기독교 교회가 승인하고, 수많은 회중이 성삼위일체주일(Trinity Sunday)의 공예배에서 낭독하는 아타나시우스신조(Athanasian Creed)를 살펴보자. "세 분의 영원한 존재가 있는 것이 아니라, 오직 한 분의 유일한 존재가 계신다. 그러므로 또한 창조되지 않았거나 측량할 수 없는 세 존재가 있는 것이 아니라 창조되지 않았고 측량

---

354) Ibid., 231쪽.
355) 미로슬라 볼프, 『알라』, 백지윤 역, 175쪽.

할 수 없는 오직 한 존재가 계신다. … [그리고] 전능하신 세 분이 있는 것이 아니라, 오직 전능하신 한 분이 계신다. … [그리고] 세 분의 하나님이 있는 것이 아니라, 오직 한 분의 하나님만 존재하신다." 신조는 시작부터 분명하게 진술한다. "우리는 유일하신 하나님을 예배한다." 그러나 문장은 거기서 끝나지 않는다. 하나님에 대해 고백하는 첫 문장 전체를 다시 써 보면 다음과 같다. "우리는 삼위일체로 존재하는 유일하신 하나님, 동일하신 삼위일체 하나님을 예배한다. 세 위격을 혼동해서도, 본질을 나누어서도 안 된다."[356] 그리스도 교리의 핵심은 "하나님의 세 위격이 완전하게 현존하는 방식으로 이루어졌다"[357]는 것이다. 혼동하면 안 되는 위격들은 누구인가? 위격들은 성부와 성자와 성령이시다. 그렇다면 그분들은 어떻게 연결되어 있는가? "성부는 별개의 위격이시고, 성자 역시 또 다른 위격이시며, 성령 역시 또 다른 위격이시다." 세 위격 모두 창조되지 않았고, 측량할 수 없으며, 영원하시고, 전능하시다. 요약하자면 "세 분 모두가 하나님이시다." 그렇다면 아타나시우스신조는 세 신에 대해 말하는 것인가? 그렇지 않다. 아타나시우스신조는 분명하고도 반복적으로 기독교인이 수 세대를 거쳐 확고히 주장해 온 사실을 진술한다.[358] 아타나시우스신조는 두 가지를 동시에 말한다. "세 분 모두 하나님

---

356) 미로슬라 볼프, 『삼위일체와 교회』, 황은영 역, 175쪽.
357) 교회 일치와 종교 간 대화 위원회, 『교회 일치 문헌(제2권)』, (한국천주교주교회의, 2009), 25쪽.
358) 미로슬라 볼프, 『알라』, 백지윤 역, 175-176쪽.

이시다." 그리고 "하나님은 오직 한 분이시다."[359]

이러한 아타나시우스신조에 대해, 무슬림들은 "하나님 외에 다른 신은 없다"고 하는 무슬림의 핵심 주장과 양립할 수 없다고 생각한다. 꾸란에 나오는 다음의 구절들은 단호한 거부를 표현하고 있다. "그들이 말하기를, '하나님이 아들을 낳았다.' 그에게 영광을 돌려라. ― 하늘과 땅의 모든 것은 그에게 속했으며, 만물은 그에게 경의를 표한다. 하늘과 땅의 태고의 기원이 그에게 있다. 그가 명령하실 때, 말씀하셨다. '있으라' 그러면 (그것이) 있었다"(알-바까라 2:116-117). "'이렇게 말하라.' 오, 성서의 사람들이여! 우리와 여러분 간에 합의를 이루자. 곧, 우리는 오직 하나님께만 예배하고, 그에게 어떤 협력자도 결부시키지 않으며, 하나님 대신 우리가 뽑은 왕이나 수호자를 세우지 않는다. '만약 그들이 등을 돌린다면, 너희는 이렇게 말하라.' (적어도) 우리는 (하나님의 뜻에 순종하는) 무슬림인 것을 증언하라"(알-이므란 3:64). "하나님이 삼위일체의 셋 가운데 하나라고 말하는 것은 신성모독이다. 유일하신 하나님 외에 다른 신은 없기 때문이다. 만약 그들이 (신성모독의) 말을 그치지 않는다면, 참으로 고통스러운 형벌이 신성모독을 하는 자들에게 임할 것이다"(알-마이다 5:73). "'(하나님이) 마리아의 아들 그리스도다'라고 말하는 것은 신성모독이다. 그 대신 그리스도는 이렇게 말했다. '오, 이스라엘의 자녀들아! 나의 주, 너희의 주이신 하나님을 경배하라.' 누구든지 하나님과 다른

---

359) 미로슬라 볼프, 『삼위일체와 교회』, 황은영 역, 176쪽.

신을 연결 짓는 자에게는 하나님께서 동산을 허락하지 않으실 것이며, 그런 자는 대신 지옥 불에 거하게 될 것이다. 아무도 그 죄인들을 도와주지 않을 것이다"(알-마이다 5:72). "그들은 하나님을 모독하고 그들의 성직자와 수도승을 그들의 주인으로 삼으며, 마리아의 아들 그리스도를 (자신들의 주로 삼는다.) 그러나 그들은 오직 유일하신 하나님을 경배하라는 명령을 받았다. 그 외에 다른 신은 없다. 그분께 찬양하고 영광을 돌려라. 그들이 (그에게) 결부시킨 협력자를 (그는 결코) 갖지 않으신다"(앗-타우바 9:31).[360] 꾸란에 순종하는 무슬림은—하나님에게 아들이 있고, 다른 신들이 하나님께 연결되어 있으며, 하나님은 신적인 세 존재 가운데 하나며, 하나님과 함께 나머지 존재 역시 경배함이 마땅하다—는 생각을 단호하게 거부한다.[361] 무슬림들은 경배할 대상이 오직 하나님 한 분뿐이라고 단언한다.

그렇다면 위에 나온 꾸란의 구절들이 기독교의 신조와 위대한 스승들이 삼위일체에 대해 한 말과 각각 어떻게 연결될 수 있을까? 말씀의 권능으로 하늘과 땅을 창조한 하나님이 아들 혹은 그와 비슷한 누군가를 낳았다고 말할 수 없다(알-바라 2:116-117). 여기서 이슈는 하나님에 대한 우리의 이해의 본질이 아니라, '자식을 낳다'(begotten)라는 단어의 의미다. 기독교인이 '자식을 낳다'라는 단어를 하나님께 적용할 때, 그들은 남자신과 여자신 사이의 육체적 행위를 생각하지 않는다. 동방교회의 저명한 교부 니

---

360) 미로슬라 볼프, 『알라』, 백지윤 역, 177-178쪽.
361) 미로슬라 볼프, 『삼위일체와 교회』, 황은영 역, 178쪽.

사의 그레고리우스(Gregorius of Nyssa, 385년 혹은 386년 출생)는 기독교 전통 전체를 대신해 다음과 같이 썼다. "신은 남성도 여성도 아니다. (어떻게 신에 대해 그런 생각을 할 수 있단 말입니까?)"[362] 나아가 하나님에게 '자식을 낳는 것'이란 공간적으로 구분되거나 어떤 식으로든 하나님과 독립적으로 존재하는 자녀, 다시 말해 신과 같은 어떤 존재 혹은 또 다른 신을 생기게 하는 것이 아니다. '자식을 낳는 것'—혹은 전문 용어로 '영원한 발생'(eternal generation)—은 영원부터 하나님과 함께 계시던 말씀이 피조물이나 하급 신성이 아닌, 창조되지 않은 하나님이심을 표현하기 위해 사용한 하나의 은유적 표현이다. '자식을 낳다'라는 용어를 써서 성자의 발생을 창조 활동과 구별한 것은—니케아신조(Nicene Creed)가 "만든 것이 아닌, 낳은 것"(begotten, not made)이라고 단언하듯이—영원하신 말씀 혹은 성자는 하나님 다음의 존재가 아니라, 하나님과 동일한 본질이심을 주장하기 위해서다.[363]

신은 자신에게 연결된 협력자, 즉 신과 동격이거나 하급 신성을 갖는 신 다음의 어떤 존재도 갖지 않는다(알-이므란 3:64). 정확하게 옳은 말이다. 윌리엄스 주교는 기독교의 전통적 믿음을 요약하여 이렇게 썼다. 기독교인이 '성부, 성자, 성령'을 말할 때, 그들은 "한 하나님과 그 옆에 딸린 두 존재를 의미하는 것이 아니

---

[362] Gregory of Nussa, Commentary on the Song of Songs, trans. Casimir McCambley, (Brookline, MA: Hellenic College Press, 1976), 145쪽. quoted in 미로슬라 볼프, 『알라』, 백지윤 역, 179쪽.
[363] 미로슬라 볼프, 『알라』, 백지윤 역, 179쪽.

다." 신적인 세 존재가 있는 것이 아니라, 신적인 한 존재—"살아 계시고 스스로 존재하시며, 그 누구와도 연계하지 않으시는 분—가 계신다."[364]

하나님은 삼위일체의 신적인 세 존재 중 하나가 아니시다(알-마이다 5:73). 이것 역시 정확하게 옳다. 기독교인이 세 분의 하나님을 말하는 것은 '제한된 능력의 세 신'을 의미하는 것이 아니라고 위리엄스 주교는 썼다.[365] 아타나시우스신조는 신적 본질은 '나눌 수 없다'는 말로 똑같은 주장을 한다. 신적 본질을 나누는 것은 어떤 경우에도 다신론에 발을 걸치는 것이며, 기독교인은 이를 거부한다.[366]

하나님은 '마리아의 아들, 그리스도'일 수 없다. 만약 그렇다면, 하나님이 모든 필요를 초월한 하늘과 땅의 전능하신 창조주가 아닌, 음식과 거처를 필요로 하는 피조물일 것이기 때문이다(알-마이다 5:72). 기독교인은 일반적으로 하나님이 그리스도라고 말하지는 않는다. 나는 어떤 중요하고 대표적인 신학자도 그런 주장을 한 것을 본 적이 없다. 그 대신 기독교인은 '그리스도

---

364) Rowan Williams, "Christians and Muslims Before the One God: An Address Given at al-Azhar al-Shari, Cairo, on 11 Sep. 2004", Islam and Christian-Muslim Relations 16(2005): 188-189쪽. quoted in 미로슬라 볼프, 『알라』, 백지윤 역, 179-180쪽.
365) Rowan Williams, "Christians and Muslims Before the One God: An Address Given at al-Azhar al-Shari, Cairo, on 11 Sep. 2004", Islam and Christian-Muslim Relations 16(2005): 188쪽. quoted in 미로슬라 볼프, 『알라』, 백지윤 역, 179-180쪽.
366) 미로슬라 볼프, 백지윤 역, 『알라』, 백지윤 역, 180쪽.

는 하나님이셨다' [혹은 신약성경 구절을 인용하자면, "하나님이 그리스도 안에 계셨다"(고후 5:19) 혹은 영원한 "말씀이 육신이 되셨다"(요 1:14)라고 말한다. 두 주장―하나님이 그리스도였다. 그리스도가 하나님이셨다―은 비슷해 보이지만, 사실은 아주 다르다. 기독교인은 그리스도가 음식과 거처를 필요로 하는 완전한 인간이신 동시에, 나뉠 수 없는 신적 본질 가운데 하나이신 완전한 하나님이심을 믿는다.[367] 기독교인은 그들이 하나님과 연계시키는 위격들을 함께 경배함으로써 유일하고 참되신 하나님을 모욕한다(앗-타우바 9:31). 어떤 기독교인도 인간을 경배하면 하나님을 모욕하는 것이라는 주장에 동의한다. 그런 사람은 우상숭배자다. 기독교인은 하나님을 대신하여 그리스도나 다른 누구도 경배하는 것을 거부한다. 그들이 완전한 하나님으로 믿는 그리스도를 경배하는 것은 나눌 수 없는 단일한 신적 본질을 경배하는 것이다.[368] 꾸란에서의 지적에 대해 기독교의 위대한 스승들의 생각이 일치하고 있음을 알 수 있다.

그런데 무슬림들은 신적 본질이 나누어지는 것에 대해 매우 불편하게 생각한다. 그것을 어떻게 설명할 수 있을까? 기독교인들은 '위격들'이 가장 친밀한 방식으로, 피조물 간의 어떤 관계보다도 더 친밀하게 서로 묶여 있고 긴밀하게 연결되어 있음에 주목한다. 나눌 수 없는 세 위격 간의 이러한 친밀한 관계는 서로 연결된 두 방식으로 이해할 수 있다. 첫째, 하나님이 '밖을 향해'

---

367) Ibid., 180쪽.
368) 미로슬라 볼프, 『삼위일체와 교회』, 황은영 역, 181쪽.

행동하실 때―창조하고, 구속하며, 세상을 완전함에 이르게 하실 때― 하나님의 행위는 나눌 수 없으며, 분리될 수 없다. 한 '위격'의 모든 행동은 언제나 세 분 모두에 의해 일어난다. 만약 그렇지 않다면, 아우구스티누스가 표현한 것처럼, "성부는 어떤 일을 [하시고], 성자는 다른 일을, 성령은 또 다른 일을 하시는 것이 된다."[369] 이는 절대로 인정할 수 없다고 그는 분명히 말한다. 그것은 다신론이나 다름없다.[370]

신의 위격들이 어떻게 연결되어 있는지를 생각해 볼 수 있는 두 번째 방식은 세 위격의 상호 내주(mutual indwelling) 혹은 전문 용어로 '페리코레시스'다. 아우구스티누스의 표현을 빌리자면, "세 위격은 언제나 서로 안에 계시며" 결코 "홀로" 계시지 않는다.[371] 신의 한 '위격'이 그 자신으로 규정되는 것은 단순히 다른 위격들과 구별되기 때문이 아니라, 그 안에 다른 두 '위격들'이 존재한다는 사실에 의거한다. 성부와 성령은 언제나 아들 '안에' 계신다. '아들'이라는 것은 곧 아버지와 성령이 그 안에 내주하신다는 것이다.[372] 이러한 '위격'에 대한 설명은 두 결과를 가져온다. 첫째, 신적 위격들의 정체성(identity)에 관해서 말할 때는,

---

369) Augustine, The Trinity, trans. Edmund Hill, (Brooklyn: New City Press, 1991),1.8. 70쪽. quoted in 미로슬라 볼프, 『알라』, 백지윤 역, 183-184쪽.
370) 미로슬라 볼프, 『알라』, 백지윤 역, 184쪽.
371) Augustine, The Trinity, trans. Edmund Hill, (Brooklyn: New City Press, 1991),6.9. 211쪽. quoted in 미로슬라 볼프, 『알라』, 백지윤 역, 184쪽.
372) 미로슬라 볼프, 『알라』, 백지윤 역, 184쪽.

인간을 포함한 모든 피조물에 대해 말할 때와 같이 단순히 '이것은 저것이 아니다'라고 말할 수 없다. 하나님에 관한 한, 니콜라우스 쿠자누스가 바르게 지적했듯이 '같지 않음'이 '다름'을 의미하지는 않으며, '다름'이 '같지 않음'을 의미하지 않는다. 둘째, 신적 위격들의 활동(activity)에 관해서 말할 때, 우리는 우리가 인간에 대해서 말할 때처럼 한 위격의 활동이 그 위격만의 단독 활동이라고 말할 수 없다. 하나님에 관한한, 한 위격의 활동은 언제나 세 분 모두에 의해 행해진다. 다른 두 분이 언제나 그 '안에' 함께 계시기 때문이다. 인간이 함께 행동할 때, 그들은 공동의 목표를 향해 각각 따로 행동한다. (세 사람이 함께 차를 밀고 있을 때처럼) 하나님은 다르다. 세 분의 신적 '위격'은 힘을 합칠 필요가 없다. 한 분이 행동하실 때, 다른 두 분이 그 '위격' 안에 함께 계시며 이를 통해 행하시기 때문이다.[373]

하나님의 '창조주' 되심과 본질상 '사랑'이 되심을 꾸란의 말씀 가운데 기독교가 말하고 있는 삼위일체가 모두 담겨 있다. 다만 무슬림들이 그것을 이해하지 못하고 있으며 지각하지 못하고 있다고 지적한다. "하늘과 땅의 태곳적 근원은 그로 말미암는다. 그가 어떤 것을 명령할 때, 그는 그것에게 이렇게 말씀하셨다. '있으라.' 그러면 그것이 있었다"(알-바까라 2:117). 니콜라우스는 답한다. (a) 만약 하나님이 말씀으로 창조하신다면, 하나님의 말씀은 "영원하고 창조된 것이 아니며" "내재적이고 지적인 말씀"이

---

[373] 미로슬라 볼프, 『삼위일체와 교회』, 황은영 역, 184-185쪽.

며 "지성이 낳은 개념"이다. (b) "하나님이 말씀을 갖고 계신다는 것이 사실이라면, 그 말씀 자체가 하나님이라는 것 역시 사실이다. 왜냐하면 그는 [그가 갖고 있는] 모든 것이시며, '갖고 있다'는 것은 하나님에게 알맞지 않은 개념이기에, 그에게 '갖고 있다'(having)는 것은 '존재한다'(being)는 것과 같기 때문이다."[374] (c) 그러므로 하나님은 말씀이시며, 그 말씀으로 창조하신다.[375]

"마리아의 아들 예수 그리스도는 알라의 메신저였고, 알라가 마리아에게 맡긴 그의 말씀이며, 알라에게서 나온 성령이다"(알-니싸아 4:171). 니콜라우스는 답한다. 만약 그리스도가 하나님의 말씀이라면, 그는 하나님이시며 두 번째 하나님이 아닌 유일하신 참 하나님이시다. 위의 말씀에 대해 니콜라우스는 신의 창조와 그리스도 안의 신의 현존에 관해 무슬림과 기독교인이 공유하는 신의 완전성에 대한 믿음을 통해 논증한다. 첫째로, 니콜라우스는 하나님의 '생산력'(fecundily) 혹은 결실력(fruitfulness)이라고 부르는 것을 내세운다. "(신이) 그 단일성 안에서 삼위일체로 존재하지 않는다면, 만물이 창조되기 위한 전능한 태초란 존재할 수 없었다."[376] 창조하기 위해서는 무엇을 창조할 것인지에 대한 정신적인 형상, 곧 '지적 언어'가 필요하다. 하나님 자신이 아닌 다른 무언가를 생기게 한다는 개념에서 하나님이 생산적이기 위해서

---

374) Nicholas of Cusa, "De pase fidei", 26쪽. quoted in 미로슬라 볼프, 『알라』, 백지윤 역, 78-79쪽.
375) 미로슬라 볼프, 『알라』, 백지윤 역, 78-79쪽.
376) Nicholas of Cusa, "De pase fidei", 23쪽. quoted in 미로슬라 볼프, 『알라』, 백지윤 역, 79쪽.

는 하나님은 무언가를 창조해야만 한다. 그리고 하나님이 내적인 말씀을 갖고 계시다면, 하나님은 바로 그 말씀이며 그 말씀은 하나님이다. 신의 창조 활동은 하나님 안의 내부적 구분을 전제하는데 바로 이것이 삼위일체를 시사한다.[377]

둘째로, 신의 '최고의 행복'에 관한 문제다. 사랑이란 최상의 신적인 완전함이다. 그러나 신이 세 위격으로 존재하지 않는다면 하나님이 사랑할 존재는 누구인가? 이 세상일 수는 없다. 만약 그렇다면 하나님의 최고의 기쁨이 이 세상의 존재 여부에 의존하게 되기 때문이다. 그런 이유로 니콜라우스는 만약 하나님이 삼위일체가 아니라면, 하나님은 아버지의 사랑과 기쁨, 자식의 사랑과 기쁨, 그리고 아버지와 아들에게 공통된 사랑과 기쁨이라고 하는 그 행복감을 맛볼 수 없을 것이다.[378] 하나님이 이 세상과는 별개인 하나님 자신의 존재 안에서 사랑하고 계신다는 사실은 하나님의 완전함의 일부이며, 하나님이 세상을 창조 할 수 있다는 사실도 하나님의 완전함의 일부다. 그리고 이 둘 중 어느 것도 하나님이 성삼위일체가 아니라면 불가능하다.[379] 꾸란(알-바까라 2:117)에서 말씀으로 창조하셨다면, 그 말씀은 곧 하나님이실 수밖에 없다. 꾸란(알-니싸아 4:171)에서 예수 그리스도가 알라의 메신저였고, 그가 말씀이며, 그리고 그가 알라에게서 나온 성령이

---

377) 미로슬라 볼프,『알라』, 백지운 역, 79쪽.
378) Nicholas of Cusa, "Cribratio Alkorani", 108쪽. quoted in 미로슬라 볼프,『알라』, 백지운 역, 80쪽.
379) 미로슬라 볼프, 백지운 역,『알라』, 백지운 역, 80쪽.

라면, 이는 명백하게 기독교에서 말하고 있는 삼위일체이신 하나님에 대해 말하고 있는 것이다. 이것을 부정할 어떤 이유도 없다고 생각한다.

무슬림들은 예수에 대해서 어떻게 알고 있을까? 꾸란에서 언급되는 예수의 명칭은 다음과 같다. 성령(rub al-quds)(꾸란 2:87), 하나님의 사도(rasullah)(꾸란 4:171), 의인(al-salih)(꾸란 6:86), 하나님의 종(abdullah)(꾸란 4:172), 하나님의 선지자(nabi minallah)(꾸란 3:84), 인간(insan)(꾸란 3:59), 예수(isa), 메시아(al-masih)(꾸란 3:45), 마리아의 아들(ibn mariyam)(꾸란 5:113) 등이다.[380] 꾸란에서는 예수가 동정녀 마리아에게서 잉태된 것을 인정한다(꾸란 3:48). 또한 예수가 소경의 눈을 뜨게 하고 나병을 고치고 죽은 자를 살리신 것을 인정한다(꾸란 3:50). 그리고 예수께서 죽으신 것과 부활하신 것을 언급하고 있다(꾸란 3:56). 무슬림들은 예수가 죽지 않고 승천하셨다고 믿는다. 무슬림들은 예수의 승천을 믿고 또한 재림을 믿는다(꾸란 43:62, 꾸란 3:56, 꾸란5:57). 인류 종말의 날, 즉 심판 날이 곧 예수님의 날인 것을 암시하며 예수께서 최후의 심판자이심을 말하고 있다(꾸란 43:62). 또한 예수의 재림에 대한 무하마드의 믿음을 기록하고 있다(하디스 부카리 49). 무슬림들도 예수의 재림을 믿으며 예수가 오셔서 세계를 심판하신다고 믿는다. 그러나 예수님이 중보자 되심을 부정하고 하나님만이 참된 중재자라고 언급한다. "알라 외에는 어떤 보호자(Waliyy)도 중재자(Shafi)도 없

---

380) 최바울, "이슬람 전도 접근 방법", 중동 민주화 운동 어떻게 볼 것인가?, (한국목회자선교협의회, 2019), 52쪽.

느니라"(꾸란 6:51, 70). "모든 중재는 알라의 것이어늘"(꾸란 39:4). 예수는 무함마드 이전 시대에 마지막으로 부름 받은 위대한 예언자이자 치유자였고, 신성한 지위를 결코 탐하지 않는 사랑과 가난과 겸손의 사표로 이슬람은 인정한다. 그러나 예수를 하나님의 아들이나 십자가에서 죽임당한 메시아로 인정하지 않는다. 원죄의 개념을 모르는 이슬람은 대속의 필요성도 인정할 수 없었다.

무슬림들에게 어떻게 예수를 소개할 수 있을까? 꾸란 알-이므란 3:46에는 예수 메시아라는 구절이 나온다(참고, 예수 메시아: 꾸란 3:46; 꾸란 4:172; 꾸란 4:173; 꾸란 5:73; 꾸란 5:76; 꾸란 9:30; 꾸란 9:131). 메시아는 기름 부으심을 받은 구원자라는 뜻이다. 구원은 오직 구원자를 통해서만 가능하다. 예수는 마리아를 통해 성령으로 잉태되었다(꾸란 3:46). 꾸란에는 "예수님은 하나님 말씀의 성취"(the fulfilment of the Word of Allah)라고 기록되어 있다(알-니사 4:158). 오직 예수님을 믿으면 하나님의 말씀이 성취된다. 오직 예수님만 죄가 없으신 거룩하신 분이다. 꾸란에서는 예수님이 탄생 때부터 '완전한(perfect) 자'라고 말한다.(꾸란 19:18) 그리고 예수님이 죄 없으신 의인(rightious)이라고 언급하고 있다(꾸란 19:20). 그리고 예수님이 '거룩의 영'(Sprit of Holiness)으로 충만해 계신다고 말한다(꾸란 2:254; 꾸란 5:111). 그 이유는 예수께서 성령으로 잉태되셨기 때문이다(꾸란 3:48-49). 모든 인간은 죄인이며 오직 예수님만이 죄가 없으신 거룩하신 분이시다. 이슬람 무함마드 창시자도 죄인이다. 꾸란 40:55에서는 "인내하라. 알라의 약속은 진실 되느니라. 너의 죄에 대해서 용서를 구하라. 주님을 영광스럽게 하라"고 언급되어 있다. 꾸란 47:20에도 "무함마드여! 너의 죄에 대하여 알라에게 용서를 구하라"고 기록되어 있다. 예수는 심판자가 되신다. 예수의 재림의 날에는 심판이 있게 된다(꾸란 43:62).

이슬람에서는 원죄 개념이 없다. 오직 각자의 자범죄만 묻는다. 무슬림들은 꾸란의 가르침에 따라 다른 사람들에게 선행을 베풀면 속죄를 받을 수 있다고 믿는다(꾸란 2:271). 그래서 그들은 평생 선행과 금식, 희생 제사를 드리며 속죄의 삶을 살아간다. 진정한 속죄의 길을 모르기 때문이다.

이슬람에서 예수와 마리아에 대해 많은 분량을 할애하여 꾸란에 기록하고 있으며 예수의 사역에 대해서도 잘 이해하고 있음을 알 수 있다. 그런데 그들의 하나님에 대한 이해는 유대인들이 이해하고 있는 수준을 넘어서지 못하고 있다는 생각이 든다.

가톨릭과 동방정교회 그리고 개신교 간의 삼위일체에 대한 논쟁은 삼위일체를 인정하지만 그 안에서의 이해의 차이에 따른 논쟁이었다. 반면에 이슬람과의 삼위일체에 대한 논쟁은 삼위를 인정하느냐 인정하지 않느냐의 문제를 두고 나누는 논쟁이라는 점에서 차이가 있다. 이러한 논쟁의 이면에는 서로의 화합을 위한 노력과 일치를 위한 지적인 사고의 필요성을 이야기하고 있다고 생각한다. 패러독스(독선)은 서로를 비방과 모함으로 몰고 가려고 한다. 패러독스가 아닌 상호 간의 이해를 위한 지적 논의는 필요하다.

근래에는 그리스도인들이 교리적 신앙 조항들로부터 관심을 돌렸고, 개인적이고 사회적인 영역에서 그리스도인의 삶을 실천적으로 구현하는 것이 중심에 놓인 것 같다. 그러나 이러한 교리에 대한 이해는 직접적으로 우리의 실천적인 삶에 영향을 미친다. 실천과 더불어 이론이 중요한 까닭은 바로 이런 이유 때문이다.

학문적 대화, 이웃 종교의 신념과 교리의 지성적 논의와 함께 이웃 종교인들이 일상에서 서로의 기쁨과 슬픔, 고민과 관심을 나누며 이웃으로 함께 살아가는 삶의 대화가 필요하다. 보편적 공동선의 실현을 위해 기아와 질병, 가난과 문맹, 환경과 난민 문제 해결을 위한 상호간의 협력도 필요하다. 종교적 체험이나 기도와 명상, 묵상과 수행 등 영적 풍요로움을 함께 나누는 것도 필요하다고 생각한다.

### 2) 교회 간 일치

하나님의 선교의 중심 영역중 하나인 교회간 일치는 교회들의 디아코니아적 상호관계를 통해서 가능하다. 동서방교회의 분열은 높아지려는 제자들의 욕심이 그대로 실체가 되어버린 기독교 왕국의 전형적인 모습이다. 개신교는 교권에 대항하여 분리되었지만 자체 내에서 세포 분열하듯 무수한 분열을 양산하고, 오히려 분열이 증식으로 이어진다는 비 복음적 논리를 당연시하고 있는 점은 안타까운 일이다.

변화하는 역사 속에서 교회는 변함없는 진리를 담지하고 있는 유일한 신앙고백적 공동체이다. 그러나 시대적 변화가 필연적이기에 이 시대를 살아가는 동시대의 교회에게는 변함없는 복음의 진리를 효과적으로 변증하기 위한 책무가 동시에 주어져 있다. 이 시대를 살아가는 그리스도인들은 자신들을 향해 물밀 듯이 밀려오는 수많은 도전들에 대해 어떻게 해야 소명에도 충실하고, 동시에 세상에도 긍정적인 영향을 줄 수 있을 것인가에 대해 고민하며 교회를 향해 그 답을 요구하고 있다.

교회는 시대적 도전과 내부 분열에 익숙한 공동체로 교회를 바라보는 따가운 눈총과 저항에 부딪히고 있으며, 사회와 소통하며 예언자적 사명을 제대로 감당하기 위해서, 교회의 성숙과 성장을 위해서, 바람직한 봉사와 선교를 위해서 교회 간 일치의 필요성은 절실해지고 있다.[381] 그리스도의 한 몸인 교회들은 하나의 일치를 이루어내야 한다. 그것은 당연한 교회의 외형으로 나타나야 하며, 이미 시작된 하나님 나라의 도래의 현장 그림이다. 하나님이 세상에 직접 오심으로써 사람과의 사이에 막힌 담을 허무시고, 성도들 사이에서도 그것이 이루어지도록 '예수를 사이에 두고' 일치를 이루어야 한다. 성도의 모임이 파벌을 구성하고 있는 것은 예수께서 시작하신 하나님 나라를 알아볼 수 없게 만들 뿐만 아니라 예수께서 전하신 하나님 나라 복음의 진정성을 세상

---

381) 이상화, "공공신학과 한국교회의 연합", 기독교윤리실천운동, 『공공신학』, (예영커뮤니케이션, 2009), 96-98쪽.

으로 하여금 의심하게 만들기 때문이다.[382]

교회 일치운동에 참여하는 세계 교회를 에큐메니컬 교회라고 칭한다. 그리고 에큐메니컬운동에 동의하고 참여하고 있는 제도 교회들, 즉 동방정교회, 로마가톨릭교회, 그리고 개신교의 교파(Denomination) 교회들이 합의한 교회론을 에큐메니컬 교회론이라고 정의한다. 11세기 동서교회의 분열 이래 불가능했던 에큐메니컬공의회가 에큐메니컬협의회라는 이름으로 20세기에 재개된 것이다. 비록 이 모임에 가담하지 않는 개신교회의 교파교회들과 집단들이 있기는 하지만, 세계교회협의회라고 하는 이 에큐메니컬 모임은 일치를 선교의 핵심과제로 여기고 과거 하나 된 교회의 모습을 만들어 가기 위해 함께 에큐메니컬 교회론을 진행시키고 있다.

2009년에 한국교회협의회는 〈'신앙과 직제'와 '삶과 봉사'의 합류〉라는 번역서를 출판하여 일치와 봉사 두 개념의 상호 관계를 알게 했는데, 그것은 '삶과 봉사' 운동과 무관한 '신앙과 직제' 운동은 '값싼 일치' 운동이라는 세계교회협의회의 깨달음으로부터 자극된 것이었다.[383] 기존의 국제선교사대회가 1961년 세계교회협의회의 제3차 뉴델리총회에서 세계선교와 전도위원회로 탈바꿈하여 합류하게 된 것도 '신앙과 직제'와 '삶과 봉사'로만 이루어

---

382) 이범성, "하나님 나라 목회의 선교", 김민호외 9인, 하나님 나라를『목회하라』, 285쪽.
383) 한국기독교교회협의회 신앙과 직제 위원회,『신앙과 직제와 삶과 봉사의 합류』, (2009), 9쪽.

진 세계교회협의회는 아직 불완전한 연합체였기 때문이다. 세계교회의 협의체는 교회의 본질과 사명에 봉사해야 한다.[384] 일치를 교회의 본질로 보는 에큐메니컬 교회론은 교회 일치의 모양을 구체적으로 생각하게 되었고, 그 모양을 '다양성 속에서의 일치,' '가시적 일치,' '협의체적 일치,' 그리고 '친교적 일치'라고 구분하여 표현하고 있다. 이렇게 구분되는 이름들은 한편 교회의 일치를 위한 방법론이 되기도 한다.

레오나르도 보프(Leonardo Boff)는 페리코레시스는 삼위일체 하나님에게만 적용되는 것이 아니라 인간과 사회와 전 우주에 적용되어야 한다고 말한다. 삼위일체 하나님은 온 인류와 모든 세계를 하나님의 영원한 사랑의 사귐에로 초청한다. 삼위일체 신앙은 하나님이 삼위일체라는 사실에 근거해서 다양성 안의 일치를 추구한다. 삼위일체 하나님은 다른 차이들을 포함하며, 이를 통해서 창조된 우주는 하나님과 연합하게 된다. 성부와 성자와 성령의 공동체는 삼위일체의 형상과 모양을 따라서 이상적인 사회를 만들고자 하는 사람들이 꿈꾸는 참된 인간 공동체의 원형이 된다.[385] 이러한 삼위일체 하나님에 대한 이해는 우리에게 '다양성 속에서의 일치'에 대해 생각하게 만든다.

---

[384] 세계교회협의회는 시대의 필요에 따라 이 3개의 위원회를 현재 6개의 위원회로 변형시켰지만, 그 사역의 전체 내용은 항시 크게 이 3영역으로 분류될 수 있다. 변화하는 새 구조는 세계교회협의회의 홈페이지 www.oikumene.org 를 참고할 수 있다.
[385] 레오나르도 보프, 이세형 역, 『삼위일체와 사회』, (서울: 대한기독교서회, 2011), 20-25쪽.

이천 년의 그리스도교 역사는 하나님의 선교를 진행하는 일에 있어서 그 시대를 살아간 그리스도인들이 만들어낸 각 시대의 특색과 각 장소의 특색을 가지고 풍성한 선교를 체험했다(골 1:27). 개신교회는 로마가톨릭교회의 사도신경을 신앙의 근본으로 고백하고 있으며, 동방정교회가 수호해 온 예수 그리스도의 온전한 신, 인성 그리고 하나님의 삼위일체 되심을 믿음의 뿌리로 삼고 있다.[386] 이처럼 가장 중요한 전통을 서로 공유하고 있다. '다양성 속에 일치'(unity in diversity)는 '낯선 경험을 수용'[387]하는 데 있다. 세계의 다양한 문화전통을 가진 교회들이 새로운 친교 공동체일 뿐만 아니라 상호 배움의 공동체, 해석학적 공동체를 형성하는 것을 말한다.[388]

선교지에서의 도전으로 시작된 에큐메니컬적 관심은 다만 '분열 가운데 공존하는 것에 만족하는'[389] 상태에 불과한, 비교교회론에서 그치지 않았고, 식민지 선교의 후유증과 기독교 국가들이 일으킨 세계전쟁 등으로 도전을 받아서, 교회의 사회적 책임과, 교회가 일치해야하는 필요성과 당위성을 묻는 단계로 발전하게 되었다. 처음에 일치라고 하는 개념은 '특정 신학에 의한 획일적 초대형교회를 추구하는 것'이라고 오해되기도 했으나, 신앙의 수

---

386) 이범성, "하나님 나라 목회의 선교", 김민호외 9인, 『하나님 나라를 목회하라』, 285쪽.
387) 한국일, 『세계를 품는 선교』, (서울: 장로회신학대학교출판부, 2004), 139쪽.
388) 한국일, 『세계를 품는 교회』, (서울: 장로회신학대학교 출판부, 2010), 56쪽.
389) 한국기독교교회협의회 신앙과 직제 위원회, 『신앙과 직제와 삶과 봉사의 합류』, 132쪽.

많은 유산들이 가지고 있는 다양성이 인정되고 장려되는 곳에서 신앙의 증거들이 풍부해지고 부요해진다는 '다양성 속에서의 일치'라는 깨달음에 이르게 되었다.

교회 안으로 우리를 모으시는 동일한 성령께서는 이 세계가 무엇을 필요로 하는지를, 또 '탄식하며 고통 하는 피조물'(롬 8:22) 과의 연대의 필요성에 대해 우리가 더 자각하도록 하신다. 우리에게 그리스도의 무한한 사랑을 함께 나누도록, 또 우리의 두려움과 반역에 대한 정죄를 받아들이도록 하시며, 자기를 위하여 모욕과 탄압과 명백한 패배를 감내하도록 부르시는 이는 바로 성령이시다. 현대사의 고뇌의 투쟁장 속에서—교회 신자들 사이에 상당히 자주 있었다—우리는 인간의 권리와 자유에 맞서 싸우는 악의 세력들의 활동을 보게 되며, 또한 하나님의 생명을 주시는 영의 활동도 본다. 우리는 이 인간 세상을 하나님께서 이미 만물을 새롭게 하시기 위하여 일하고 계신 장소로서, 또 하나님께서 우리에게 그와 함께 일하도록 부르시는 곳으로서 보아야 할 것이다.[390]

하나님께서 그의 교회 안에서 그리스도의 사역을 통하여 보편성(catholicity)을 만인에게 유용한 것으로 만드시는 것은 바로 이 세상 안에서이다. 그리스도의 목적은 모든 시대의 모든 인종, 모든 장소, 모든 상황 속에 있는 사람들을 성령으로 말미암아 그리스도 안에서 하나님께서 전 세계의 아버지 되심 아래에 모으시

---

390) The Uppsala Report 1968, ed. by Norman Goodall, (Geneva: WCC, 1969), 12쪽.

는 것이다. 이와 같은 하나 됨은 단지 외부적 차원만을 의미하지는 않는다. 그것은 '보편성'이라는 단어에 의해서도 표현되고 있는 더 깊고 내밀한 차원도 역시 가지고 있다. 보편성은 하나님께서 이미 역사 속에서 시작하신 것이 궁극적으로 마감되고 성취될 때 그 완성에 이를 것이다.[391]

그리스도께서 모든 인류를 위하여 나셨고 죽으셨으며, 또한 다시 살아나셨기 때문에 보편성은 모든 종류의 이기주의와 파당주의와 반대된다. 보편성이란 그 보편성에 의해 교회가 그리스도 안에 있는 삶의 충만함과 온전함, 그리고 전체성을 표현하는 것이다. 교회는 모든 요소와 모든 삶의 측면, 특히 예배에 있어서 보편적이며 보편적이어야 한다. 교회의 신자들은 교회의 본질적 성격인 온전함과 전체성을 반영하도록 해야 한다. 교회의 내적인 하나 됨의 척도는 신자들이 오직 한마음과 한뜻을 가졌는가이다(행 4:32; 빌 2:1-12). 여기에는 두 가지 요소가 있다. 성령의 하나되게 하시는 은혜와 자기 자신을 구하지 않고 이 세상을 위하여 믿음과 경배와 사랑과 그리스도께 대한 봉사로 연합된 신자들의 겸손한 노력이다. 보편성은 선물이지만, 동시에 과제요 요구이며 참여이다.[392] 교회는 성령을 주님이시오 생명을 주시는 분(giving of life)으로서 기꺼이 고백한다. 이것은 하나님께서 당신의 아들과 교제하는 사람이라면 누구와도 함께 나누시는 영생이다(요일 1:1-4). 그것은 그 아들의 왕국, 완전히 실재하지만 장차 그가 오

---

391) Ibid., 13쪽.
392) Ibid

실 때에 완전히 실현될 그 왕국의 상속이다.[393] 이러한 교회의 보편성은 다양성 추구를 전제로 한다.

보편성을 추구하다 보면 우리는 다양한 성령의 활동을 무시함으로써 하나님의 선물을 배반하는 것은 아닌가 하는 문제에 부딪히게 된다. 다양성은 보편성에 대한 왜곡일 수도 있지만 종종 다양성은 교회의 사도적 소명에 대한 진정한 표현이기도 하다. 이것은 신약성경에 설명되어 있는데, 우리는 신약성경에서 각기 다른 상황에 관련된 폭넓은 범위의 교리적, 제의적 형태들을 통해서 하나의 불변하는 사도적 전승을 발견하게 된다. 즉 교회는 항상 세상 밖으로 나오도록 부름을 받으면서 동시에 세상 안으로 보내지고 있다. (1962년 룬드 회의) 이러한 이중적 이동은 역동적 보편성의 기본이 된다. 이 두 가지 이동은 각각 다른 상황에서 다른 용어의 행동을 요하지만, 항상 이 두 이동은 하나이다. 이 이중적 이동의 구심점은 그리스도 자신이 부르시고 또한 보내시는 분이 되시는 공동체적예배이다.[394] 여기서 우리는 또한 성령의 은사를 평가하는 기초를 알게 된다. 부름과 보냄을 방해하는 다양성은 악마적이다. 그러나 그 이중적 이동을 고무하고 진전시켜서 보편성을 강화하는 다양성은 다른 종류에 속한다. 신약성경에 있는 것처럼 고린도전서 12-14장에 기술되어 있는 것 같은 각종 다양한 은사들이 있다. 복음을 선포하고 복음의 신비를 설명하는

---

393) Ibid
394) he Uppsala Report 1968, ed. by Norman Goodall, (Geneva: WCC, 1969), 15쪽.

데는 다양한 방법이 있다. 또한 교리적 진리들을 제시하고 성례전적, 제의적 사건들을 기념하는 데에도 역시 다양한 방법이 있다. 각기 다른 지역에 있는 교회들은 나름대로의 조직 형태를 채택하게 된다. 이중적 이동에서 본질적인 그러한 다양성을 통해서 성령은 우리를 완전히 보편적인 선교와 사역으로 가는 길로 인도하신다.[395]

공동의 신앙이 표현되는 자리는 어느 곳보다 성만찬이다. 다양한 신앙의 전통을 인정하는 에큐메니컬 사고에서 성만찬은 하나의 모습으로 나타날 수 있다. 교회의 표지가 되는 성찬에서 보이는 일치에 대한 연구는 아마도 가장 중요한, 일치를 위한 교회론 일 것이다. 그리고 분열된 교회들이 자신들이 추구하는 '가시적 일치'를 성취하려고 한다면 필연적으로 '세례'와 '성찬'과 '직제'에 대한 의견의 일치를 보아야 한다.

1927년에 로잔에서 열렸던 제1차 신앙과 직제 대회 이후로 약 반세기에 걸친 이 연구는 각기 다른 전통을 지닌 100개 이상의 교회들로부터 회람, 회신되어서,[396] 마침내 1982년에 리마에서 열린 신앙과 직제위원회에 의해 'BEM문서: 세례, 성만찬, 직제'와 리마예식서로 결실을 보게 되었다. 이 문서를 통해 이 세계에 흩어져 있는 다양한 전통의 교회들이 그들의 공통점을 알아보게 되었다. 함께 모인 세 정통교회들은 세례는 믿는 자들에게 성부, 성자, 성령의 이름으로 행해지며, 세례를 받은 자들은 그리스

---
395) Ibid., 15쪽.
396) 세계교회협의회/이형기 옮김, 『BEM문서: 세례, 성만찬, 직제』, 14쪽.

도와 또 그리스도의 몸 된 교회와 연합하는 체험이라고 공동 인식하였다. 그리고 성만찬은 성부 하나님께 드리는 감사, 그리스도에 대한 기억, 성령 초대의 자리이며, 성도의 교제이며, 하나님 나라를 미리 맛보는 식사라는 점에[397] 모두가 동의하였다.

또한 직제에 있어서도, 성령은 교회가 복음을 증언할 수 있고 봉사로 증거할 수 있도록 은사를 주시는데, 각종 은사에 의해 공동체 일원 모두는 각자의 과제를 갖게 된다고 말하고, 이러한 은사들의 다양성 속에서도 교회에는 일치를 위한 구심점을 제공해 주는 사람이 필요한데, 이런 사람은 교회의 초기부터 안수를 받았고 특별한 권위와 책임을 지니고 있었다고 하였다. 그런데 이 직제는 존중 받아야 하지만 동시에 공동체와 동떨어진 권위가 별도로 존재하는 것이 아니라 공동체의 인정과 지지 그리고 격려 없이는 유지될 수 없는 상호 영향력을 갖고 있다고 확인했다. 그럼에도 불구하고 다양한 직제의 형태들은 문화와 전통의 제약을 받아 서로 다른데, 이는 다른 배경을 가진 교회들 사이의 깊은 이해와 존중을 요구하게 만든다. 아마도 신약성경에 등장하는 감독, 장로, 집사 세 가지 형태의 직제가 다양한 교회들이 일치하는 일에 있어서 공통적인 직제 형태를 제공해 줄 수 있을 것이라는 데에 에큐메니컬 교회들은 의견을 모으고 있다.[398]

또 다른 교회 일치의 방법론으로는 '협의체적 일치'를 생각할 수 있다. 고대 교회들이 그리했던 것처럼 협의체적 구조는 각각

---

397) 세계교회협의회/이형기 옮김, 『BEM문서: 세례, 성만찬, 직제』, 34-43쪽.
398) Ibid., 58쪽.

의 전통을 가진 교회들이 일치할 수 있는 가능한 모델일 것이다. 우리는 이 협의체적 모델을 아직도 유지하고 있는 정교회로부터 그것을 배울 수 있다. 정교회의 공동체성은 다음과 같은 공동체 의식을 토대로 유지되고 있다. "우리는 우리 가운데 누군가가 타락할 때, 그는 홀로 타락한다는 사실을 안다. 그러나 어떠한 사람도 홀로 구원을 받지는 않는다. 그는 교회의 한 구성원으로 모든 다른 구성원들과의 연합으로 교회 안에서 구원을 받는다."[399] 하나님의 거룩한 삼위일체 구조는 신성의 하나됨과 공동체성을 나타내는 하나의 신비로서 동방정교회의 협의체적 구조의 신학적 근거가 된다.[400] 동방정교회는 삼위일체 하나님의 자체 코이노니아는 일치 속에 있는 동료적 집단지도 체제의 원리와 동방정교회 안에서 다중심적인 협의회적 구조를 위한 지역별 독립교회의 원리뿐만 아니라 통일성과 다양성의 동시성의 문제의 해결을 위해서도 중요한 모델이 된다.[401]

'코이노니아적 일치'는 교회의 본질과 선교를 이해함에 있어서 열쇠가 되는 개념으로 다시 요청되고 있다.[402] 선교는 일치를 통해서 이루어진다. 일치는 선교의 방법이자 지향점이 기 때문이

---

399) 디모데 웨어/이형기 옮김, 『동방정교회의 역사와 신학』, (서울: 한국장로교출판사, 1999), 289쪽.
400) Athanasios Basdekis, Die Orthodoxe Kirche, (2001), 29쪽.
401) 한국기독교교회협의회 신앙과 직제 위원회, 『신앙과 직제와 삶과 봉사의 합류』(2009), 160쪽.
402) WCC, The Nature and Mission of the Church, A Stage on the Way to a Common Statement, (F&O 198, 2006), 8쪽.

다.[403] 교회들이 친교를 통해 일치한다는 것은 '그냥 옆에 있는 것이 아니라 상호 침투(perichoresis)하는 사귐'이다. 그것은 성경이 모범으로 제시하는 신적 사귐의 전형이다.[404]

우리는 교회의 일치를 위한 방법론에 대해서 살펴보았다. 그러나 아직도 교회의 일치를 저해하는 여러 생각들이 있음을 우리는 간과해서는 안될 것이다. 개신교인들은 로마가톨릭교회가 마리아를 신앙의 대상으로 삼지 않는다는 사실과 동방정교회가 십자가 자체를 숭배하지 않는다는 사실을 알아야 한다. 교황의 무오류 주장이나 동방정교회의 성화에 대한 존중이 개신교인들을 불편하게 만드는 것은 사실이지만, 개신교의 교파주의의 특성 또한 다른 교회들에게 불편한 심기를 만들어 주기는 마찬가지이다.[405] 캔버라는 "분열들은 교회의 증거에 대해서 뿐만 아니라 교회의 본질 그 자체에 대해서도 모순이 된다"[406]고 말함으로써 일치의 문제가 교회의 '본질'과 '사명' 양쪽 모두에 결정적인 문제라는 것을 설명하고 있다.

로마가톨릭교회도 "분열은 그리스도의 뜻에 명백히 어긋나며, 세상에는 걸림돌이 되고, 모든 사람에게 복음을 선포하여야 할

---

403) 이범성, 『에큐메니컬 선교신학 Ⅱ』, (Dream & Vision, 2016), 11쪽.
404) Ibid., 35쪽.
405) 이범성, "하나님 나라 목회의 선교", 김민호외 9인, 『하나님 나라를 목회하라』, 286쪽.
406) 한국기독교교회협의회 신앙과 직제 위원회, 『신앙과 직제와 삶과 봉사의 합류』, 131쪽.

지극히 거룩한 대의를 손상시키고 있다"[407]는 분명한 문제의식을 가지고 있다. 로마가톨릭교회는 베드로 외에 다른 사도 및 교부들에 의해 세워진 동방정교회의 권한을 인정하고 있으며, 개신교의 세례를 통해서도 그들이 그리스도인임을 인정해 주고 있다. 그럼에도 불구하고 성경과 교회의 전통이 추구하는 일치는 가톨릭교회를 통해서만 완전에 이를 수 있으며, 이 완전을 위해 모든 그리스도인의 교회들은 노력해야 한다는 것이 가톨릭교회의 '일치 운동의 가톨릭 원칙'이다. 그러나 그들은 개신교에 대한 부정적인 언행을 삼가고, 상호 적절한 지식을 갖춘 전문가들의 설명을 경청할 수 있는 대화를 조성하며, 공동선을 위한 협력을 추구하고, 한마음으로 기도하며, 쇄신과 개혁 활동을 줄기차게 추진하고 있다.[408]

교회 일치를 위해서 한 가지 염두에 두어야 할 것이 있다. 과거 '가톨릭'(catholic)과 '프로테스탄트'(protestant)는 서로의 차이점으로 인해 서로 받아들일 수 있는 방법으로 우리 믿음의 전체성(wholeness)을 서로 서로에게 제시할 수 없었다. '가톨릭'은 감독직의 사도적 계승에 있어서 교회의 가시적 연속성을 주장하고 있으

---

407) 교회 일치와 종교 간 대화 위원회, 『교회 일치 문헌 제2권』, (한국천주교주교회의, 2009), 539쪽. "교회 일치운동은 전체 교회와 세계의 모든 개별 교회의 거룩한 의무이며, 모든 대륙에 있는 모든 그리스도인의 의무입니다"라고 요한 바오로 2세 교황, 베네딕토 16세 교황 그리고 제2차 바티칸 공의회를 통해서 교회 일치운동의 가톨릭 원칙을 발표하고 있다.
408) 이범성, "하나님 나라 목회의 선교", 김민호 외 9인, 『하나님 나라를 목회하라』, 288-289쪽.

며, '프로테스탄트'는 하나님 말씀의 주권과 신앙의 응답을 역설하며, '오직 믿음으로만'이라는 칭의의 교리에 초점을 맞추고 강조하였다.[409] 그런데 하나님께서 예수 그리스도 안에 있는 우리들에게 선물로 주신 일치가 있는데, 그것은 바로 "모든 교파는 예수 그리스도 안에서 하나이다"라는 '기독론에 근거한 일치'이다. 하나님께서는 예수 그리스도 안에 있는 당신의 백성들에게 우리의 성취가 아니요, 당신의 창조인 하나 됨을 주셨다. 우리는 당신의 성령의 권능의 역사를 찬양하고 감사드린다. 성령의 권능의 역사로 말미암아 우리는 우리의 분열에도 불구하고, 예수 그리스도 안에서 하나가 되었음을 발견하도록 다같이 인도되었던 것이다. 이 세상에 펼쳐지는 하나님의 구원 사역은 한 민족을 선민으로 부르심을 통해 이루어져 왔다. 하나님의 성육신하신 아들 예수 그리스도께서 죽으시고, 죽은 자 가운데서 살아나시며 승천하시고 성령을 보내사 당신의 몸되신 교회에 거하게 하셨을 때, 옛 계약은 새로운 계약 안에서 성취되었다. 우리를 하나로 모으는 것은 바로 그 교회에 대한 우리의 공통된 관심이요, 또한 바로 그 관심 속에서 우리는 교회의 주님이시오 머리 되신 분과의 관계에 대한 우리의 하나 됨을 발견하는 것이다.[410]

 신약성경은 그리스도 안에서 그의 백성들의 하나 됨을 묘사하기 위해 그리스도와 그의 백성 사이의 관계를 많은 방법으로 이

---

409) 이형기, 『복음주의와 에큐메니컬 운동의 세 흐름에 나타난 신학』, 38-39쪽.
410) WCC, Man's Disorder and God's Design, (Report of Section, 1948년 암스테르담 WCC), 67-69쪽.

야기하고 있다. 교회는 한 몸 안에 많은 지체를 갖고 있다(고전 12:12). 그 여러 지체들은 몸의 머리 되시는 한 분이신 주님께 속해 있다.(엡 1:22, 4:25, 5:23, 골 1:18, 2:19) 교회는 그의 신부요 신랑 되신 그분과 연합해 있다(막 2:19, 계 19:7, 마 22:2 이하, 25:10-11, 눅 12:36, 엡 1:22 이하). 신자들은 그의 백성이다(벧전 2:9-10, 골 3:12, 롬 11:2,11-12,32). 그분은 참 예배가 드려질 새 성전이며(요 2:19 이하, 요 4:21 이하), 또 그분은 믿는 이들이 산돌이 되어 이루어지는 단 하나의 건물이다(벧전 2:5, 엡 2:20, 고전 3:9). 그분은 포도나무이고, 우리는 그의 가지들이며(요 15:1 이하), 또 그분은 목자이고 우리는 그의 양이다(요 10:1 이하).[411]

이처럼 신약성경은 교회의 하나 된 삶이 구원자 되시고 주님 되시는 옛 그리스도의 온전한 인격(위격)과 사역(the whole Person and work)으로부터 유래하는 것으로 생각하고 있다. 교회의 하나 됨은 다음과 같은 사실에 근거하고 있다. 즉 그분께서 우리의 본질(nature)을 취하셨다는 사실과 그의 나라의 권능과 삶을 분명히 드러낸 그분 자신의 말씀들과 사역들에, 그리고 인간들을 당신 나라의 교제 가운데로 부르는 부르심에, 또 열두 사도를 임명하사 당신의 메시아적 사역과 일을 함께 나누도록 한 것과 죄악을 최종적으로 정복하고 분열의 세력을 패배시킨 그의 고난과 죽음에, 우리 모두가 자라 나아가야 할 새 사람(엡 4:11 이하), 즉 모든 인간적 분열이 사라진 새 사람(갈 3:28)을 밝히 보여 주신 그의

---

411) WCC, The Evanston Report, (New York: Harper & Brothers, 1954), 83쪽.

부활에, 모든 역사가 그의 권세 아래 놓이게 되는 그의 승천과 하늘의 통치에, 오순절날 모든 교회(the whole church) 위에 성령을 부어 주심으로 그 이후의 모든 세례 의식에 가장 깊은 의미를 부여하신 사실에, 그리고 승리와 영광의 왕으로 다시 오시겠다는 약속에 근거하고 있다. 내주하시는 보혜사 성령, 교회를 모든 진리 가운데로 인도하시는 성령을 통해서 교회의 하나 됨은 장차 있게 될 충만함을 현재에 미리 맛보는 것이다. 그 충만함이 이미 존재하고 있기 때문이다. 그러므로 교회는 지칠 줄 모르고 일할 수 있으며, 또 인내하며 소망을 갖고서 하나님께서 그리스도 안에서 모든 것을 완성하실 그 날을 기다릴 수 있다. 교회는 그리스도께서 그의 백성들과 자신을 동일시하심으로써 그리스도 안에서 끊어질 수 없는 하나 됨을 부여받았다.[412] 이러한 신학적 근거에 대한 인식은 삼위일체 하나님 신앙에 근거한 보다 구체적인 가시적인 교회 일치로의 진전을 가져왔다.

성령께서 하나 되게 하시는 성부와 성자의 사랑은 삼위일체 되시는 하나님께서 모든 인간과 피조물을 위해 바라시는 하나됨의 원천이요 목표이다. 우리는 만물 이전에 계시고, 그 안에서 만물이 하나 되어 있는 예수 그리스도의 교회 속에서 이 하나 됨에 동참하고 있음을 믿는다. 성부 하나님에 의해 몸의 머리가 되시는 오직 그분 안에서만 교회는 참된 하나 됨을 갖고 있다. 이 하나 됨의 현실이 성령의 은사를 통해 오순절날 드러났으며, 우리

---

[412] WCC, The Evanston Report, (New York: Harper & Brothers, 1954), 83-84쪽.

는 성령을 통해 이 시대에도- 만물이 그리스도의 영광 속에서 그리스도에 의해 종말적으로 완성될 때만이 온전하게 알려지게 될 -성자와 성부의 완전한 하나 됨의 첫 열매들을 알고 있다. 마지막 날에 만물을 완전히 하나 되게 하실 주님은 우리로 하여금 그분이 교회를 위해 원하고 계신 하나됨을 지금 여기 이 땅 위에서 추구하도록 명령하고 계신다.[413] 우리는 이러한 근본 신앙에 대한 일치를 각 전통 교회들은 교회 일치를 위한 우선적인 중요한 전제로 삼아야 하며, 제도적 교회가 만들어 내는 전통에 따르는 부차적인 문제들에 대해서는 상호존중의 자세로 서로를 알아가며, 다른 교회들로부터 무리하게 보이는 자신들의 전통 문제를 개방적인 자세로 숙고해 나갈 필요가 있다.[414]

우리는 제2차 바티칸공의회(1962-1965) 이후 가톨릭교회가 교회 일치를 위해 쇄신과 일치를 위한 노력들을 해왔음을 살펴볼 필요가 있다. 한국 주교회의 교회 일치와 종교 간 대화 위원회에서 펴낸 자료를 살펴보면, 교황 요한 바오로 2세 교황(가톨릭)과 로버트 룬시 캔터베리 대주교(성공회)의 공동선언(바티칸, 1989.10.2.), 교황청 그리스도인일치촉진평의회와 전통 오순절 교회들과 지도자들의 상호 대화 제3회기(1985-1989) '코이노이아의 전망' 보고서 채택, 로마가톨릭교회와 전통 오순절교회들과 그

---

413) WCC, The New Delhi Report, (New York: Association Press, 1961), 116쪽.
414) 이범성, "하나님 나라 목회의 선교", 김민호 외 9인, 『하나님 나라를 목회하라』, 286쪽.

지도자들의 상호 대회 제4회기(1990-1997) '복음화, 개종 권유, 공동 증언' 보고서 채택, 성공회와 로마가톨릭교회의 공식 대화의 결과로서의 『권위의 은사』 발표(로마, 1999. 5. 12.), 성공회와 가톨릭 주교 국제회의에서의 '선교를 통한 친교' 성명서 채택(캐나다 토론토 미시소가, 2000. 5.14-20), 로마가톨릭교회와 세계감리교협의회 공동위원회에서 '사랑으로 진리 말하기: 가톨릭교회와 감리교회의 가르치는 권위'의 보고서(2001)를 채택, 성공회와 로마가톨릭 국제위원회의의 시애틀 성명서 '그리스도 안에서 은총과 희망이신 마리아'(시애틀, 2004.2.2.) 채택, 복음교회와 로마가톨릭교회의 선교대회 보고서 채택(1977-1984), 교황청 그리스도인일치촉진평의회의 두 차례에 걸친 아프리카교회 일치 세미나(2005.7월 아프리카: 2005.9월 브라질), 교황청 그리스도인일치촉진평의회의 브라질 오순절교회에 관한 세미나(2005.9) 개최 등의 교회 일치 운동을 꾸준히 전개해 오고 있다.[415]

아시아에서도 가톨릭은 전통 프로테스탄트 공동체들, 이른바 주류 프로테스탄트 교회들과 풍성한 대화와 친교를 나누어 왔다. 아시아의 많은 지역에서 선교 활동, 타 종교와의 대화, 사회 문화적 문제, 개발과 사회 커뮤니케이션이나 매체 등에서 원활한 사목적 신학적 협력이 이루어지고 있는 것을 발견한다.[416]

그리스도의 몸인 교회 공동체의 분열은 스캔들이 아닐 수 없다. 개신교회가 분열의 길을 걸은 이유는 교회에 대한 신학적 비

---

415) 교회 일치와 종교 간 대화 위원회, 『교회 일치 문헌』, 참고.
416) Ibid., 563쪽.

판과 논쟁에서 시작되었기 때문이다. 아울러 교회의 지나친 개체화가 제기하는 문제를 간과할 수 없다. 개체 교회 내부에서 제기되는 갈등을 해결하고 보다 효과적인 선교 활동과 공동체성을 지향하는 교역자 교육을 보장하기 위해서는 교회 간의 일치와 연대를 도모해야 한다. 몰트만은 "일치는 하나님과의 수직적 통일에서 시작되어야 하고, 분열된 민중의 수평적 통일은 하나님과 수직적으로 통일될 때에만 평화적으로 이루어질 수 있다"[417]고 지적한다. 일치가 지향하는 마지막 목표는 평화에 있다.

### 3) 성도 간 친교

성도 간 친교는 교회를 온전히 세우는 일이 된다. 우리는 성도 간의 친교에 대한 그 근거를 어디서부터 시작할 수 있을까? 나는 삼위일체 하나님에 대한 신앙에서부터 출발할 수 있다고 생각한다. 성도 간의 친교의 모델은 역시 하나님의 삼위일체 관계 고찰을 통해서 만들어질 수 있다. 기독교의 정체성은 삼위일체 하나님에 대한 신앙에 있다는 것은 주지의 사실이다. 우리는 삼위일체 하나님을 믿는다. 삼위일체론은 성서에 기록된 구원의 역사와 성도에게 일어난 구원의 역사에 대한 구원론의 고백인 동시에 그 구원에 대한 감사의 송영이다. 기독교는 삼위일체 하나님을 향하여 나아간다.

---

417) 위르겐 몰트만,『그리스도가 계신 곳에 생명이 있습니다』, 채수일 역, (대한기독교서회,1997), 27-29. 참고.

카파도키아의 세 교부들, 곧 가이사랴의 바질(Basil of Caesarea), 나지안주스의 그레고리(Gregory of Nazianzus), 니사의 그레고리(Gregory of Nissa)는 삼위일체론을 구원론과 송영론의 맥락에서 이해하고 고백하였다. 이들은 한 본질이 아니라 세 위격으로부터 출발하였다. 세 위격으로부터 출발하였다는 것은 위격들의 독립성에서부터 출발한 것임을 말한다. 이들은 본질과 위격을 확실히 구분하여서 세 위격이 한 본질임을 주장하였다. 위격이 개별적인 것에 해당한다면 본질은 공통적인 것에 해당하는 것이어서 세 위격은 각자의 고유성을 가지고 있으면서 하나의 본질로 일체성을 이루고 있다.(사회적 삼위일체론)[418] 위르겐 몰트만은 삼위일체의 세 인격들의 상호 사랑의 사귐 안에서 일치를 주장한다.(사회적 삼위일체론) 몰트만은 삼위일체의 세 인격이 서로 다른 인격 속에 의지하고 침투하여 존재하며 또한 함께 사역한다는 순환의 페리코레시스로 설명한다. 이러한 몰트만의 삼위일체의 사귐은 교회에 적용하여 성령의 사귐 안에서 지배나 종속이 아닌 사랑에 의해 해방된 남자와 여자들의 사귐을 표현하여 '형제자매공동체'라고 말한다. 이것은 교회의 모든 친교에 적용 가능하다. 곧 삼위일체 하나님의 친교로부터 교회의 모든 친교는 그 근거를 얻는다. 아우구스티누스(St. Augustinus)는 사랑의 관계 개념을 통하여 세 위격을 구별하였다. 성부는 성자와 관계하여 성부이고, 성자는 성부와 관계하여 성자이며, 성령은 성부와 성자의 영으로서

---

[418] 루이스 벌코프, 『기독교 교리사』, 박문재 역, (크리스천다이제스트, 2008), 85-103쪽.

성부와 성자가 서로 주고받는 선물이며 둘을 하나로 묶는 사랑의 끈이라고 하였다. 그의 사랑의 삼위일체론은 사랑하는 자, 사랑받는 자, 사랑의 삼중 구조를 가지고 있다. 그에 따르면, 사람은 삼위일체 하나님의 형상으로 창조되어서 인간의 영혼은 존재, 인식, 의지의 삼위일체적 구조를 지니고 있다.(심리적 삼위일체론) 요한네스 다마스케누스(Johannes Damascenus)는 삼위의 일체성을 설명하는데 '순환'(Perichoresis, circuminecessio)의 개념을 도입하였다. 이 개념은 세 위격의 영원한 신적인 삶의 내재와 순환을 표현하고 있다. 세 위격은 영원히 서로 안에 내재하며 순환한다.[419]

존 지지울라스(John Zizioulas)는 삼위일체론을 인간 존재에 적용시켜서 공동체의 원형이며 핵심 원리로 삼았다. 지지울라스는 친교로서의 존재로부터 출발하여 목회와 지역교회도 친교로서 해석하였다.[420] 성도와 교회 공동체의 삶은 경배와 송영의 대상인 삼위일체 하나님의 사랑의 존재와 사귐에 부합하는 삶인 것이다. 인간은 하나님의 형상을 따라 지음 받은 존재이다. 따라서 삼위일체 하나님의 사랑으로 살아가야 할 존재이다. 삼위일체 하나님은 사랑 안에서 상호 내재하며, 사랑을 위하여 공동 사역을 하며, 일체를 이룬다. 삼위일체는 타인 없는 자신의 존재나 전체 없는 개인의 존재를 생각하지 않는다. 나의 존재는 이미 삼위일체 하나님 앞에서 이웃, 사회, 세계와의 상호 내재와 상호의존과 공

---

419) 김광식, 『조직신학(Ⅰ)』, (대한기독교서회, 1988), 174쪽.
420) 존 지지울라스, 『친교로서의 존재』, 이세형, 정애성 역, (삼원서원, 2012), 219-272쪽.

동 사역을 전제로 하고 있다.

코이노니아의 신학적 의미는 풍부하다. 이것은 신약성경에서 19번 사용되었는데, 일차적 의미의 코이노니아는 성령 안에서 그리스도를 통하여 하나님의 삶에 참여하는 것을 의미한다. 코이노니아는 성령의 선물이다. 우리는 '성령의 교제'(고후 13:13)를 나눈다. 코이노니아는 하나님과 인류 사이의 심원한 인격적 관계성을 가리킨다(행 2:42, 요 1:3). 기업 혹은 언약 같은 구약의 주제들도 비슷한 개념을 나타낸다. 이스라엘은 주의 기업이고(출 34:9), 하나님과 그의 백성 사이에 계약이 존재한다(렘 24:7). 코이노니아는 친히 우리와 교제하시려는 하나님의 자유로운 선택에 근거해 있다. "우리는 그의 아들 우리 주 예수 그리스도와 교제하도록 부름 받았다(고전 1:9). 세례를 통하여 신자들은 성령과 교제하도록 부름 받는다. 그 결과 우리는 그리스도의 수난과 위로에 참여하며(고후 1:7, 빌 3:10), 또한 하나님의 성품에 참여한다(벧후 1:4). 사도 바울에서, 소유물의 나눔과 궁핍한 교회에 대한 재정적 도움은(롬 15:26, 고후 9:13의 코이노니아) 하나님의 삶 안에서 우리의 친교의 표징이다."[421]

기독교 공동체는 우리와 하나님의 연합(koinonia)의 결과이므로, 기독교 공동체 또한 코이노니아로 불릴 수 있다. 신자와 하나님 사이의 코이노니아 혹은 연합의 끈은 신자 자신들 사이에 새로운 관계성을 확립한다. 이 관계성은 말씀과 성례전을 통하여

---

421) 이형기, 『복음주의와 에큐메니컬 운동의 세 흐름에 나타난 신학』, (한국장로교출판사, 1999), 61쪽.

삼위일체 하나님의 삶에 참여할 때 인식된다. 교회는 바로 그 구성원들이 성령의 삶 안에서 갖고 있는 친교 때문에 코이노니아이다. 하나님과의 수직적 관계성은 동료 신자들과의 수평적 일치를 가능케 한다. 코니노니아는 우리를 그리스도의 한 몸 안에 묶는 역동적 실체이다. 삼위일체 하나님과의 친교와 성도들 사이의 친교는 전 역사를 통해 발전될 것이고, 우리가 영광 속에서 하나님과 궁극적 연합에 이를 때까지는 결코 완전하게 실현되지 않을 것이다. 이레아니우스에 의하면, 구원사는 인류가 하나님과의 친교 안으로 점진적으로 받아들여지는 것이다.[422]

코이노니아 혹은 친교의 개념은 점점 더 하나의 교회 일치 속에서 개교회들의 다양성을 이해하기 위하여 큰 가치가 있는 것으로 보인다. 코이노니아는 그리스도의 몸과 하나님 백성과 성령의 전으로서 교회의 생활의 근원과 본질을 가리킨다. 특히 이 개념은 두 교회의 차원, 즉 교회의 지역성과 보편성을 분리된 실체로서가 아니라 한 실재의 통합된 두 가지 차원으로 붙잡도록 한다.[423] 기독교 공동체의 원리는 "그리스도께서 우리를 받아 하나님께 영광을 돌리심 같이 너희도 서로 받으라"(롬 15:7)는 원리이다. 그러므로 기독교 공동체는 차이를 상호 위협이 아니라 서로 동일하지 않은 부분들로 구성되어 풍요를 경험하는 공동체이다.

---

422) WCC, The Church : Local and Universal, Faith and Order No, 150, (Geneva : WCC, 1990), 3-4쪽.
423) 이형기, 『복음주의와 에큐메니컬 운동의 세 흐름에 나타난 신학』, 60-61쪽.

이 공동체는 칭의의 은혜를 사회적으로 구성한 형태이다.[424]

본회퍼는 성도의 교제의 중요성을 교회론으로부터 시작하고 있다. 교회에 대한 그리스도의 위치는 근본적으로 두 가지이다. 그는 그에게 비롯되는 모든 삶의 창조자요, 교회의 건축자이다. 교회는 그리스도 안에서, 그를 통하여 사회적 기본관계 안으로 놓여진다. 그의 죽음은 개인들을 분리한다. 모두가 자신의 죄를 지고 있으며, 자신의 양심을 갖고 있다. 부활의 빛 안에서 십자가의 공동체는 그리스도 안에 있는 하나의 공동체로서 의롭다고 인정받고, 거룩하게 된다. 새로운 인류는 하나의 지점에서, 예수 그리스도 안에서 응집된다. 그러나 하나님의 사랑이 그리스도의 대리 행위 안에서 하나님과 인간의 교제를 다시 회복하듯이, 인간의 교제도 사랑 안에서 다시 실현되었다.[425] 교회는 그리스도의 활동과 성령의 활동을 통하여 존속한다. 그리스도 안에서 교회는 영원 전에 선택되었다(딤후 2:3, 요 15:6). 그 안에서 새로운 인류가 살아간다. 그의 죽음을 통하여 새로운 인류가 창설된다(엡 2:15). 그는 둘째 아담, 새로운 아담이다(고전 15:45). 그러므로 인류는 그 안에서 실제로 구원을 받았다. 왜냐하면 그는 교회를 위하여 자신을 내어 주었기 때문이다(엡 5:25).[426]

오직 교회 안에만, 설교와 성만찬을 통해 형제적 사랑으로 하

---

424) 위르겐 몰트만, 『세계 속에 있는 하나님』, 곽미숙 역, (동연, 2009), 192-195쪽.
425) 본 회퍼, 『성도의 교제』, 유석성, 이신건 역, (대한기독교서회, 2010), 139쪽.
426) Ibid., 346쪽.

나가 되는 곳에만 그리스도는 현존한다.[427] 성만찬은 모든 개인에게 주어진 하나님의 선물이다. 성만찬은 공동체에게 주어진 선물이다. 그리스도의 영적 현존은 상징적으로만이 아니라 실제적으로 선사된다. 그리스도는 신자들 속에서 공동체로서 살아 있게 된다. 그리스도는 자기 자신을 선사하며, 자신의 교제를 선사한다. 곧 그의 대리적인 죽음의 고난이 내게 드러난다. 그리고 그리스도는 공동체를 선사한다.[428] 디아코니아와 성례는 함께 속한다. 빵과 포도주 아래 그리스도의 몸을 나눔으로써 우리는 그의 몸이 된다. 우리는 서로 나누는 사람이 되는 것이다. 다른 사람들과 우리 자신의 삶을 나눔으로써 우리의 은사는 강화된다. 감사가 없는 디아코니아는 그리스도와 별 관계가 없다.

교회의 유일한 내용은 그리스도 안에 나타난 하나님의 계시다. 그리스도는 그의 말씀 안에서 교회에 임재하는데, 교회는 그 말씀을 듣고서 언제나 새롭게 구성된다. 그리스도가 하나님의 현존이듯이, 교회는 그리스도의 현존이다.

교회는 내연적, 외연적으로 말씀에 따라 세워진다. 그리스도는 교회의 건물이 세워지는 주춧돌이다(고전 3장, 엡 2:20). 그래서 교회는 "하나님의 자라게 하심"(골 2:19)으로 "하나님의 성전"(엡 2:21)으로 자라난다. 그래서 교회는 "온전한 사람을 이루어 그리스도의 장성한 분량이 충만한 때까지"(엡 4:13) 이르며, 모든 일

---

427) Ibid., 349쪽.
428) Ibid., 215쪽.

가운데서 "교회의 머리인 그리스도에게" 이른다.[429]

본회퍼는 어느 교회이든 그것이 '말씀'을 소유하는 한, 그것은 곧 '성도의 교제'가 된다는 정의를 내린다. 말씀이 있는 한, 그것이 로마가톨릭교회이든, 종파이든 그곳엔 성도의 교제가 존재한다는 것이다. "보라, 형제끼리 한마음으로 함께 사는 것이 얼마나 좋고 즐거운고!"(시 133:1) 하나님의 말씀 아래에서 어떻게 살 것이냐에 대해서 성서가 가르쳐 주고 지시해 준다.[430] 그리스도인의 사귐은 예수 그리스도를 사이에 두고 사귀는 것이요, 예수 그리스도 안에서 사귀는 것이다. 우리는 예수 그리스도를 사이에 두고 그의 안에서 서로 연결되어 있다. 그것은 그리스도인은 누구나 예수 그리스도 때문에 다른 사람이 필요하다는 뜻이다. 그리고 그리스도인은 누구나 예수 그리스도를 통해서만 다른 사람과 가까워질 수 있다는 뜻이다. 우리는 예수 그리스도 안에서 영원 전에 택함을 받았고, 시간 안에서 용납되고, 영원히 하나가 되었다는 뜻이다.[431]

모든 개별 공동체는 그리스도의 몸이다. 그러나 오직 하나의 몸이 있을 뿐이다. 오직 전체 교회만이 그리스도의 몸 안에서 모든 관계를 실현할 수 있다.[432] 바울은 몸의 유기체론으로부터 성도의 교제의 필연성을 설명한다. 이제 그리스도의 몸에서는 유기

---

429) 본회퍼, 『성도의 교제』, 유석성, 이신건 역, 218쪽.
430) 본회퍼, 『신도의 공동생활』, 문익환 옮김, (대한기독교서회, 1964), 19쪽.
431) Ibid., 4쪽.
432) 본회퍼, 『성도의 교제』, 유석성, 이신건 역, 200쪽.

적 생명의 법칙에 따르는 공동체 생활이 지배한다(고전 12장). 머리에 신체가 딸려 있고, 전체는 관절과 근육을 통해 하나로 결합한다. 그러나 공동체 활동의 결속체는 사랑이다(엡 4:16, 골 2:19). 바울의 유기체 사상은 경험적 전체가 개체에 대해 가치의 우월성을 갖는다. 개체는 온 신체의 일부이며, 개체의 본질은 그 속에서 해소된다. 바울 서신은 하나님의 교회를 말한다. 하나님의 교회는 그 자체로서 하나님의 계시의 현실성이며, 개인은 그 현실성에 참여하는 일부이지만, 전체로서의 일부, 하나님에 의해 회중 안에서 선택된 자이다. 본회퍼는 바울의 이러한 유기체적 몸으로서의 공동체성을 염두에 두고 말하고 있는 것이다. 그리스도는 모든 지체의 통일체이다. 그는 오직 개인만이 그 안에서 살고 있는 하나님의 교회를 염두에 두고 있다. 개인은 오직 그 안에서만 살 수 있다. 바로 이 전체를 위해 함께 활동하라는 요구, 바로 이 자명한 이해가 비롯된다. 교회의 유기적 기능은 그리스도의 영의 기능이다. 교회는 '그리스도의 몸'이다. 보프는 공동체의 중요성을 강조하면서 "공동체는 하나의 인격체로서 서로 밀접하게 연결되어 있는 혈육과 같은 존재이다(고전 2:10)"[433]라고 했다.

그리스도는 언제나 교회 안에 현존한다. 왜냐하면 교회는 그의 몸이기 때문이다. 머리가 몸을 지배하듯이, 그는 교회를 지배한다. 그러나 몸은 성령에 의해 온통 지배된다(고전 12:13, 엡 2:18, 엡 4:4). 그리스도가 온 교회를 위해 존재한다면, 성령은 개인을

---

433) 레오나르도 보프, 『세상 한가운데서 하나님을 증언하는 사람들』, 성염 역, (분도출판사, 1990), 270쪽.

위해 존재한다. 성령은 개개인을 그리스도에게 이끌어가며, 그들에게 그리스도를 가져다준다(롬 8:14, 엡 2:22). 그는 그들 안에 교제를 형성한다(고후 13:13, 빌 2:1). 다시 말하면 그의 활동은 사람들의 사회생활에까지 미치고, 그들의 사회적 결속과 사회적 의지를 유용하게 만든다. 반면에 그리스도의 영은 인간의 전체 생활의 역사적 방식을 지향한다.[434] 교회 안에서 그리스도는 마치 그의 도구 안에서 활동하듯이 활동한다. 그는 교회 안에 현존한다. 성령이 개인 안에 현재화하듯이, 그리스도는 성도의 공동체 안에 현재화한다. 그리스도는 오직 교회 안에만 실제로 현존한다. 교회는 그의 안에 있고, 그는 교회 안에 있다(고전 1:30, 3:16, 고후 6:16, 13:5, 골 3:9, 2:17). 그리고 '그리스도 안에 있음'은 '교회 안에 있음'과 똑같은 뜻이다.[435] 교회는 타자와 더불어 있는 존재로서 차별 문화 극복과 서로 다른 사람들의 단절된 관계를 만남을 통하여 연결시켜 주는 매개자로서의 역할을 하는 공동체가 되어야 한다.

그리스도인의 형제의 사귐은 이상(理想)이 아니고 하나님에게 속한 현실이다. 그리스도인의 사귐은 심적(phychic) 현실이 아니고 영적인(pneumatic) 현실이다.[436] 그리스도인의 사귐은 예수 그리스도만을 터로 삼기 때문에 심리적인 현실이 아니고 영적인 현

---

434) 본회퍼, 『성도의 교제』, 유석성, 이신건 역, 346-347쪽.
435) Ibid., 347쪽.
436) 본회퍼, 『신도의 공동생활』, 문익환 옮김, 31쪽.

실[437]인 것이다. 영(靈)의 사귐은 그리스도에게 부름 받은 사람들의 사귐이다. 영의 사귐에는 형제끼리 서로 섬기는 밝은 사랑 '아가페'가 살아 있다.[438] 영적 사귐에서는 어떤 방식이든지 한 사람이 다른 사람과 직접적인 관계를 가지지 않는다.[439] 사람의 자연적인 사랑은 자신을 위해서 남을 사랑하는 것이지만, 영적인 사랑은 그리스도 때문에 남을 사랑하는 것[440]이기 때문이다. 영적인 사랑은 갈구하는 것이 아니라, 섬기는 까닭에 원수를 형제처럼 사랑한다. 그 사랑은 그리스도와 그의 말씀에서 솟아난다.[441] 그러므로 영적인 사랑은 모든 것을 그리스도의 명령을 따라 말하고 행함으로 확인된다. 영적인 사랑은 진리를 따라 섬기는 봉사의 빛 안에서 움직인다.[442]

"그대들 가운데 크게 되려는 사람은 섬기는 사람이 되어야 하느니라"(막 10:43). 예수는 사귐에 있는 모든 권위는 형제를 섬기는데 있다고 둘을 연결시키셨다. 진정으로 영적(靈的)인 권위는 듣는 섬김, 돕는 섬김, 남의 짐을 지는 섬김, 그리고 선교하는 섬김이 이루어지는 데 있을 뿐이다.[443] "그대들의 주는 한 분 그리스도뿐이요, 그대들은 다 형제니라"(마 23:8). 성도의 모임에는 뛰

---

437) Ibid., 37쪽.
438) Ibid., 38쪽.
439) Ibid., 39쪽.
440) Ibid., 40쪽.
441) Ibid., 42쪽.
442) 본회퍼, 『신도의 공동생활』, 문익환 옮김, 44쪽.
443) Ibid., 139쪽.

어난 인물이 필요한 것이 아니라, 예수와 형제들을 참으로 섬기는 사람이 필요하다.[444] 섬김이 성도 간 친교의 근본이다.

오늘날 코이노니아는 교회의 본질과 선교를 이해함에 있어서 열쇠가 되는 개념으로 다시 요청되고 있다.[445] 교회의 친교는 신적인 근원을 갖는데, 하나님의 상호 사귐과 관계가 하나님의 사람들인 교회에 그대로 나타나게 되는 것이기 때문이다. 교회 구성원들 각자와 모임 가운데 하나님이 계신다. 그래서 그리스도인들의 사귐은 신성을 띠게 되어 교회는 곧 성도가 되는 것이다. 이 친교는 하나님 나라의 징표이기 때문에 교회의 친교를 바라보는 세상 사람들은 하나님 나라를 소개 받게 된다. 결국 소통하고 하나 되는 인류사회로의 갱신은 세상의 소망이신 그리스도의 몸 된 교회가 가져온 일치적 사귐에서부터 시작되는 것이다. '하나님 나라의 현재성을 살리는 하나님의 선교'를 위해서 '교회 일치'를 위한 노력에 대해 생각해 보았다. 이제 세상을 섬김으로써 사회적 책임을 도모하는 '세상적 책임' 의식에 대해 생각해 보기로 한다.

---

444) Ibid., 140쪽.
445) 이범성, "21세기 에큐메니컬 교회론을 위한 제안: 디아코니아를 초점으로 하는 삼위일체론적 접근", 미간행 논문.

## 2. '세상적 책임'을 위한 하나님 나라의 현재성을 살리는 디아코니아

하나님 나라의 현재성을 살리는 하나님의 선교에서 두 번째로 생각해야 할 내용은 '세상적 책임'을 위한 디아코니아이다. 이것은 세계선교협의회의 '삶과 봉사'(Life and work)의 중심 운동이기도 하다. '삶과 봉사'(Life and work)는 복음의 실천적 증언을 다루는 분야이다. '삶과 봉사'(Life and work)는 두 분야로 나뉘는데 한 분야는 인권운동, 평화운동, 정의운동과 같은 사회적 증언 운동이고 또 다른 분야는 긴급구호, 재해구호, 재건 등의 봉사활동이다.[446] 필자는 사회적 증언 운동의 분야를 다루려고 한다. 필자는 '세상적 책임'을 위한 교회의 역할로서 현 사회의 화두가 되고 있는 정의, 포용 그리고 소통에 대해서 생각해 보려고 한다.

하나님의 선교의 빛 아래에서 교회는 세상을 향하여 나아가야 한다. 세상이 바로 하나님이 활동하시는 선교지이기 때문이다.

---

446) WCC 제10차 총회 한국준비위원회, 『WCC 바로 알자』, 2013, 14쪽.

## 1) 정의

사회가 정의로운지 묻는 것은, 우리가 소중히 여기는 것들, 이를테면 소득과 부, 의무와 권리, 권력과 기회, 공직과 영광 등을 어떻게 분배하는지를 묻는 것이다. 정의로운 사회는 이것들을 올바르게 분배한다. 재화의 분배를 이해하는 방식에는 세 가지가 있다. 행복을 극대화하고 자유를 존중하며 미덕을 기르는 행위가 그것이다.[447] 과연 교회는 이러한 일에 관심을 가지고 있는가? 소득과 부, 의무와 권리, 권력과 기회, 공직과 영광 자체에 대한 관심 말고, 이러한 것들이 정당하고 바르게 사회구성원들 모두에게 분배되고 있는지에 대해서 말이다. 구약성서에서 나타나야 할 하나님의 통치(하나님 나라)는 "오직 공법을 물같이, 정의를 하수같이 흘리라"(암 5:24)는 예언자로부터 신약성서에서 율법의 근본정신으로서 "서로 사랑하라"는 새 계명으로 요약하신 예수의 말씀은 하나님 나라를 정의라고 규정하고 있다.

제러미 벤담과 같은 공리주의자들은 정의를 행복의 극대화라고 생각한다. 그러나 공리주의가 말하고 있는 '최대 다수의 최대 행복'이 과연 정의라고 할 수 있을까? 1884년 여름, 영국 선원 네 명이 육지에서 1600km 떨어진 남대서양에 표류했다. 네 명의 선원은 작은 구명보트에 올라탄 채 20일 동안을 표류 중이다. 먹을 것이 떨어진 상태에서 그들은 선원이었던 열일곱 살 남자아이 리처드 파커의 경동맥 급소를 찔러 죽이고 그 아이의 살과 피로

---

447) 마이클 샌델, 『정의란 무엇인가?』, 이창신 옮김, (김영사, 2010), 33-34쪽.

연명했다. 그들은 '최대 다수의 최대 행복'의 정의를 실천하고 있는 중이다. 그들은 24일째 되는 날 아침에 지나가던 배에 구조되었다. 공리주의자들이 생각하는 '행복의 극대화'라고 하는 정의에는 인간의 존엄성과 개인의 자유라고 하는 개념은 포함되어 있지 않다.

자유지상주의자들은 모든 개인에게는 자유라는 기본권이 있으며, 그 자유는 오로지 자신만이 소유할 수 있고 이 자유를 행사하는 것이 바로 정의라고 생각한다. 그러나 자유지상주의자들이 말하는 정의가 과연 진정한 정의라고 할 수 있을까? 건강한 한 사람이 콩팥 한 개를 8000달러에 팔았다. 자기 자신은 오직 자신만이 소유할 수 있고, 본인이 소유한 자유는 언제든지 행사할 수 있다는 생각에서이다. 그런데 또 다른 구매자가 찾아와서 하나 남은 나머지 콩팥도 판매하라고 요구한다. 물론 그 사람의 콩팥과 목숨은 그 사람의 소유이다. 그렇다고 해서 그 콩팥을 팔라고 할 수 있을까? 나머지 콩팥마저 팔게 되면 그의 목숨은 위태로워진다.[448] 우리는 진정으로 자기 자신을 소유하고 있다고 말할 수 있을까? 오직 자신의 자유로운 의사 결정에 의해서 행동하는 것을 정의라고 말할 수 있을까? 오직 자신이 절대적인 기준이라고 말하는 것을 정의라고 단정할 수는 없지 않을까? 그러한 정의는 기준이 제각각일 수밖에 없다. 모두가 공감하는 정의가 될 수 없다. 자기 생각이 기준이 될 수밖에 없기 때문이다.

---

448) 마이클 샌델, 『정의란 무엇인가?』, 이창신 옮김, 104-105쪽.

마이클 샌델은 공동선이 함께 고려되지 않은 정의는 정의일 수 없다고 말한다. 그래서 그는 행복을 극대화하고 자유를 존중하며 미덕을 기르는 행위가 곧 정의라고 말한다. 이러한 정의의 개념 아래에서는 "좀 더 시민의 삶에 적극적으로 개입하는 것이어야 하고, 도덕적, 종교적 신념을 피하기보다는 때로는 도전하고 경쟁하면서, 때로는 그것을 경청하고 학습하면서, 더욱 직접적으로 개입해야 한다"[449] 고 말한다.

예수가 율법에서 가장 중요하다고 말한(마 23:23) 핵심, '정의, 자비 그리고 신앙'은 서로 긴장 관계 속에 있으며 서로 보완되어져야 한다. 약자를 보호하고자 하는 선한 의지와 자비심의 부재는 정의와 법의 상실로 이어진다. 한편 법의 발전은 사회의 약자와 불의로 고통당하는 이들의 고난에 적절하게 대응하지 않는 위험에 빠지게 한다. 이런 의미에서 초기의 예언자 아모스, 미가, 호세아 그리고 이사야는 당시 많은 이들이 법과 의무의 보호망으로부터 제외되는 것에 대해 비판했다. 약자들을 보호하는 의무와 그에 상응하는 법의 발전이 이루어지지 않는 사회는 타락한다. 하나님의 정의와 자비 규정은 성서의 근본 주제이다.[450]

유대인에게 있어서 구약성서의 근간으로 여겨지는 오경의 율법은 '하나님 사랑과 이웃 사랑'은 불가분이라는 원칙하에 세워진 시행 세칙이었다. 오경의 율법은 개인의 생활을 제어하는 강압적

---

449) Ibid., 370쪽.
450) 독일개신교연합, 『디아코니아 신학과 실천』, 홍주민 역, (한국디아코니아연구소, 2006), 30쪽.

규율로 보이지만, 율법의 궁극은 이스라엘 사회 전체가 하나님의 거룩성을 닮는 것, 즉 율법은 공동체의 행복과 안녕을 목표로 삼는다. 예언자들은 이러한 율법의 근본정신이 개인뿐만 아니라 사회 안에서 올바르게 구현되어야 함을 주장한다. 예언자들은 율법이 공공의 삶의 영역에서 구체적으로 실현될 때 비로소 그 본질과 근본에 부합되는 것임을 선포하였다.[451]

8세기 북이스라엘에서 활동한 예언자 아모스는 "오직 정의를 물같이, 공의를 마르지 않는 강같이 흐르게 할지어다"(암 5:24)라고 말하였다. 아모스는 사회 정의와 하나님의 공의에 대해 가장 열렬하게 주창한 예언자이다. '사회 정의', '하나님의 공의', '하나님의 백성의 의무'라는 아모스 신학의 주제는 아모스 5장의 본문을 통해 극명하게 드러난다. 아모스 5장은 정의 없는 예배는 더 이상 예배가 아니며, 오히려 거짓 예배라고 신랄하게 비판한다. 아모스 5장은 하나님의 거룩성을 닮고자 하는 하나님의 백성은 악이 아니라 선을 행해야 한다고 선포한다. 그런데 여기서 아모스가 요구하는 선은 개인의 '착함'이 아니라, 공공의 선이다. 가난한 자를 긍휼히 여기며, 경제적 공평을 추구하며, 정치적 억압을 제거하는 공적 선을 행사하는 것이 하나님의 백성, 특별히 권력을 가진 당시의 이스라엘 사회의 기득권층을 향한 아모스의 예언적 메시지였다.[452]

---

451) 이윤경, "구약성서에 나타난 공공신학", 기독교윤리실천운동, 『공공신학』, (예영커뮤니케이션, 2009), 48쪽.
452) Ibid., 40쪽.

고든 맥콘빌(Gorden McConville)은 하나님의 긍휼은 단순한 자비와 동정이 아니라, 노예 생활을 하던 이스라엘 백성을 해방시키는 하나님의 모습 속에서 드러남을 지적한다.[453] 즉 구약에서 말하는 긍휼, 자비, 정의, 공의는 단순한 선언성으로 자비의 손길을 내미는 정도가 아니라, 아모스가 말한 대로 가난한 자를 경제적 억압에서 해방시키고, 정치적 약자를 뇌물과 억압의 논리와 체제로부터 해방시키고, 과부와 고아를 사회적 고립과 독선으로부터 해방시키는 것임을 직시해야 한다. 아모스는 선을 행하라는 명령을 축복을 받기 위한 도구로서가 아니라, 하나님의 세계의 질서 유지를 위해 반드시 하나님의 백성이 행해야만 한다는 의무사항으로 말하고 있다.[454]

정의와 관련하여 성경에서 사용되고 있는 용어는 두 가지가 있다. 하나는 의(righteousness)로 번역되는 '체데크'(tsdq)이다. 이 단어는 어떤 이상적 규범에 부합하는 당위적 상태를 뜻하는 객관적인 용어로서 정확한 도량형(레 19:36; 신 25:15)이나 바른 길(신 25:15)을 가리킬 때 사용되었다. 반면에 '샤파트'(shpt)는 법률 용어로서 분쟁 중인 두 당사자를 중재하여 판결을 선고한다는 주관적인 의미를 지닌다. 샤파트는 정치적 상황 속에서 체데크를 실현하기 위한 방법, 곧 정치적 정의이다. 샤파트는 갈등을 공정하게

---

453) 고든 맥콘빌(Gorden McConville), Exploring the Old Testment: The Prophets, vol.4 (Downers Grove, IL: InterVarsity Press, 2003), 172-173쪽.
454) 이윤경, "구약성서에 나타난 공공신학", 기독교윤리실천운동, 『공공신학』, 41쪽.

중재하여 사회의 불만 요인을 해소함으로써 체데크를 구현하는 사회를 만드는 것이다.[455] 이러한 용어의 정의를 통해서 "사회 정의는 모든 시민들이 수긍할 수 있는 일정한 분배의 규칙을 제정하고 법적인 강제력의 뒷받침 아래에서 이 규칙에 따라서 경제적 재화와 정치적 재화를 분배하는 작업"[456]이라고 정의할 수 있을 것이다.

성경에는 공동체 안에서 일어나는 정치적 갈등을 해소함으로써 보다 평등하고 민주적인 공동체를 이룩하기 위해 노력한 기록들이 많이 남아 있다. 성경은 정치적 재화의 분배를 둘러싸고 일어나는 구성원들 간의 갈등을 지혜롭게 조정하여 사람이 살만한 공동체로 형성해 가야 함을 정치적 정의로 제시하고 있으며, 공동체 안에 있는 최저계층이 소외되지 않고 생계유지가 가능한 방식으로 경제적 재화의 분배 방식을 구상해야 함을 경제적 정의로 제시하고 있다.[457]

정치에는 두 가지 인식이 있다. 하나는 정치를 권력투쟁으로 인식하는 것이고 다른 하나는 시민들 사이에서 일어나는 갈등을 조정하여 합의를 이끌어내는 기술로 인식하는 것이다. 우리 사회 안에서 구성원 간의 갈등 조정의 실현이라는 의미의 정치적 정의의 실현이 제대로 이루어지도록 하려면 정치가 지닌 청지기적 의

---

455) 이상원, "공공신학의 핵심으로서의 사회정의에 대한 성경적 근거", 기독교윤리실천운동, 『공공신학』, 73쪽.
456) Ibid., 73쪽.
457) Ibid., 84쪽.

미가 강조되고 갈등 조정의 업무가 강조되어야 할 것이다. 또한 우리 사회 안에서 경제적 정의가 실현되도록 하기 위해서는 우리 사회의 경제 구조가 이 사회의 가장 약한 계층들의 재정적 생존권의 확보에 최우선순위를 부여하는 구조가 되도록 노력할 필요가 있다.[458] 공산주의는 경제 정의를 이루기 위해 자유를 저버렸고, 반면에 자유주의는 자유를 취하고 경제 정의를 외면했다. 자유주의하에 살고 있는 우리에게는 이제 자유와 함께 경제의 정의를 어떻게 이룩하는가 하는 것이 가장 절실한 당면의 문제로 다가서 있다.

탕자와 그의 형의 관계를 합리적 계산과 정의를 내세우거나 연민의 연장선으로 끌고 가지 않았던 아버지에게는 정의의 목적지로서 화해가 중요했고, 나중 온 자에게도 처음 온 자와 같은 하루 품삯을 지급하는 포도원 주인에게는 정의의 최종 목적지로서 사랑이 중요했다. 그런데 세상을 찾아오신 하나님의 아들 예수는 가난한 자들을 편애한 주님이었다. 그 주님은 화해와 사랑 그리고 소통이라는 주관을 가지고 있다.[459]

공리주의자들은 '최대 다수의 최대 행복'을 정의라고 말하고, 자유지상주의자들은 '오로지 자신만이 소유할 수 있는 자유를 행사하는 것'이라고 말한다. 아모스 선지자는 사회 정의를 외쳤다. 마이클 샌델은 공동선이 함께 고려되지 않은 정의는 정의일 수

---

458) Ibid., 84-85쪽.
459) 이범성, "장애인 평화를 만드는 사람들", (제9회 한일NCC 장애인 합동 교류회, 2018), 30쪽.

없다고 말한다.

## 2) 포용

하나님의 선교인 세상적 책임을 다하기 위해서 우리는 포용에 대해서 숙고해 보아야 한다. 교회가 온전히 사회에 대한 책임을 다하려면 모든 배제의 요소를 사전에 예방하는 포용으로만 가능하다. 우리는 '포용'(Inclusion)이라는 단어의 정확한 의미를 알기 위해서 먼저 '배제'와 '통합'(Integration)과 '포용'의 의미에 대한 정의부터 살펴보아야 하겠다. '배제'는 구성원 그룹에서 벗어난 구성원 상태이며, '통합'은 구성원 내부에 있기는 하나 그 구성원 안에서 또 다른 구성원 그룹으로 고립된 구성원 상태이다. '포용'은 구성원 내부에 있으면서 다른 구성원들과 구별되거나 차별되지 않는 상태를 의미한다.[460]

포용은 사회적으로 긍정된, 그리고 그동안 문서로 작성되고 근본적으로 정초된 프로그램으로서, 모든 이질성의 차원들에 관계한다. 능력, 성, 민족성, 국적, 모국어, 각색 인종, 계급, 종교, 성적 지향성, 육체적 상태, 그리고 다른 더 많은 것들에 관계하는 프로그램이다. 포용은 모든 인간을 위한 기본권으로서 모든 인간의 자기 몫에 참여할 수 있는 권리를 요구한다. 포용은 세계 어디서나 유효한 국제법적인 긍정이고 국가 내적으로 구속력 있는 명령이며, 조건에 따라 전제조건이나 자원을 조건 삼아서는 안 되

---

460) Ibid., 23쪽.

는 인권이다.[461]

볼프는 '아브람의 길 떠남'[462]의 자극을 받아 민족 및 종족의 신 같은 당파적 배제의 세계관을 떠나, 서로를 포옹하는 포용적 하나님 신앙으로 들어가기를 원한다. 인류가 익숙하게 길들여져 있는 배제의 사회는 모든 관계를 갑과 을의 관계, 혹은 가해자와 피해자의 도식 안에 가둔다. 배제는 다양성을 거부하여 피해자를 양산하고, 가해자는 피해자가 즐겨 찾는 악인과 의인의 도식을 모두가 악인이라는 주장으로 대체하려 든다. 그리고 피해자는 스스로를 의인으로 자처하는 가운데 악인의 권좌를 차지하기 위해 심적, 물리적 투쟁을 계속한다. 그리고 기꺼이 가해자의 자리를 차지하되 거기에 정당한 복수라는 해설을 첨부한다. 이로써 악은 가해자를 통해서든 피해자를 통해서든 두 번 승리를 얻는다.[463] 볼프는 그렇게 악이 계속해서 승리하게 해서는 안 된다고 말한다. 볼프는 여기에서 포용이란 원수에게 까지도 팔을 벌려 환영하고 서로 '포옹'하는 것을 말한다. 이러한 '포용'(Inclusion)의 개념은 평화로운 인류사회 공동체의 건설을 위해서 꼭 필요하다.

우리는 삼위일체 하나님을 믿는다. 삼위일체론은 성서에 기록된 구원의 역사와 성도에게 일어난 구원의 역사에 대한 구원론적인 고백인 동시에 그 구원에 대한 감사의 송영이다. 우리는 그 삼

---

461) Reinhard Markowets, Lebenslage von Menschen mit Behinderungen, J. Eurich(Hg), Inklusive Kirche, (Kohlhammer, 2011), 24쪽.
462) 볼프,『배제와 포용』, 박세혁 역, (Ivp, 2012), 55-64쪽.
463) 볼프,『배제와 포용』, 박세혁 역, 121-130쪽.

위일체 하나님 나라를 향하여 나아간다. 위르겐 몰트만은 고대의 동일본질이나 근대의 절대주체에 근거한 군주신론적인 일체가 아니라 삼위일체의 세 인격들의 상호 사랑의 사귐 안에서 일치를 주장하는 사회적 삼위일체론을 주장하였다. 그는 삼위일체의 세 인격이 서로 다른 인격 속에 의지하고 침투하여 존재하며 또한 함께 사역한다는 순환의 페리코레시스로 설명한다. 인격의 개념이 삼위일체론적으로 이해된다면, 다시 말해서 관계적으로 그리고 역사적으로 이해된다면, 삼위일체의 인격들은 공통된 신적인 본질 가운데서 실재할 뿐만 아니라 다른 인격들과의 관계 속에서 실존한다. 그뿐만 아니라 그들은 서로 상대방 안에서 다스리고 상대방을 통하여 생동한다.[464] 그리고 페리코레시스의 정교한 방법으로 삼위성과 일치성이 결합된다. 그것은 삼위성을 일치성으로 환원시키지도 않고, 일치성을 삼위성으로 해소시키지도 않는다. 삼위일체의 인격들의 영원한 페리코레시스 속에 삼위일체성의 일치성이 있다. 순환적으로 이해할 때 삼위일체의 인격들은 영원한 삶의 순환 속에서 자기 자신을 통하여 그들이 일치성을 형성한다.[465]

몰트만은 이 사회적 삼위일체론을 교리적 논의를 넘어서 그의 신학의 실천적 성향을 따라 교회와 사회 현장에 개혁의 모델로 제시하였다. 그는 그동안 유일신론이 교회와 사회의 지배를 정당화하는 신학적 기초를 제공하였음을 지적하고, 이제는 삼위일체

---

464) 위르겐 몰트만, 『삼위 일체와 하나님 나라』, 김균진 역, 210쪽.
465) Ibid., 211쪽.

론이 교회와 사회의 모델이 되고 질서가 되고 프로그램에 되어야 할 것을 주장하였다.[466]

몰트만은 여러 부류 사이의 갈등의 문제를 해결하는데 기독교 신앙에 기초하여 서로 사랑으로 용납하라는 방법론을 제시한다. 그는 사회가 아리스토텔레스의 유유상종을 사회의 질서와 윤리의 원리로 채택하고 있음을 지적한다. 이것은 사회에서 쉬운 일이고 흔한 일이다. 그러나 이러한 원칙은 또한 다른 사람에 대한 분리, 소외, 배타, 대적, 추방으로 치닫게 한다. 인종차별, 성차별, 세대갈등, 계급갈등이 이 원리의 현실적인 산물이기도 하다.[467] 그는 이 갈등과 대립의 사회적 문제에 대하여 기독교 신앙은 세상의 자기보증이라는 관념 속에서가 아니라 칭의의 은혜 속에서 자유를 누리고 있기 때문에 예수 그리스도의 사랑으로 서로를 용납하게 한다고 말한다. 그는 그리스도인들이 삼위일체 하나님에 대한 신앙 안에서 서로를 용납하고 포용할 수 있게 되어야 한다고 말하고 있다.

최종적 화해는 인간이 하는 일이 아니라 삼위일체 하나님이 하시는 일이다.[468] 삼위일체가 세상을 행할 때 성자와 성령은 하나님이 인류를 끌어안으시는 두 팔이다.[469] 삼위일체의 자기 폐쇄적이지 않은 그 사랑이 '하나님 안에' 인류를 위한 공간을 마련

---

466) Ibid., 228-263쪽.
467) 위르겐 몰트만, 『하나님 나라의 지평 안에 있는 사회선교』, 정종훈 역, (대한기독교서회, 2000), 63쪽.
468) 볼프, 『배제와 포용』, 박세혁 역, 173쪽.
469) Ibid., 203쪽.

한다. 상호 내주하시는 하나님의 위격들이 춤추는 원이 타자를 위해 열린다. 서로를 사랑하시는 바로 그 사랑으로 우리를 사랑하셔서, 자신의 영원한 포용 속에 우리를 위한 공간을 마련하긴 하나님의 위격들이 타자인 우리를 끌어안으신다.

성만찬은 하나님이 '우리를 위해 공간을 마련하시고 그곳으로 초대해 들이신' 것을 기념하는 예전적 시간이다.[470] 떡을 먹던 '우리를 위해' 찢기신 그 몸과, 언약을 깨뜨린 우리와 '새 언약'을 세우기 위해 흘리신 피를 기억한다(고전 11:24-25). 하나님의 포용을 받은 우리는 우리 안에 다른 이들을 위한 공간을 마련하고 그들을 초대해 들여야 한다. 학교에서는 지금 통합 교육이 이루어지고 있다. 그런데 통합이란 아직 포용의 상태에 이르지 못함을 의미한다. 장애 학생들이 비장애 학생들과 한 교실에서 생활하고 있지만 여전히 그 안에서 분리되고 고립된 상태로 남아 있는 것이다. 그들은 서로 물과 기름처럼 여전히 어울리지 못하고 있으며, 서로를 향해 너희 때문에 우리가 불편함을 감수하고 있으며, 불이익을 당하고 있다고 서로 비난하고 있다. 그런데 온전한 통합은 포용의 상태에까지 다다르는 것이어야 한다.

교회 안에서는 어떠한가? 장애인이 없는 교회가 대부분을 차지하고 있으며, 장애인이 있다고 하더라도 교회 안에 있는 또 하나의 장애인 교회처럼 홀로 섬이 되어 있지는 않는가? 그리고 그 장애 교우들을 여전히 주체적 존재로 인식하지 못하고 객체적 존

---

470) Ibid., 204쪽.

재로 취급함으로써 교회의 재정이나 축내고 있다는 편견을 가지고 있는 것은 아닌가? 이러한 생각과 태도는 장애 교우들을 공동체의 일원으로, 곧 형제자매로 불리어질 가족으로 인식하지 않고 있다는 증거이다. 가정 안에서는 능력 있는 부모가 돈을 벌어오고 그 돈은 가족 구성원 중에서 필요한 사람이 사용한다. 그러나 아무도 그러한 사용 방법에 토를 달지 않으며, 돈을 벌지 못한 사람이 그 돈을 사용하는 것에 대해서 불편해 하지도 않는다. 왜냐하면 그들 모두는 스스로를 가족으로 인식하고 있기 때문이다. 서로를 가족으로 인식하는 것 그것이 바로 포용의 상태라고 생각한다.

한반도의 통일 문제는 어떠한가? 우리가 통일을 이루어야 하는 이유는 자유와 평화에 있다. 한민족의 통일은 세계 여러 민족의 공존과 번영을 위한 것이어야 한다. 우리가 통일을 이룬다면, 안보 비용의 절감, 민족 문화의 창달, 세계 평화에의 기여, 국내 시장의 확대, 국가 경쟁력 강화, 그리고 무엇보다도 이산가족의 재회와 유구한 역사 전통의 지속적 전개, 그리고 민족 구성원의 정서적 안정을 이룰 수 있고 그 무엇보다도 이념적 적대감에서 벗어날 수 있게 될 것이다.[471] 그럼에도 통일비용 지불, 일자리 위협, 사회적 혼란 등을 운운하며 근시안적으로 계산된 천박한 자본주의적 발상으로 통일 문제에 접근하고 있음은, 이산가족의 아픔을 염두에 두지 않고 있음이며 같은 동족이며 한 형제라

---

471) 이범성, "독일 통일에 있어서 교회의 역할과 한반도 평화와 공존을 위한 그리스도인의 역할", [기쁨과 희망] 잡지 23호 기고원고, 2쪽.

는 의식 없이 통일 문제를 바라보기 때문이라고 생각한다.

독일의 통일은 서독에서 진행한 물심양면의 지원, 그리고 동독에서 진행한 민주적 투쟁이 합쳐서 이루어낸 통일이었다. 튀빙엔 신학자 몰트만은 "서독으로부터 통일을 위한 '디아코니쉬'(봉사적: 사랑)적 역할이 있었다"는 점을 상기하였고, 동베를린의 크뢰트케는 "동독으로부터의 '프로페티쉬'(예언자적: 정의)적 역할이 있었다"는 점을 상기하였다.[472] 독일이 통일을 이루기 위해서는 섬기는 역할과 예언자적 역할이 꼭 필요했다는 것이다.

이러한 독일 통일을 거울삼아 한반도의 통일도 교회가 '디아코니쉬'하고 '프로페티쉬'한 민족운동을 진행하는 가운데 교회의 머리가 되시는 '예수의 복음'인 하나님 나라를 선포하고 통합을 이루는 민족사회가 포용사회의 이상을 이루어나가기까지 계속되어야 한다.[473]

교회는 그동안 주변인—가난한 자와 장애인—을 디아코니아의 대상이나 수령인으로 만들었을 뿐이다. 우리는 변두리 공동체의 시각에서 생각하고, 간섭이 아닌 동반을 촉매하며, 가난한 자들이 생각하는 디아코니아의 모습을 그릴 수 있다.[474] 변두리 공동체는 자신들의 삶에서 이미 일상적인 저항운동을 통하여 디아코니아를 실천하고 있다. 그들은 세상의 죄악성에 대해 증거하고

---

472) Ibid., 3쪽.
473) Ibid., 4쪽.
474) 세계교회협의회, 『21세기의 디아코니아에 관한 신학적인 전망들』, 강성열 옮김, 참가보고서, 2012, 1-2쪽.

있다. 하나님이 변두리 사람들을 선호하시는 것은 온정적인 자비심 때문이 아니라 그들의 삶이 사회 변화의 급박한 필요성을 지시하고 있기 때문이다.[475] 나사렛에서 선한 것이 날 수 있다.(요 1:46) 그곳은 하나님의 임재를 위한 특별한 공간이다. 주변인들은 투쟁 속에서 자신과 타인의 권리를 위한 투쟁을 통하여 불의와 압제에 저항하며, 하나님의 임재와 권능을 자신의 삶 속에 드러낸다. 장애를 가진 자들은 공감과 협력의 가치를 증진시키고, 아프리카 후손 공동체, 인도의 불가촉천민, 유럽의 신디-로마, 일본의 부라꾸들은 차별과 비인간화에 대항하며, 젊은이는 실업을 초래하는 구조에, 이주 노동자들은 인권과 정의를 위해 투쟁한다. 변두리 사람들은 존엄성과 정의에 기초한 삶을 향한 열망을 통하여, 행동 속에서 자유로운 세계를 목표로 하는 대안적 비전을 제시하고 있는 것이다.[476]

그 누구라도 교회 공동체 안에 들어올 경우엔 그 공동체의 삶과 사역을 위해서 중요하지 않은 존재가 되어서는 안 된다.[477] 사회적 평가로 '아무것도 아닌 사람들'이 교회 안에서 '그 어떤 사람들'이 되는 역전을 기대한다.[478] 선교에 대해 '주변으로부터의 선교'는 '주변을 향한 선교'로부터 무르익었다. 그것은 비슷한 것 같지만 아주 다른 차원에서의 깨달음이다. 그것은 선교가 정반대

---

475) Ibid., 5쪽.
476) 세계교회협의회, 『21세기의 디아코니아에 관한 신학적인 전망들』, 강성열 옮김, 참가보고서, 2012, 12쪽.
477) WCC, Church and World, (1990, 1992), 71쪽.
478) Ibid., 77쪽.

로 가는 일종의 방향 전환을 의미하기 때문이다. 옛 성명서(1982)가 "가난한 자에게 복음을 전하게 하시려고"(눅 4:15-21)에 근거하여, "이 지구상의 다수를 차지하는 예수를 알지 못하는 가난한 사람들에게" 이 좋은 소식을 알게 해주어야 한다고 말했다면, 새 성명서(2013)는 "가난한 사람들이" 이 좋은 소식을 세상 모두에게 전해야 한다는 표현을 통해서, 크게는 선교의 주체와 대상에 대한 인식의 전환이 있었음을 알게 한다. 옛 성명서가 "예수께서 특별히 그들에게 하나님의 나라를 약속했기 때문"이라고 말하는 반면에, 새 성명서는 "예수께서는 가난한 사람, 어리석은 사람, 약한 사람들을 택하셔서(고전 1:18-31) 선교를 진전시키시고, 생명을 번성케 하신다"고 말함으로써, '선교의 주역'으로서 '주변인의 역할'을 주목하고 있는 것이다.[479]

그러나 주변인이 선교의 주체가 되는 것은 자동적으로 이루어지는 일이 아니며, 외부의 도움만으로 가능한 일이 아니다. 주변인 스스로가 선교의 주체가 된다는 것은 주변인에게 몇 가지 인식과 결단을 요구한다. 첫째, 하나님의 선교는 본래 주변으로부터 시작되었다. 둘째, 주변인은 선교의 의제(AGENDA)를 제공한다. 셋째, 주변인은 자신의 사안에만 머물러서는 안 되고 다른 주변인의 사안에도 연대해야 한다. 넷째, 주변인도 상대적 약자에게 기득권이 될 수 있다. 다섯째, 주변인과의 연대는 하나님 나라의 경험이 된다. 일곱째, 주변인이 주도하는 선교를 위해서 교회

---

479) 이범성, '오늘날 하나님의 선교', 미간행 논문(2018.5.8.), 11쪽.

는 교육해야 한다는 것이다.[480]

『대화하는 선교』의 저자인 베반스(S. Bevans)와 슈레더(R. Schroeder)는 복음을 두 가지 관점에서 바라보았다. 그 두 가지는 '예수의 복음'과 '예수에 관한 복음'이다. 그동안의 선교는 예수님이 전하신 '하나님 나라'에 관한 소식보다는 "예수가 누구신가?"라는 그의 존재에 대한 이야기에만 전념해 온 것이 사실이다. 두 가지가 동등하게 취급되어야 했음에도 불구하고 상대적으로 '예수에 관한 복음'에 비해 '예수의 복음'이 소홀하게 취급되어 온 것이 사실이다. '예수에 관한 복음'만을 강조하다 보면, 보통 선교는 단지 영혼 구원, 교회 건설의 방식으로 행하고, 다른 사람들에게 그들의 의지와 방식들을 부가하는 것이라는 전제에서 출발한다. 그리고 교회의 관심은 개종, 교회 성장, 하나님의 왕국, 경제, 사회와 정치들에 관심을 갖는다. 뤼티는 "전체 현대의 선교 사업은 그 기원에서 서구의 식민주의와 밀접한 관계로 매우 오염되어 치료될 수 없는 정도이다"라고 말하고 있다. 이미 1971년 2월 쿠알라룸푸르의 한 회의에서 연설하면서 에메리토 나크필(Emerito Nacpil)은 "지금의 선교는 복음의 가장 큰 적인 것처럼 보인다. 현 제도하의 선교사가 아시아를 위해 할 수 있는 가장 선교적인 업무는 아시아를 떠나는 것이다"라고 말하였다. 같은 해 케냐의 존 가투(John Gatu)는 뉴욕의 청중들과 밀워키의 미국 개혁교회 회의에서 연설을 통해 "아프리카의 서구 선교사업은 파산했다"고 주장

---

480) Ibid., 12-13쪽.

했다. 본회퍼는 1944년 5월 게쉬타포 감옥에서 독일 교회를 반성하면서 "오늘날 우리가 그리스도인이 된다는 것은 두 가지 사실에 제한될 것이다. 기도와 사람들 중에서 의로운 행위들"이라고 기록하고 있다.[481]

하나님의 선교는 중요한 의미를 지니고 있다. "선교의 주체가 하나님이시다"라는 사실이다. 이것은 '교회 중심의 선교'로부터 하나님이 관심을 갖고 계시는 '세상 중심의 선교'로의 전환을 요구하고 있다. 시카고의 루터교 신학자 칼 브라텐(Carl E. Braaten)은 '하나님의 나라' 대신 '기독교 왕국'을 세우는 것이 그동안 서구 교회가 행해온 '교회의 선교'라고 단언한다.[482]

교리를 앞세울 때 선교지에서도 교회는 언제나 분열되었다. 그러나 선교지에서 섬김과 봉사(Diakonia) 안에서는 늘 하나가 되곤 하였다. 디아코니아(Diakonia)가 본질이 되는 디아코니아적 선교가 요구된다. 그리고 주변인으로 전락해 버린 아시아인들과 아프리카인들 그리고 중미인들이 주체가 되는 주변으로부터의 선교가 필요한 때라고 생각한다. 그리스도인들은 그 자신 안에서가 아니라, 그리스도와 그의 이웃 안에서 산다고 우리는 결론을 내린다. 그렇지 않을 경우 그는 그리스도인이 아니다. 그는 신앙으로 그리스도 안에서 살며, 사랑으로 그의 이웃 안에서 산다. 신앙

---

481) 데이비드 보쉬, 『변화하고 있는 선교』, 김병길, 장태훈 역, (CLC, 2000), 761-767쪽.
482) 은준관 외 7명, 『하나님의 백성을 세우는 오색목회』, (대한기독교서회, 2011), 251쪽.

에 의하여 그는 그 자신 이상으로 하나님에게 올리어지며, 사랑에 의하여 그는 그 자신 이하로 이웃에게 내려간다.[483]

우리에게 주변인으로 인식된 가난한 자와 장애인들이 주체성을 가진 우리의 공동체의 일원으로 인식되어 질 때 그들은 세상을 향하여 "주변으로부터의 선교"를 담당한 주역으로 서게 될 것이다. "주변으로부터의 선교"는 하나님의 선교의 핵심 내용이기에 이러한 포용의 신학은 오늘날의 선교에서 절실하게 요청되고 있다.

### 3) 소통

J. 색스는『차이의 존중』에서 세계화와 세계화가 불러일으킨 도전, 세계화가 마련해준 기회, 세계화가 낳은 고통, 그리고 세계화가 초래한 저항과 분노를 다룬다. 신자유주의적 흐름 속에서 문명의 충돌을 피하기 위하여 그가 택한 방법은 대화이다. 그가 대화를 강조하는 것은, 오늘날의 세계 문제들의 대부분이 자기 집단에게만 말을 하는 집단적 분리와 고립의 현상에서 연유한다고 보기 때문이다. 그는 "유대인은 유대인에게, 기독교인은 기독교인들에게, 이슬람교도들은 이슬람교도들에게만 말을 건네고, 경제 지도자와 경제학자, 세계화의 반대론자들 역시 그들의 동료들에게만 이야기한다"고 지적한다.[484]

---

[483] 루터, "크리스천의 자유/행동(혹은 봉사)에 관한 문제," 이범성 역, 338-339쪽.
[484] 김호경, "하나님 나라의 공공성", 기독교윤리실천운동,『공공신학』, 53쪽.

포스트 모던적 흐름은 보편적이며 절대적인 것을 거부하고 근대적 거대담론을 폐기시킴으로써 단절을 부추기며, 이러한 흐름 속에서 중요하게 부각되는 것은 각각의 집단들의 의미이다. 이러한 포스트 모던적 특징은, "선보다 정당함이 우선한다"고 일갈한 J.롤스의 지적과 일맥상통한다.[485] 여러 가지 측면에서 인류가 지향해 오던 공공의 선보다는 각각의 집단들의 정당성이 중요한 의미를 갖는 시대가 되었다. 그리고 이익을 달리하는 이러한 집단들의 정당성이 불화의 원인으로 작용하는 시기에 우리는 살고 있다. 이러한 시대적 인식 속에서 기독교 공동체는 기독교인으로서 우리가 속해 있는 집단의 정당성을 드러내야 할 뿐 아니라, 초월적이며 절대적인 하나님으로부터 연유하는 우리의 정당성을 이익을 달리하는 집단들에게 전해야 하는 딜레마에 빠져있다.[486]

어떻게 하는 것이 상호주관성[487]에 입각한 평등과 개방성을 바탕으로 "같은 집단의 사람만을 자신의 사회 인식의 범위로 삼는 신앙의 단계에서 다른 집단과 다른 전통의 진리와 주장에 대하여 원칙 있는 이념적 유연성, 존재에 대한 자기도취성을 초월한 사랑을 지닌 신앙의 단계로의 변화"[488]를 강조하는 시대적 요구에 대한 올바른 신학적 응답이 될 수 있을까?

오늘날 공적 영역에서 종교의 역할에 관한 논쟁이 격화되고

---

485) Ibid., 53쪽.
486) Ibid., 54쪽.
487) 타인을 목적이 아니라 주체로 인식하고 주체와 주체로서의 만남에 기초하여 형성되는 정체성.
488) 김호경, "하나님 나라의 공공성", 기독교윤리실천운동, 『공공신학』, 54쪽.

있다. 불교, 유대교, 기독교, 이슬람교의 신자가 증가하고 있으며, 여러 종교 신자들이 자신들의 신념과 신앙 습관이 가정이나 종교 공동체라는 사적 영역에 제한되기를 원치 않고 있기 때문이다. 선거 정치에 참여하여 영향력을 행사하거나 사회에 도덕적인 변혁을 일으키는 데 역량을 집중하기도 한다. 신앙인들은 어떠한 방식으로든 그들이 믿는 바람직한 삶의 이상들을 공적 영역에서 영향력을 행사하고자 원하기 때문이다. 세계화된 사회 속에서 세계는 점점 좁아지고 있으며 사람들 간의 상호 의존성이 증대됨에 따라 공적 영역을 각자의 경전과 전통에 따라 형성하고자 하는 경향도 함께 증가하고 있기 때문이다.

신앙인들은 다른 삶의 방식을 강요받는 것을 두려워한다. 세속주의자들 또한 어떠한 종교든지 간에 종교적인 삶의 강요를 두려워한다. 이들은 모든 종교가 비이성적이고 위험하다고 생각한다. 종교적 관점을 강요하는 데서 오는 두려움 때문에 공적 영역에서 종교적인 목소리를 잠재워야 한다고 생각하기도 한다. 미로슬라 볼프는 기독교가 광장에 서 있다고 말한다. 광장은 세속주의라고 불리는 보편적 현상으로 채워져 있다. 세속주의는 하나의 이념이 아니고 한 묶음의 연관된 가치들과 진리 주장들인데, 이는 부분적으로 전통에서 이어받은 것과 시장에서 생성된 것 그리고 자연과학으로부터 뽑아낸 것들로 구성된다. 시장은 개인의 선호를 최고의 가치로 올려놓으며 과학적 사고는 세계 내의 인과관

계에 의한 설명만이 유일한 진리라고 말한다.[489]

　세속주의가 자리를 차지하고 있는 공적 영역에서 그리스도인들은 어떻게 소통하며 사회적 책임을 다할 수 있을까? 이슬람교나 유대교와 마찬가지로 기독교는 예언자 유형의 종교다.[490] 신비주의적 종교는 신에게로 영혼의 도피를 추구하지만, 예언자적 종교는 이 세상의 적극적 변화를 추구한다.[491] 예언자적 종교에서 '상승'(ascent)은 본질적인 것이지만, 반드시 '회귀'(return)가 뒤따라야 한다.[492] 예언자적 종교에서 '상승'과 '회귀'는 모두 중요하다. '상승'은 신과의 만남을 통해 예언자적 종교의 대표자가 메시지를 받고 그들의 핵심적 정체성이 형성되는 시점이다. 상승은 신과의 신비적 연합으로 이루어질 수도 있고, 예언적 영감이나 경전을 깊이 이해함으로써 이루어지기도 한다. 상승은 수용적 사건이다. '회귀'는 이 세상 속에서 메시지가 전파되고 실행되며 종교의식이나 제도로 만들어지거나 율법으로 구체화되는 시점이다. 그러므로 회귀는 창조적인 사건이 된다.[493] '수용적인 상승' 없이 신으로부터 세상을 변화시킬 메시지를 받을 수 없고, '창조적인 회귀' 없이 세상을 변화시킬 참여가 일어나지 않는다. 둘 중 하나라도 생략된다면 더 이상 예언자적 종교가 아니다.[494]

---

489) 미로슬라브 볼프,『광장에 선 기독교』, 김명윤 역, (Ivp, 2014), 177쪽.
490) Ibid., 30쪽.
491) Ibid., 28쪽.
492) Ibid., 30쪽.
493) 미로슬라브 볼프,『광장에 선 기독교』, 김명윤 역, 31-32쪽.
494) Ibid., 32쪽.

그런데 예언자가 신과 만나 메시지를 받는 과정에서 장애가 발생하면 상승 기능장애[495]가 발생한다. 상승의 기능장애는 우선 신앙의 기능 축소라는 형태로 일어난다. 이는 예언자적 종교의 수행자가 신과의 만남 그 자체의 의미에 대한 믿음을 잃음으로써, 겉으로 보기에 종교적 언어를 사용하고 전망하고 실천하나 실상은 그 내용과 추진하는 방법이 신앙의 핵심에 근거하지 않을 뿐 아니라 신앙의 핵심과 필연적으로 연결되어 있지 않을 때 일어난다. 그럼에도 상승을 위장하여 신의 이름으로 말하고 행동하는 척하면서 신앙과 상관없이 이미 정해놓은 목적을 추구한다. 이런 예언자들은 신을 존중하지 않으며 단지 신이 대중에게 가지는 권위를 이용할 뿐이다. 그들은 살아있는 신을 종교적 언어의 한 기능으로 축소시킨다. '상승'을 통해 핵심적 정체성이 형성되지 못하게 되면 살아 있는 신을 종교적 언어 안에, 혹은 화석화된 형식적인 예배 안에 자신을 가두어 버리게 된다. 그렇게 되면 세상을 향해 나아가지 못하고 자신 속으로 쪼그라들게 된다. 그 결과 사람 사이의 사회적, 개별적 '소통'은 이루어질 수 없게 된다. 복음의 진리를 빙자하여 기독교 왕국을 추구하고, 진리 선포를 빙자하여 세상의 명예를 탐하고 있는 교회의 모습은 창조적 회귀의 모습을 보여주지 못하고 있는 것이다. 레마의 말씀을 통해 하나님의 말씀을 듣지 못하면 세상을 향한 하나님의 뜻을 수용하지 못하고 세상을 향해 나아가지 못하게 된다. 화석화된 형식적인

---

495) Ibid., 33-34쪽.

예배 안에 갇힌 그리스도인이 되고 만다.

두 번째 상승의 기능장애는 우상으로 대체하는 것이다. 기독교 신앙의 상당한 부분은 하나님의 뜻을 적절히 찾아내고 분별하는 데 달려 있다. 예언자들이 그분의 이름으로 말하고 행동하기 때문이다. 그러나 신약성서에 의하면 신은 가까이 가지 못할 빛에 거하는 분이시고(딤전 6:16), 경전은 해석하기가 무척 어렵다. 신의 이름으로 세상에 참여해야 하지만 그 이름을 찾기가 어렵고, 찾는다 해도 사람들을 불편하게 할 뿐 아니라 그들이 이미 찾아내고 분별했다고 생각한 것이 신의 뜻에 대한 확신에 반대되기도 한다. 이 때문에 예언자들은 신의 이미지를 그들이 상상한 한 형상으로 변형해 버리기도 한다. 하나님의 실재를 차단해 버리고 그 대신 자신들이 만들어 낸 이미지를 그 자리에 갖다 놓는 것이다.[496] 신과의 신비적 연합을 이루지 못하게 되고, 예언적 영감도 얻지 못하며 경전을 깊이 있게 이해하지도 못하게 되면, 신은 자기들이 상상한 한 형상으로 대체되게 된다. 생명력이 없는 우상으로의 대체는 세상을 변화시킬 메시지를 가지지 못하게 되어 세상을 향해 나아가지도 못하고 창조적 사건으로 구체화되지도 못한다. 그 결과 '소통'은 일어날 수 없게 된다. 모든 상승의 기능장애는 동시에 회귀의 기능장애가 된다. 예언자들이 신의 산으로 올라갔다고 위장하든지 아니면 신의 말씀 같아 보이나 사실은 금송아지로부터 받은 메시지를 가지고 산을 내려올 때 회귀는 현실

---

496) Ibid., 35쪽.

과 타협이 되고 만다. 예언자들은 세상을 자신의 이름이나 다른 낯선 신의 이름으로 변혁할 뿐이다.[497]

상승과 관련되지는 않지만 회귀의 진정성을 훼손하는 기능장애[498]도 있다. 회귀의 기능장애는 두 가지 형태로 일어난다. 하나는 신앙의 나태요, 또 하나는 신앙의 강요다. 각각은 기독교 전통에서 구분되어 온 두 가지 죄악과 관련된다. 하나는 부작위의 죄로서 우리가 해야 할 일을 하지 않는 것이고, 또 하나는 작위의 죄로서 해서는 안 될 일을 행하는 것이다. 기독교 신앙의 주된 목적은 개인과 공동체의 삶을 형성하는 것이다. 그러나 다양한 모습의 삶 속에서 신앙이 나태해져 마치 눈 속에 갇힌 자동차의 바퀴처럼 헛도는 경우가 빈번하다. 때로 신앙은 유혹의 미끼 때문에 나태해진다. 높은 도덕적 수준의 삶을 살겠다고 하는 사람들도 사업상의 횡령이나 결혼에서의 부정, 학문에서의 표절, 종교적 권위의 남용이나 이와 유사한 일들 앞에서 유혹에 무너진다. 신앙은 그리스도인에게 신실한 삶을 살도록 요구하지만 우리는 악의 유혹 앞에서 무력함을 느낀다. 그리고 현대 사회에서는 신앙이 체제의 힘 때문에 나태해지는 경우가 빈번하다. 유혹의 미끼는 우리를 둘러싸고 우리를 그 속의 한 부분으로서 기능하게 하는 체제의 힘에 의해 증폭된다. 이러한 체제는 우리의 삶 대부분의 영역 속에, 특히 무소부재하다고 할 수 있는 시장 속에, 생각과 재화와 정치적 영향력의 시장 혹은 대중 매체의 시장 속에

---

497) 미로슬라브 볼프, 『광장에 선 기독교』, 김명윤 역, 37쪽.
498) Ibid., 37쪽.

존재한다.[499] 이런 상황에서 신앙은 사람들의 삶과 사회적인 현실을 형성하는데 완전히 실패한다. 대신 신앙생활은 좁은 영역에 한정되어 영혼이나 개인 윤리 또는 가족과 교회에 관련한 일들에 국한된다. 그 결과 적극적으로 영향력을 행사해야 하는 중요한 영역들에서 신앙은 나태해지고 만다.[500]

신앙의 나태함이 신앙에 대한 오해에서 비롯되기도 한다. 신앙이 어떻게 기능해야 하는지 제대로 이해하지 못하기 때문에 유혹과 체제의 힘이 더 커지는 것이다. 이러한 상황에서 때로 신앙이 현실을 형성하는 데 실패하게 하고 그 대신 신자들에게 일종의 '진정제' 혹은 '신경안정제'로서 사람들을 억압적인 현실의 고통으로부터 차단하고 천상의 기쁨을 주는 꿈의 세계를 통해 위안을 받게 하기도 한다.[501] 막스가 종교를 아편이라고 말했던 것도 이러한 신앙의 기능장애의 한 단면을 지적한 것이라고 생각한다. 회기의 기능장애로서의 나태는 신앙인의 삶을 무력하게 만든다. 이러한 무력함은 기독교 신앙의 주된 목적인 개인과 공동체의 삶을 형성하지 못하게 만든다. 따라서 세상과 소통하지 못하게 되고, 세상을 변화시킬 참여는 일어날 수 없게 된다. 우리는 세상과의 소통을 이야기하고 있는 벤틀란트의 사회적-디아코니아 교회론에 대해 귀를 기울일 필요가 있겠다. 벤틀란트 자신의 기독론에 근거한 디아코니아 교회론은 교회의 실천 운동을 위해 사회윤

---

499) Ibid., 38쪽.
500) Ibid., 39쪽.
501) 미로슬라브 볼프, 『광장에 선 기독교』, 김명윤 역, 40쪽.

리와 결합된 사회적-디아코니아 교회론을 신학적으로 정립하였다. 벤틀란트는 기획된 사회적 디아코니아의 목적이 신약성서 속 그리스도의 자기 비움의 능력에 대한 기독론적인 진술을 기초하여 인간을 노예화시키는 세상의 세력들을 무력화시키는 것에 있다고 하였다. 이러한 사회적인 디아코니아는 사회-인간학적으로 전인적인 인간에 기초하며, 현대 사회 속에서 특수한 방법에 의해 인간이 기구적으로 얽혀 있는 것과 관계하는 것이다. 그래서 벤틀란트는 일반적으로 섬김직의 강조점이 먼저 고통 받는 자들을 위한 개인 도움의 행동에 놓여 있다면, 사회적인 디아코니아는 죄로 인하여 타락되었고, 왜곡되어진 인간의 총체적 삶과 연결되어 있는 인간의 사회적 문제에 초점을 맞춘다.[502] 그리고 그에게서 디아코니아가 일차적으로 개인들을 돕는 것에서 출발한다면, 바로 그 개인들의 삶은 사회의 질서들과 연계되어 있는 개체들을 말한다.[503]

회기 기능장애의 두번째 현상은 신앙의 강요다. 이 경우에 신앙은 지나치게 적극적이어서 원하지 않는 사람들마저 강제적으로 복종시킨다. 신앙인들이 공공장소에 적합한 모습을 보이기를 거부한다면, 주위 사람들은 종교를 억지로 강요하는 사람들로 받아들인다.[504] 종교적인 언어로 공공장소에서 말하는 것 자체가 억압적인 행위는 아니겠지만, 신앙인들이 공적 문제에 관해

---

502) H-D. Wendland, "Christos Diakonos, Christos Doulos", 188쪽.
503) 김옥순, 『디아코니아학 신학』, 365쪽.
504) Ibid., 43쪽.

주장하는 방식은 억압적일 수 있으며 실제로 그런 일이 빈번하게 일어난다.[505] 누구나 원하지 않는 일을 강압적으로 하게 만든다면 거부감을 느낄 수밖에 없다. 소통이 없는 일방적인 강요는 공적 영역에서 거부당할 수밖에 없다. 신앙의 강요는 세상 속에서 설 자리를 잃게 만든다. 신앙의 강요는 배타성의 성격으로 드러난다. 반유대주의는 2차 대전 중에 600만 명에 이르는 유대인 대학살을 정당화하였고, 십자군전쟁에서부터 미국의 페르시아만전쟁, 아프가니스탄 폭격과 같은 반이슬람주의[506]에 이르기까지 다양하게 나타난다. 상승와 회귀의 기능장애는 그리스도인들로 하여금 공적 사회와 소통하지 못하게 만든다. 볼프는 사회를 향한 그리스도인들의 역할이 인간의 번영이 되어야 한다고 말한다. 그러려면 공공선을 위해 세상에 참여하라고 말한다. 우리는 광장으로 나가야 한다. 소통의 장소로 나가야 한다. 세속주의라고 불리는 보편적 현상으로 채워진 광장으로 나가서 그들의 언어를 배워야 한다.

우리는 벤틀란트의 '새로운 창조의 인간성'에 주목할 필요가 있겠다. 벤틀란트의 인간에 대한 사고는 '함께 더불어 사는 존재'로서의 인간이며 동시에 '개체적인 존재'로서의 인간 이해에 강하게 집중하고 있다. 그는 틸리히적인 인간존재론에 의지하여 "인간 존재는 자기 관계적이며 동시에 사회 관계적인 개별자로서 이

---

505) 미로슬라브 볼프, 『광장에 선 기독교』, 김명윤 역, 44쪽.
506) 채수일, 『에큐메니컬 선교신학』, 156쪽.

성과 자유와 책임성과 결합된 존재"[507]로 이해한다. 인간 존재란 그의 본질을 묻는 것이 관건이 아니라, 존재한다는 것이 무엇을 의미하느냐를 질문하는 것이 중요하다고 보았다.[508] 이러한 연관 속에서 벤틀란트는 존재론 속에 신앙인의 사회윤리를 기초시킨다. 즉 신앙인으로서 존재하다는 것이 무엇을 의미하는 가에 대하여 "이성과 계시 사이에서 그 답을 찾아야 한다"는 것이다.[509]

벤틀란트는 계시적인 차원에서 우주적-종말론적이란 용어 속에서 인간을 규정하고 있는데 이는 '새로운 창조로서의 인간성'이다. 새로운 창조로서의 인간성은 새로운 사회윤리의 핵심 개념을 '신앙의 인본주의'(Christliche Humanismus)와 '신앙의 인간성'(Christliche Humanitat)으로 표현한다.[510] 이러한 새로운 창조로서의 신앙 인간은 우주적 종말론적인 계시 차원에서 새로운 사회 질서를 만드는 새 창조에 참여하는 자들이다. 그는 이러한 새로운 사회윤리의 핵심 개념으로서 기독교 계시의 사랑인 '신앙의 인본주의'를 일반적인 이성적 인간 사랑의 '인본주의'(Humanismus)와 구별시킨다.

베틀란트에게서 신앙인이 사회에 봉사하는 모든 활동의 기준

---

507) P. Tilich, Biblische Religio und die Frage nach dem Sei (Stuttgart: Evangelisches Verlagswerk, 1956), 27쪽.
508) 김옥순, 『디아코니아학 신학』, 366쪽.
509) H-D. Wendland, "Ontologie und Eschatologie in der christlichen Soziallehre", in: Der., Botschaft an die soziale Welt. Beitrage zur christilchen Sozialethik der Gegenwart (Hamburg: Furche-verlag, 1959), 147쪽.
510) 김옥순, 『디아코니아학 신학』, 366쪽.

을 본질적으로 신학 성찰이 되도록 그 고유성이 확고히 확보되고 있다. 벤틀란트는 '신앙의 인본주의'를 수행하는 자들을 '세상의 기독 신앙인'(Weltliche Christenheit)의 개념으로 발전시키며, 이 '세상에서 신앙인'을 '사회적 디아코니아'의 수행 주체로서 세워 놓았다. 벤틀란트의 이러한 '세상의 신앙인'을 근거시키는 요소는 신앙의 실천을 강조하는 루터의 '영성으로 내재화된 소명'(voacti spiritualis)이 밖으로 나타나는 '외연화되는 소명'(vocatio externa)과 관련되어 있다.[511] 한 걸음 더 나아가 벤틀란트는 이렇듯 개인의 '영적인 부르심이' 이웃과 사회를 향한 '밖으로의 소명'으로, 사랑이 실천되어야만 하는 근거를 그리스도의 '우주적 섬김직'으로 증명해 보인다.[512] 여기서 벤틀란트는 사랑의 개념을 '우주적이고 동시에 구체적 사랑의 활동'으로써 말하고 있다. 벤틀란트는 "만일 신앙인이 개인적인 돌봄 사랑을 넘어서 보다 넓은 범위로써 사회봉사 활동에 대한 신학적인 성찰을 진지하게 고려하지 않는다면, 우리는 단지 그리스도의 우주적인 섬김을 단순히 말로만 하는 것에 불과하도록 만드는 것"이라고 하였다.[513]

새로운 창조의 인간성은 그리스도의 우주적 섬김에 기초하여 세상을 우주적인 새로운 창조세계로 만들어가는 인간실존인 것이다. 벤틀란트는 우주적인 새로운 창조라고 할 수 있는 신앙인의 사회봉사 활동을 위해서 사회 구조의 문제들을 제기하여 신앙

---

511) H.-D. Wendland, "Weltweite Diakonie", in: ZEE 11, 105쪽.
512) 김옥순, 『디아코니아학 신학』, 367쪽.
513) Ibid., 367쪽.

인의 사회윤리의 장을 열어 놓았다. 즉 개인적인 자율성에 의해 지향된 개인윤리는 현대사회 구조 속에서 대부분의 인간 상태가 왜곡되는 것을 통찰하지 못하지만 사회윤리는 이를 극복하고, 현대사회구조 속에서 인간이 존재한다는 것이 무엇을 의미하는가에 대한 행동 방법의 가능성을 열어주어야 한다는 것이다. 따라서 신학적 사회윤리는 신앙인이 기구적으로 조직화된 사회구조 속에서 왜곡된 인간을 치유하기 위하여 현재 나타나는 사회문제들을 분석하고 해결하는 사회적인 차원에로까지 나아가도록 이끌어가야 한다.

벤틀란트는 신앙인들을 개인주의적인 협소함에서 벗어나 세상 속에서 사회적인 디아코니아 활동으로 인도한다.[514] 함께 사는 존재로서의 신앙인의 사회적인 연관은 신앙인들을 책임사회 속에서 활동하는 사회 개혁에로 이끌어간다. 이와 같이 벤틀란트의 사회적인 디아코니아 개념 확장은 개체적인 인간에 대한 돌봄 뿐만이 아니라, 기구적인 사회구조에 대한 돌봄을 포함하는 것이다.[515] 이는 일반적인 개별자적 이웃 사랑을 넘어서는 것으로 만일 기구들의 잘못으로 인해서 인간의 고통이 초래될 때에는 신앙인들이 기구를 개혁해야 한다는 것을 의미하는 것이다. 이를 위해서 벤틀란트는 교회가 국가와 거리를 가져야 함에도 불구하고, 교회는 현대사회와 비판적으로 연대할 것을 요구한다. 이것은 벤틀란트가 '사회적 디아코니아'라는 개념으로서 교회와 세상과의

---

514) Ibid., 368쪽.
515) Ibid

관계를 새롭게 규정한 것으로 볼 수 있다. 벤틀란트는 그 당시 신학적으로 적합한 표현이 부재한 가운데서 '사회적인 디아코니아'란 개념을 사회 속에서 사회와 함께하는 기독교 사랑의 개신교 봉사활동에 대한 표현이라고 생각하였다.[516] 이러한 벤틀란트의 시도는 책임사회의 개념을 그의 사회윤리 개념인 '세상 속에서 신앙인'으로서 사회봉사의 주체들이 연대하는 세계적인 에큐메니컬 차원과도 연결시키고 있다.[517] 우리는 볼프의 예언자적 전통에 대한 상승과 회기를 통해서 세상의 번영을 위해 그리스도인들이 세상과의 소통의 자리로 나서야 함을, 벤트란트의 사회 윤리의 개념을 통해서 세상과의 소통을 통해서 세상 속에서 디아코니아적인 삶을 살아내야 함을 생각할 수 있었다. 기독교는 세상 속 광장으로 나가야 한다. 그곳에서 그리스도인의 정체성을 가지고 세상의 언어를 통해 그리스도인으로서 신앙의 정체성을 세상에 펼쳐 나가야 한다. '하나님 나라의 현재성을 살리는 하나님의 선교'를 위해서는 세상을 섬김으로써 사회적 책임을 도모하는 '세상적 책임' 의식이 필요하다.

이제 '복음 전도'의 사명을 감당하기 위해서 교회의 다섯 가지 중요한 기능인 예배(Leiturgia), 교육(Didake), 친교(Koinonia), 선교(Missio), 섬김(Diakonia)이 어떻게 선교적 기능으로 전환되어야 할지 생각해 보기로 한다.

---

516) Ibid
517) Ibid

## 3. '선교와 전도'를 위한 하나님 나라의 현재성을 살리는 디아코니아

하나님 나라의 현재성을 살리는 하나님의 선교에서 세 번째로 생각해야 할 내용은 '선교와 전도'를 위한 디아코니아이다. 이것은 세계선교협의회의 '선교와 전도 위원회'의 중심 운동이기도 하다. 하나님의 선교란 하나님의 나라에 대한 증언과 증거의 모든 행위를 말한다.[518] 마리아 해리스는 교회의 다섯 가지 중요한 기능으로 예배(Leiturgia), 교육(Didake), 친교(Koinonia), 선교(Missio), 봉사(Diakonia)를 들었다. 이러한 교회의 자기표현양식 다섯 가지가 갖는 상호관계성을 '하나님의 선교'의 관점과 관련지어 본다면, 선교(Missio)는 궁극적인 친교(Koinonia)를 그 목표로 삼으며, 선교의 방식은 선포(Kerigma)의 성격을 갖는 예배(Leiturgia)와 선포된 사실을 믿게 만드는 봉사(Diakonia)로 이루어지고, 이 '하나님의 선교'를 꾸준히 알게 하고 습관화하도록 만드는 것을 교육(Didake)이라고 설명할 수 있다.[519]

필자는 교회의 중요한 다섯 가지 기능들을 세상을 섬기는 교

---

518) 이범성, "덕수교회의 선교", 은준관 외 7명, 『하나님의 백성을 세우는 오색 목회』, 243쪽.
519) Ibid., 245쪽.

회의 본질적 사명으로서의 '설교와 교육', 하나님과의 수직적 관계에서의 디아코니아의 체험인 '예배와 성찬' 그리고 공동체 안에서의 수평적 관계에서의 섬김의 체험인 '친교와 섬김'으로 전환되어야 한다고 생각한다. '설교와 교육'은 하나님의 선교의 내용을 믿게 하는 것이며, '예배와 성찬'은 하나님과의 수직적 관계 안에서 섬김을 실천하게 하는 것이다. 그리고 '친교와 섬김'은 공동체 안에서의 수평적인 관계 속에서 섬김을 실천하게 하는 것이다. 이러한 성도 간의 교제가 외면화되면 세상 속에서의 하나님 나라를 경험하는 것으로 확대되게 된다.

이제 하나님의 선교의 관점에서 디아코니아적 교회의 모습이 선교와 전도와 관련해서, 교회 안에서 '설교와 교육', '예배와 성찬', 그리고 '친교와 섬김'의 각 영역에서 어떻게 나타나야 하는지에 대해서 생각해 보기로 한다.

### 1) 설교(Kerygma)와 교육(Didache)

예배에 있어서의 하나님의 말씀선포인 설교의 중요성은 언급할 필요조차 없을 것이다. 우리가 기억해야 할 분명한 사실은 말씀에 대한 분명한 인식과 고백이 있어야 진정한 말씀 수행의 결단이 가능하다는 사실이다. 무엇이 선포되어야 할 것인가의 문제는 곧 무슨 선포가 본질적으로 교회에 속하는가의 문제이다. 그 대답은 자명한데, 교회의 존재를 세상, 즉 사회에 보내심을 받은 존재가 되도록 동기를 부여하는 것, 또한 동시에 동기를 부여하는 분 즉 자신을 계시하시는 하나님이신 예수 그리스도가 선포의 대상이다. 다시 말하면 아들의 사명은 교회의 사명의 동기가 된다. 모든 시대에 걸쳐서 항상 나사렛 예수는 그리스도인의 생각과 삶과 그들의 헌신의 중심부에 있었다.

우리가 선포할 내용은 바로 나사렛 예수이다. 예수는 스스로 섬기는 자로 오셨다고 말씀 하셨고, 스스로 섬김의 사역을 감당 하셨다. 예수는 가난한 자들과 병자들과 빚진 자들에게 "하나님 나라를 그들의 구원(Heiland)으로 가져왔다."[520] 예수가 가져온 하나님 나라가 바로 설교의 중심 내용이 되어야 한다. 예수는 세상을 구원하고, 치유하고, 해방하는 분으로 오셨다. 세상을 섬기는 분으로 오셨다. 설교는 바로 이러한 동기를 명확하게 선포하여야 한다. 인간 실존에 대한 유일하고도 보편적인 진리가 바로 디아코노스이신 예수 그리스도이시기 때문이다. 이를 한마디로 케리그마(사신)라고 부른다. 이 케리그마(설교)는 "복음의 살아있는 음성(viva vox Evangelli)으로, 사람과 사람 사이에 직접 일어나는 사건이어서, 결코 포기될 수 없는 것이다. 말씀은 삶의 동기 설정을 통해 의식화로 나타나 삶을 통해 실현된다.[521]

설교의 구약적 유산은 세 가지였다. 첫째는 계시와 영감에서 오는 말씀의 증언뿐 아니라 역사 안에서 하나님은 그의 백성을 어떻게 구원하셨는가라는 역사적 사건을 기억하고 되풀이하는

---

520) 폴커 헤르만& 마틴 호르스트만, 『디아코니아학』, 이범성 역, 374쪽.
521) 박인갑, "'하나님 나라'를 위한 디아코니아 목회의 이론과 실제", 김민호 외 9명 공저, 『하나님 나라를 목회하라』, 449쪽.

제사장 계보에서 온 예전적 설교(Liturgical Preaching), 둘째는 하나님의 뜻을 해석하고 백성에게 훈계하는 예언자 계보에서 온 예언적 설교(Prophetic Preaching), 안식일에 율법책을 읽고 그 책을 해석하는 회당 계보에서 온 주해설교(Expository Preaching)이다.[522]

예수의 설교도 안식일날 회당에 들어가서 성경을 읽고(이사야의 글) 그 글을 해석하였다는 점에서 주해설교의 성격을 지니고 있었으며, 회당이라는 공동체와 회당예배라는 특별한 틀 안에서 수행하신 설교였기 때문에 예전적 설교의 성격도 지니고 있었으며, 임박한 하나님의 나라를 선포함으로써 인간과 역사의 죄에 대한 회개를 촉구하였다는 점에서 예언자적 설교의 특징도 지니고 있었다.[523] 그 하나님 나라의 내용은 디아코니아적 이상향이라는 것을 누구나 알고 있다. 누가복음 4장 18-19절은 주께서 오신 이유가 하나님 나라가 임하신(주의 은혜의 해, 눅 4:19) 이유가 구체적으로 가난한 자, 포로 된 자, 그리고 눈 먼 자에게 집중되어 있다는 디아코니아를 복음의 핵심으로 설교하고 있다는 것을 알게 해준다. 바울의 설교도 예수의 죽음과 부활 사건을 해석하고 증언하였다는 점에서 예언자적 설교의 특징을 지니고 있으며, 영적 은사와 예언은 반드시 코이노니아를 전제로 하는 공동체에 의하여 규제되며 또 그 안에서 이루어진다는 점에서 예전적 설교의 특징을 보이고 있으며, 대화와 친밀성을 전제로 하는 설득이고

---

522) 은준관, 『실천적 교회론』, (한들출판사, 2006), 261-262쪽.
523) 은준관, 『실천적 교회론』, 264쪽.

논리의 전개라는 면에서 주해설교이다.[524]

설교의 구약적 유산과 예수의 설교, 바울의 설교 등에서 주해 설교의 특징을 보이고 있다는 것은 선포(kerygma)와 가르침(didache) 사이에 구분이 없었다는 것을 말해준다. 예언자적 설교의 특징을 보여주고 있음은 '세상적 책임'을 위한 디아코니아를 선포하였음을 명확하게 보여주는 증거이다. 선포는 '세상적 책임'을 위한 내용들이 포함되어야 한다. 정의, 포용, 소통과 같은 내용들이 선포될 수 있어야 할 것이다. "오늘 너의 집에 구원이 임했다!" "복음과 디아코니아는 한 전선에서 서로 속해 있다."[525] 선포를 통해서 하나님 나라가 그들에게로 온다. 그들에게 예수는 메시아로서 자신들의 희망이 된다. 선포를 통해서 희망이 그들에게로 오는 것이다. 하나님 나라가 임하게 되는 것이다.

호지슨(Peter C. Hodgson)은 『성령의 바람(Winds of the Sprit)』에서 기독교 해석학에는 세 차원이 있는데 Pre-text(본문 이전 메시지), Text(본문), 그리고 Con-text(삶과 역사 상황)이라고 하였다.[526] 설교는 그것이 어떤 형태이든 이 3차원을 포용해야 한다면 현시대적 상황하에서 어떠한 Con-text를 선포와 가르침 안에 포함할 때 하나님 나라의 비전하에서 사회를 섬기고 변혁해 나가며 또한 사회와 소통하는 공적인 공동체로 태어날 수 있게 할 수 있는가?

---

524) Ibid., 265-266쪽.
525) 폴커 헤르만& 마틴 호르스트만, 『디아코니아학』, 이범성 역, 374쪽.
526) Peter C. Hodgson, Windes of the Spirit, (Louisville, Ky.: Westminister John Knox Press, 1993), 11쪽.

오시는 하나님의 다가오심은 종, 병자, 가난한 자 그리고 죄인들을 해방시키고 그들의 고유한 자유에로 권한을 부여한다. 하나님은 그들의 삶과 역사(Con-text)의 현장으로 다가오신다. 복음의 선포는 오시는 하나님과 인간의 해방을 선포해야 한다. 그러한 선포는 삶과 역사(Con-text)의 현장을 향해 선포되는 구원의 메시지가 되어야 한다.

필자는 삼위일체 하나님의 존재 양식에 근거를 둔 자아정체성과 신앙정체성의 확립과 소명의식의 양육, 이중적 언어 능력의 개발과 같은 내용들이 포함되어야 한다고 생각한다. 삼위일체 하나님은 '상호주관성', '평등성', '개방성', '공감' 등의 특성을 지닌다.

상호주관성에 기초한 자아정체성과 신앙정체성이란 삼위일체 하나님의 신적 인격들 사이의 관계성에서 나타나듯이 상대를 대상화시키지 아니하고 깊은 인격적 관계 속에서 상대를 주체로 인식하고 주체와 주체로서의 만남에 기초하여 형성되는 정체성을 뜻한다. 다양한 차원의 타인들을 주체가 아닌 어떤 대상으로 간주하게 될 때 상대를 지배하려는 욕망이 생기게 되며 이를 통하여 갈등과 폭력이 발생하게 된다.[527] 예수는 그를 따르는 자들을 치료받을 대상으로 생각하지 않았다. 어느 한 사람도 객체로 인식하지 않았다. 그들 모두를 식탁의 자리로 초대하고 천국의 잔치 자리의 주인공이 되게 하셨다. 종말론적 하나님 나라에서 맛볼 수 있는 잔치 자리를 지금 여기에서 맛볼 수 있도록 기꺼이 그

---

527) 장신근, "그리스도인의 삶과 공공성", 임성빈 외 13인, 『공공신학』, 122쪽.

들을 초대하였다. 항상 주체와 주체로서의 만남을 가졌다.

평등성에 기초한 자아정체성과 신앙정체성이란 삼위일체 하나님의 세 신적 위격이신 성부, 성자, 성령은 각각 구별되는 가운데서도 평등한 하나의 공동체를 이루고 계신다. 이러한 삼위일체 하나님의 평등성에 기초하여 여러 차원의 타자를 자신과 동등한 가치를 지닌 존재로 볼 수 있는 능력을 길러 주는 정체성을 말한다. 평등성의 결여는 지배와 피지배의 구조를 가져오며 다른 문화, 계급, 성별 사이의 갈등과 분쟁을 초래한다.[528] 교회 건물에 승강기나 경사로가 없어서 장애인들이 휠체어를 타고 예배실에 들어가는데 어려움을 겪는다면, 교회는 모두를 위한 자유의 공간이 될 수 없다. 장애인들을 나와 동등한 인격체로 인식하지 않고 그저 도움을 받아야 할 사람으로만 인식한다면 그 교회 공동체는 평등한 하나의 공동체가 되지 못한다.

개방성에 기초한 자아정체성과 신앙정체성이란 삼위일체 하나님의 공동체가 자신들만의 폐쇄된 공동체가 아니라 자신들의 삼위일체론적 역사를 열어주고 그 속에 인간과 우주 만물을 포괄시켜 주시는 개방성에 기초하여 자신과 다른 신앙, 문화, 사상을 용납하지 못하고 배척하며 차별하는 태도에 대한 하나의 중요한 대안이며 세계화 시대에 반드시 필요한 정체성이다.[529] 교회가 자기중심성과 자기 폐쇄성에 빠져있는 경우가 많다. 세상을 향하여 손 내 밀지 못하고, 세상을 향하여 변혁의 능동적 주체가

---

528) Ibid., 123쪽.
529) Ibid., 123-124쪽.

되지 못한다면, 세상도 교회를 향하여 손 내밀지 않게 될 것이다. 사랑을 말하지만 자기들끼리의 사랑일 뿐이라는 소리를 듣게 된다. 하나님은 이 세상을 사랑하사 예수를 세상에 보내셨다. 하나님이 사랑하신 세상을 외면한다면, 세상과 담쌓는 삶을 지향한다면, 어떻게 세상을 향하여 증거할 수 있을까? 복음은 말을 통해서 전해지는 것이 아니라 삶의 모습을 통해서 전해져야 한다. 자신과 다른 신앙에 대해서 강요로 일관한다면 그들은 더이상 우리의 증거에 귀를 기울이지 않게 될 것이다. 선교는 낯선 자들과의 만남이다. 다른 신앙, 다른 문화, 다른 사상과의 만남을 회피한다면 선교는 이루어질 수 없다. 낯선 이들과의 만남에 익숙해져야 한다.

공감성에 기초한 자아정체성과 신앙정체성이란 삼위일체 하나님의 세 위격은 각각의 고유한 사역을 수행해 나가면서도 공감을 통하여 서로의 사역에 상호 침투적 또는 상호 내주적으로 참여하신다. 동시에 삼위일체 하나님의 신적 공동체는 그리스도의 성육신을 통하여 인간의 고난과 현실에 공감적으로 참여하신다. 이러한 공감성에 기초하여 경제적, 정치적으로 억눌리고, 소외되고, 차별당하는 자들의 현실을 공감하고 연대함으로써 현실을 개혁해 나갈 수 있는 정체성이다.[530] 기도하는 일과 말씀 사역, 떡을 나누는 일, 이 모든 사역을 디아코니아라고 한다. 이 모두가 동일한 사역이다. 초대교회는 신앙 고백의 토대 위에서 떡을 나

---

530) 장신근, "그리스도인의 삶과 공공성", 임성빈 외 13인, 『공공신학』, 124쪽.

누는 사역과 말씀 사역을 평등하게 이루었다. 그러한 평등은 각자의 은사와 능력에 따라서, 즉 그들의 전문성에 의거해서 사역을 감당하였다. "고백성은 기독교 영성으로서 하나님의 영과 교제하는 것"[531]을 말한다. 이러한 고백성과 전문성을 지니고 세상에서 억눌리고, 소외되고, 차별당하는 자들의 현실을 공감하고 연대할 때 현실을 개혁해 나갈 수 있는 동력이 된다. 이것이 바로 선교요 통전적 디아코니아인 것이다.

성숙한 자아정체성과 신앙정체성의 형성과 더불어 "믿음의 삶으로 부르심을 받는 것과 일상의 삶에서 하나님을 섬기는"[532] 소명의식의 양육이 필요하다. 그리스도인으로서 하나님을 섬기고 봉사하는 차원의 제자로서의 소명뿐 아니라 세상을 섬기고 봉사하는 시민으로서의 소명까지도 필요하다.[533] 식탁 교제를 통해서 천국을 맛본 그리스도인들은 세상을 향하여 나아가야 한다. 미리 맛본 하나님 나라를 증거 하는 삶을 살아가야 하기 때문이다. 그리고 신앙공동체의 언어뿐만이 아니라 공적인 영역에서 이루어지는 담론과 공적인 이슈에 대해서도 논의에 참여할 수 있기 위해서는 공적 언어에 대해서도 유창해야만 할 것이다. 그래야만

---

531) 김옥순, 『디아코니아학 입문』, 62쪽.
532) Richard Osmer, 『교육목회의 새로운 패러다임(Teaching Ministry of Congregation)』, 장신근 역, (대한기독교서회, 2007), 346쪽.
533) 존 콜레만(John Coleman), "두 가지 교육: 제자직과 시민직", 김도일 역, 『제자직과 시민직을 위한 교육』, (장로교출판사, 1999), 67-121쪽.

비그리스도인들과의 대화에 참여할 수 있게 되기 때문이다.[534]

케리그마란 복음 선포에 해당하는 말로써 선포의 행위, 즉 설교와 교리 지침을 포함한다. 말씀 선포는 복음의 전달로써 하나님의 뜻을 그리스도의 삶으로부터 증언하는 것이다. 그러므로 케리그마는 선포된 말씀이신 하나님의 뜻을 올바르게 전달하며 말씀에 따라 사는 신앙인의 삶을 추동해 내는 데까지 포괄하는 의미로 이해되어야 한다. 이는 신앙인이 교회 안에서 형제자매에 대한 사랑의 돌봄과 나아가 이웃에 대한 사랑의 돌봄 활동으로 나타나야 하는 것을 의미한다.[535] 설교와 교육은 그 형식에 있어서 말씀의 디아코니아이다. 말씀으로의 양육을 통해서만 행함으로의 디아코니아로 나아갈 수 있다. 설교와 교육은 그 내용이 디아코니아에 대한 것이다. 디아코노스로 오신 주님과 디아코노스로 부르심을 받은 믿는 자에 대해 말하는 것이어야 하기 때문이다. 디아코니아는 섬김을 의미하는 말이다. 교회는 지배하는 자가 아니라 섬기는 자들의 공동체이다. 교회는 어려움과 역경에 처한 모든 사람들을 돕는 타자를 위한 존재이다. 교회의 본질로서의 디아코니아는 말씀 증언과 예전과 함께 삶의 외형화로 나타나야 한다. 디아코니아 없는 말씀 선포와 증언은 열매 없는 공허한 말을 늘어놓은 것에 불과하다.[536] 교회는 선포된 하나님의 말

---

534) 월터 브뤼거만(Walter Brueggemann), "분파주의적 해석학의 타당성", 김도일 역, 『제자직과 시민직을 위한 교육』, 27-29쪽.
535) 김옥순, 『디아코니아학 입문』, 418쪽.
536) Ibid., 418쪽.

씀이 활동하는 곳으로 하나님 사랑과 이웃 사랑의 행위를 실천하는 공동체로 존재해야 한다.[537]

교회는 세계를 위하여 있는 것이지, 교회 자체를 위해 있는 것이 아니다. 따라서 교회의 본질은 교회가 세상에서 감당할 사명에 있는 것이고, 사명은 언제나 양면적이고 상호적인 만남을 포함하고 있기에 '이중측면'이 야기된다. 즉 '말뿐'(Nur-Verbale) 만으로는 불충분하기에 '말씀'에 대한 '삶'이라는 이원성이 생기게 된다. 이 둘은 서로 관여되고, 서로서로 규명한다. 즉 살아 보인 것은 말로 표현되어야 하고, 말로 나타낸 것은 또한 살아 보여야 한다.[538] 한국 교회의 제자화 사역은 지나치게 지식 중심으로 진행되어 왔으며, 교회 성장 중심이었고, 제자훈련의 목적이 목사의 제자를 만드는데 있었다. 이러한 제자화 사역은 세상을 향하여 나가지 못하게 되고 말았다.[539]

### 2) 예배(Leiturgia)와 성찬(Eucharist)

기독교 예배는 기본적으로 말씀의 예전과 성찬의 예전으로 구성되어 있다. 성찬은 예수그리스도가 친히 제정하신 예전으로서 말씀과 함께 예배의 구심점을 이루고 있다.[540] 칼뱅은 이것을 선포된 말씀과 보이는 말씀으로 표현하였다. 파울 알트하우스

---

537) Ibid., 419쪽.
538) 박인갑, "'하나님 나라'를 위한 디아코니아 목회의 이론과 실제", 김민호 외 9명 공저, 『하나님 나라를 목회하라』, 449쪽.
539) 박원호, 『우리가 하나님 나라를 몰랐다』, (두란노, 2015)
540) 김한호, 『디아코니아와 예배』, (디아코니아연구소, 2016), 20쪽.

는 '구두적 선포'에 비해 성례가 갖는 특수성을 '말씀을 자신이 친히 받아들인다'는 '말씀의 행위적 특징'에 두고 있다. 말씀은 단순히 듣기만 함으로써 아무런 구속력을 주지 않는 상황이나, 성례는 이 말씀이 직접 자신에게 관련된 것으로 받아 용인하게 하는 구체적 결단의 행동으로 이끈다는 것이다. 성례는 '보이는 말씀'(verbum visibile)으로서의 실행을 위한 실천적 관계로 인식할 수 있겠다.[541]

'예배와 성찬'은 하나님과의 수직적인 관계에서의 섬김의 체험이다. 성만찬은 성부께 대한 감사의 예전이다. 성만찬은 항상 성례를 포함하고 있으며 이를 통해 하나님의 창조와 구원, 성화를 이루시는 모든 일들에 대해서 감사하는 것이다.[542] 예배를 통해 교회는 그리스도의 구원 사건을 기억하고 증언한다. 그리스도의 생애, 고난, 죽음, 부활, 승천, 다시 말해 파스카 신비(the paschal mystery)를 현재의 사건으로 경험하는 것이다. 그리스도의 고난을 기억하는 성찬은 이 세상에서 하나님의 의와 평화를 위한 교제의 식사이며 이는 세상의 권력으로부터 회중을 자유하게 하는 식사이다. 그리스도의 고난을 회상하는 그 성찬에서 그리스도의 구속시키는 미래가 선취되고 하나님 나라에 대한 희망은 현재로 경험된다.[543] 성찬은 그리스도인들을 위해 하나님께서 행하셨던 일,

---

541) 박인갑, "하나님 나라'를 위한 디아코니아 목회의 이론과 실제", 김민호외 9명 공저, 『하나님 나라를 목회하라』, 450쪽.
542) 김한호, 『디아코니아와 예배』, 26쪽.
543) 박종환, "하나님 나라와 예배", 김민호외 9명 공저, 『하나님 나라를 목회하라』, 20쪽.

즉 죄로부터 구속하여 주시고 믿음을 주시고 성화시키시는 은혜에 대하여 감하는 예전인 것이다. 성만찬은 "교회가 모든 피조물을 대신하여 드리는 것으로 오직 그리스도를 통하여, 그리스도와 함께, 그리스도 안에서 하나님 아버지께 드려진다."[544] 깔뱅은 주님의 만찬은 감사함으로 받아야 하나님의 은사"라고 표현했다. 예배는 하나님의 구원의 은총을 기뻐하며, 우리의 전부를 감사함으로 드리는 시간이다. 이렇게 생명을 다한 예배를 드릴 때 하나님과의 관계는 온전히 회복될 것이다.[545] 우리는 예배의 은총을 회복하여야 한다.

성만찬은 십자가에 달리시고 부활하신 그리스도께 대한 기념(anamnesis)이다. 십자가에서 부활하신 단번에 완전히 완성되었으며 아직도 온 인류를 위하여 작용하고 있는 그리스도의 희생의 상황과 그 희생에 대한 실제의 표징인 것이다.[546] 예수는 성찬을 베푸시고 이를 "기념하라"(눅 22:19) 하시면서, 성령께서 "기억나게 하시리라"(요 14:26) 하셨고, 바울도 성찬의 의미(고전 11:24-25)를 동일하게 강조하였다.[547] 공관복음서는 예수가 잡히시기 전의 마지막 저녁에 새 언약의 만찬을 제정하였다고 말한다. 필리피는 예수가 이러한 만찬을 두 가지 의식적인 행동을 결합시키는

---

544) 세계교회협의회편, 『BEM 문서 세례성만찬직제』, 이형기 역, (한국장로교출판사, 2012), 35쪽.
545) 박은호, 『하나님 나라』,(주님의교회 예수친구사역원, 2015), 52쪽.
546) 김한호, 『디아코니아와 예배』, 27쪽.
547) 박인갑, "하나님 나라'를 위한 디아코니아 목회의 이론과 실제", 김민호외 9명 공저, 『하나님 나라를 목회하라』, 451쪽.

것으로 보았다. 즉 예수는 언약과 그의 현재를 기념하기 위한 행동을 통한 특별한 방법으로 집행하도록 하여 비밀스런 언약과 결합시킨다. "이것은 나의 몸이다. 받아먹으라. 나를 기념하기 위해서 이것을 행하라. 그리고 그 후에 이것은 나의 피로써 새로운 언약의 잔이다. 너희가 그것을 마실 때마다 나를 기념하기 위하여 행하는 것이다." '기념'이라는 의미는 '경건하게 기억하는 것'보다 더욱 많은 것을 의미하고 있다. 즉 그리스어의 '기억, 회상'(ἀνάμνησις)은 한편으로는 '이것을 행하라'(ποιεῖν)는 말과 결합되며, 다른 한편으로는 예수가 그의 음식을 주는 것은 유월절을 기념하기 위한 것으로 유월절 기념과 결합된다. 이는 하나님의 행동이 의식과 예전 속에서 행동으로써 현재화되는 것을 의미하는 것이다.[548]

요한복음 13장에서는 예수가 제자들과 마지막 만찬을 하는 것을 보고하고 있다. 예수는 제자들에게 가르쳤고 그들에게 임무를 부과시켰다. 이제 그가 잡히시기 전에 유언이 그들에게 주어지며, 그들은 그 유언을 집행해야만 하는 순간이 온 것이다. 지금까지 그들 가운데서 육체적으로 활동하셨던 예수는 그들 가운데서 더이상 육체적으로 존재할 수 없다. 그러므로 주님이 살아생전에 제자들에게 어떠한 존재였고 그들에게 주고 간 것이 무엇인가를 올바로 알고 이것을 실제적-현재적인 형태로 되게 해야 한다. 그로써 육체적으로 제자들 가운데서 형태를 얻어야만 하는

---

548) P. Philippi, Abendmahlsfeier und Wirklichkeit der Gemeinde, 127쪽.

것이다. 예수의 실제적 현재성이 제자들에게 나누어져야만 하는 것이다.[549] 왜냐하면 교회공동체는 그리스도 안에서 이러한 하나님의 현재의 육체성을 먹고 살기 때문이다. 이는 마치 유대교의 유월절 축제 속에서 애굽으로부터 해방과 구원이 동시적으로 현재화되는 것과 같다. 즉 유대 집안의 가장은 "이것은 빈곤한 자들의 빵이다"라고 말하며, "우리 조상들이 그것을 애굽에서 먹었었다"고 말하였다. 이와 비슷하게 예수가 식사 때에 제자들 가운데서 그들을 위해서 존재하고 머물렀다는 것이 현재화되어지는 것이다. 제자들은 빵과 포도주의 보증을 가지고 그들 가운데서 활동하시는 그리스도의 현재를 행동으로써 경험하는 것이다.[550] 필리피는 특히 성만찬과 관련하여 디아코니아를 이해하였다. 그는 디아코니아를 말씀과 성례전을 통하여 구성되어진 교회의 표지로 보았다. 디아코니아는 근본적으로 새로운 언약의 식사 제정과 동일하게 새로운 언약의 질서 위에서 하나님 나라의 백성에 대한 새 언약의 법으로서 세워진 것이다.[551] 성만찬 예전은 그리스도의 구속사를 새롭게 회상하며 하나님의 백성 가운데 임재하시겠다는 그리스도의 약속을 보증한다. 하나님의 구원의 역사는 성만찬을 통해 오늘 현재화되고, 이것을 떡과 잔을 통해 감각적으로 경험하게 되는 것이다.

---

549) Ibid., 65쪽.
550) 김옥순, 『디아코니아신학』, 406쪽.
551) P. Philippi, Abendmahlsfeier und Wirklichkeit der Gemeinde, (Berlin: Evangelische Veralsansalt GmbH, 1960), 171쪽.

성만찬은 성령 초대의 예전이다. 성령은 성만찬에서 십자가에서 죽으시고 부활하신 그리스도를 우리에게 참으로 임재하게 하심으로 성찬 제정의 말씀 가운데 포함된 약속을 성취시킨다.[552] 성령은 빵과 포도주가 그리스도의 몸과 피의 성례전적 상징이 되도록 하시며 그래서 하나님의 백성으로 하여금 하나님 나라를 미리 맛보게 하신다. 성만찬의 전체 행위는 하나의 성령 임재의 기도의 성격을 가진다. 성만찬은 성령의 역사하심에 의존하고 있기 때문이다.

성만찬은 성도의 교제로서의 예전이다. 교회의 생명을 양육시키는 그리스도의 성만찬 교제는 곧 교회가 되는 그리스도의 몸 안에서의 교제를 의미한다.[553] 하나의 빵과 하나의 잔을 나눈다는 것은 하나 됨을 말해주는 것이다. 성만찬의 본질 중 가장 중요한 것이 그리스도의 살과 피를 받아 한 지체를 이룬다는 점이다. 필리피는 예수의 섬김에 상응하는 교회공동체의 사회적 구조는 그리스도가 실제로 함께 존재하고 계신 축제에 속하는 것이라고 말한다. 성만찬 식사의 축제는 신앙인들에게 그리스도에 의해서 서로 함께 책임지도록 하는 것이며, 교회공동체가 구체적인 사회적 유기체로서 나타나는 디아코니아의 장소임을 증거하는 것이다.[554] 디아코니아는 성만찬을 근거로 하는 교회공동체의 사회적 삶과

---

552) 김한호, 『디아코니아와 예배』, 18쪽.
553) Ibid., 19쪽.
554) P. Philippi, Abendmahlsfeier und Wirklichkeit der Gemeinde, (Berlin: Evangelische Veralsansalt GmbH, 1960), 138쪽.

연관성 속에 뿌리를 내리고 있다. 필리피의 디아코니아에 대한 기독론적-교회론적 단초는 성만찬의 식사 행동에서처럼 지체들을 서로 돌보는 것과 이것이 교회공동체의 사회적 삶으로 연관되어 외부적으로도 유효하게 나타날 때에 그 가능성을 얻는 것이다.[555] 성만찬 의식이 가지는 본연의 의미는 교회공동체가 성만찬 속에서 섬기시는 예수에 상응하는 현재적인 교회공동체의 식사 축제이다. 즉 교회공동체의 식사는 서로 섬기는 공동체의 축제인 것이다.

예수가 제자들에게 준 교회공동체 삶의 패러다임은 의식에만 머무는 것이 아니라, 행하는 것이다.[556] "내가 너희에게 행한 것처럼 너희가 행하여야 한다"(눅 22:27; 요 13:15)는 사실이다. 디아코니아의 구조가 빠진 교회공동체는 세상 속에서 하나님의 본질과 현재적으로 활동하시는 그리스도의 증언을 도외시한 채 스스로에게 안주할 뿐이다.[557] 필리피에게서 교회공동체의 섬기는 근본 질서가 명확해지는 것은 누가의 성만찬 제정사 보고이다. 누가는 마태와 마가의 증언보다 뚜렷하게 교회공동체의 섬김의 근본 질서를 성만찬 제정의 틀 속으로 들여놓고 있다. 예수는 누가복음 22장 25절에서 마지막 날 밤에 여전히 최고의 지위를 위해서 싸우는 제자들에게 말한다. "이방 왕들은 그들의 백성을 지배한다." "너희 가운데는 그렇지 않다. 누구든지 너희 가운데 큰 자

---

555) 김옥순, 『디아코니아신학』, 404-405쪽.
556) P. Philippi, Abendmahlsfeier und Wirklichkeit der Gemeinde, 150쪽.
557) 김옥순, 『디아코니아신학』, 408쪽.

는 더 낮추는 자가 되어야 하며, 누구든지 다스리려면, 그는 식탁에서 시중드는 자가 되어야 한다. 도대체 누가 더 큰 자인가? 식탁에 기대어 있는 자인가? 혹은 식탁에서 시중드는 자인가? 분명히 식탁에 기대어 누운 자이다. 그러나 나는 너희 가운데 시중드는 자처럼 있다." 이렇게 서로 섬기는 디아코니아의 기초에 대한 증언을 요한과 누가는 신앙인의 사회적인 유기체인 교회공동체가 구체적으로 행동하는 식사 축제의 장소에 두고 있다.[558] 이는 이미 오셨고 앞으로도 오고 있는 그리스도의 종말론적인 패러다임 속에서 교회공동체가 디아코니아 삶을 살아야 한다는 것이다. 그러므로 주님의 성만찬 제정의 말씀은 그리스도의 섬김에 상응하는 이웃에 대한 책임 속에서 가시적으로 그리스도의 현재가 영향력 있게 증명된다.

주님이 제정하신 그리스도 중심의 새 언약은 교회공동체가 새 계명에 기초하는 사랑의 공동체로서 디아코니아공동체가 되도록 하는 것이다.[559] 필리피는 그리스도 중심적인 예배를 디아코니아의 삶으로 구체화할 것을 강조하였다. 그리스도 안에서 하나님께 드리는 예배는 행동으로, 실천으로, 삶으로 이어져야 한다. 그리스도 안에서 최종적으로 계시된 하나님은 이방 종교와 다르게 우리에게 하나님 인식에 대한 사고의 전환을 가져다준다. 그리스도 안에서 계시된 하나님의 본질은 인간 기준의 사고 도식에 따른 섬김 받기를 기다리는 지배자적인 하나님이 아니다. 그리스도

---

558) P. Philippi, Christozentrische Diakonie, 148쪽.
559) 김옥순, 『디아코니아신학』, p.409쪽.

안에서 최종적으로 계시된 하나님은 인간의 희생 예배와 순례의 행진과 경건한 업적을 통해서 섬김을 받으시는 분이 아니다. 하나님은 자신을 위해서가 아니라 인간과 피조물을 위해 자비를 원하신다(호 6:6; 마 9:13; 눅 6:36 등).[560] 누구든지 단지 하나님께 예물만 드리기 원하는 자는 아버지와 아들의 관계 그리고 창조주와 피조물의 관계를 왜곡시키는 것이며 하나님을 거역하는 자다.[561] 기독교의 하나님은 그의 피조물을 섬기시되 무엇보다도 사회적인 약자들을 돌보시고 섬기시는 유일하신 하나님이시며, 이렇듯 유일하신 하나님은 이방 종교의 신들과는 '전적으로 다른' 방식으로 존재하시는 분이시며[562] 하나님은 스스로 섬김을 받으려는 분이 아니라, 도리어 자신을 내어주어 섬기시는 하나님이다.

성만찬은 하나님 나라의 식사로서의 예전이다. 성만찬은 창조의 종국적인 갱신으로서의 약속된 하나님의 통치를 대망하도록 해주며 또한 그것을 미리 맛보는 것이다.[563] 몰트만에 따르면 하나님의 나라는 개인의 신앙에 의존하기 이전에 이미 미래에서부터 현재 드리는 예배 안으로 침투해 들어온다. 참여자는 성찬의 사건으로 침투해 들어오시는 하나님의 나라를 경험하게 된다. 만찬의 이미지는 후기 기독교의 거룩한 만찬, 즉 마지막 날 하나님의 나라에서 있을 대연회의 이미지와 연결되어 있다. 이러한 유

---

560) P. Philippi, Diakonica, 11쪽.
561) Ibid., 11쪽.
562) Ibid., 11쪽.
563) 김한호, 『디아코니아와 예배』, 20쪽.

대교의 종말론적 이미지는 예수님의 사역과 가르침에서도 계속된다. 오천 명의 군중을 먹이시는 기적은 미래의 메시아적 연회의 상징적 기대이면서 동시에 굶주린 육신과 영혼을 채우시는 하나님 나라의 거룩한 잔치이다.[564] 이 성찬은 그리스도인들이 그리스도의 지체가 되어 살아가는 필수적인 과정으로 주님에게 연결된 자신의 정체성을 확인하는 예전인 것이다. 이 예정을 통해 그리스도인들은 하나님의 은혜를 직접 목격하고 경험하게 된다. 성만찬 전승의 핵심인 빵과 잔의 단어들을 의식적-예전적인 행위보다 더 많은 것을 포괄하는 핵심 부분으로 설명되었음을 말해 준다. 원시 기독교공동체의 만찬은 실제로 배부르게 하기 위한 식사 제공의 봉사였다.[565] 성만찬은 이미 현현된 하나님 나라와 장차 올 하나님 나라에 대한 비전을 열어주고 하나님이 통치하는 종국적 왕국의 잔치를 미리 경험하게 하는 식사인 것이다.

　삼위일체 하나님의 진정한 초청은 성만찬적 삶에로의 초청이다. 사람들은 그 초청에 참여하여 그 연합에 포함된다. 하나님은 성만찬의 식탁에서 모든 사람과 연합하시고, 또한 모든 사람들을 연합하게 하신다. 우리가 하나님을 사랑한다면 그것은 하나님만 홀로 사랑하는 것이 아니라 하나님 때문에 과거와 현재와 미래의 모든 피조물을 품게 되고, 또한 피조물을 사랑함으로써 그 근거

---

564) 박종환, 『예배미학』, (동연, 2014), 80쪽.
565) P. Philippi, Abendmahlsfeier und Wirklichkeit der Gemeinde, 81;140;112쪽.

이면서 목적이 되는 하나님을 사랑하게 된다.[566] 삼위일체 하나님의 성찬에서 모든 편견과 차별은 사라져야 하며, 삼위일체 하나님의 성찬에의 삶은 성도와 교회를 통하여 세계로 확장되어야 한다. 성찬식과 성찬적인 삶은 모든 사람을 삼위일체 하나님 나라에로 초대하는 것이다. 그것이 바로 삼위일체 하나님의 선교이다. 정교회 신학자 이온 브리아(Ion Bria)는 "예배 안에는 이중적인 움직임이 있다"고 말한다. '예배 안의 예배'는 하나님의 백성이 모이는 것이다. 한편 성만찬과 성령에 의해 갱신된 교회의 멤버들은 세상에서 예수 그리스도에 대한 진정한 증인이 되도록 보내진다. 교회의 선교는 예배의 기쁨을 발산하고, 변혁하는 힘에 의존한다. 그것은 세상에 복음을 믿는다고 고백하고 인간의 해방을 개입하게 하는 자극이다. 바로 그것은 '예배 후의 예배'이다.[567]

우리는 예배 중의 성만찬 예전을 어느 정도의 비중으로 생각할 수 있을까? 개신교회에서는 성만찬 예전이 아주 간소화되어 있으며, 연례행사처럼 치르고 있거나 아예 성만찬 예전을 시행하지 않는 교회도 많기 때문이다. 그런데 성찬 예전이 창조와 구속의 하나님께 대한 감사의 찬양이요, 그리스도의 희생을 기념하고 또한 부활의 기쁨을 나누는 예전이요, 성령을 초대하는 것이요, 그리스도 안에서 한 몸인 성도들의 교제이며, 하나님 나라의 메시아적 향연이라면 소홀하게 생각할 수는 없는 일이다. 교회는

---

566) 캐서린 모리 라쿠나, 『우리를 위한 하나님: 삼위일체와 그리스도인의 삶』, 이세형 역, (서울: 대한기독교서회, 2008), 559쪽.
567) 이범성, 『에큐메니컬 선교신학 Ⅱ』, 40쪽.

성찬의 원래의 모습을 기억하고 기념하면서 그리스도의 희생에 대한 새로운 각성을 가지고 이웃을 향해 헌신하고 희생하는 그리스도의 사역에 동참하여야 한다. 성찬은 예배의 핵심이다. 성찬이 없는 개신교의 예배는 성찬식을 행할 수 있도록 보다 더 신경을 써야 할 것이다. 이온 브리아의 '예배 후의 예배'는 세상에서 예수 그리스도에 대한 진정한 증인의 삶을—성찬을 통해 배운 내어주신 삶의 평상시 실천을—살아가야 함을 강조하여 말하고 있는 것이다.

### 3) 친교(Koinonia)와 섬김(Diakonia)

우리 모두를 위한 자유 공간으로서의 디아코니아적 교회가 된다면 그 안에서의 친교는 더없이 자유로운 친교(koinonia)가 될 것이다. 레스리 보세토 주교는 "디아코니아의 영이 없는 코이노니아는 죽은 것이다. 코이노니아의 영이 없는 디아코니아(Diakonia)도 마찬가지로 죽은 것이다"[568]라고 말한다. 디아코니아와 코이노니아는 서로를 타원의 두 초점같이 관계한다. 친교로서 교회는 부름을 받았는데, 그들 자신의 공동체에 속한 고난 당하는 사람에게만 관여하는 것이 아니라, 또한 모든 곳의 고난 당하는 사람들에게도 하는 것이다. 그것은 창조를 위한 책임적인 집사의 직의 실천과 촉진을 통해서 그리고 그들이 희망을 인간의 가슴 안

---

568) 폴커 헤르만, 마틴 호르스트만, 『디아코니아학』, 이범성 역, (대한기독교서회, 2016), 389쪽.

에 산 채로 유지하는 것을 통해서, 가난한 사람들, 필요가 있는 사람들, 소외된 자들을 위한 편이 되어주고 돌보아주고, 인간 공동체들 안에서 정의와 평화를 위한 모든 수고에 참여하는 일을 실현하는 것이다.[569]

섬김은 하나님의 일에 동참하는 것이다. 섬김은 하나님 나라가 이 세상에 현존하는 방식을 우리에게 알려준다. 그리고 하나님 나라에 대한 소망을 견고하게 한다.[570] 인간이 서로 의존하며 서로 안에 존재하는 모습은 삼위일체 하나님 안에서 그 원형을 찾을 수 있다.[571] 삼위일체 하나님의 형상인 상호 의존과 상호 내재와 상호 협력의 기독교 인간 존재론은 인간 상호 간의 사랑의 사귐으로 이끈다. 타자 없이 나 홀로 존재할 수 없으며, 타자 없이 나 홀로 행복할 수 없다. 함께 하는 데에서 사랑을 느끼고, 행복을 느끼고, 함께 하는 데에서 밝은 미래를 희망할 수 있다. 건강한 교회는 노인과 젊은이, 병자와 건강한 자, 장애인과 비장애인들이 함께 통합되는 공동체일 것이다. 만일 장애인들이 예배로부터 소외되어 교회에 장애인이 없다면, 교회는 오히려 하나의 장애교회로서 건강한 교회가 아님을 의미하는 것이라고 할 수 있다. 모두가 함께하는 교회가 될 때에 교회는 비로소 사회 속에서 진정한 섬김과 봉사를 할 수 있을 것이다.

---

569) Ibid., 410쪽.
570) 이범성, 『에큐메니컬 선교신학Ⅱ』, 193쪽.
571) 최대열, "모든 사람을 위한 장애인 신학", 김옥순 외 11명, 『장애인 신학』, 36쪽.

공동체 안에서의 수평적인 관계에서의 섬김의 경험인 '친교와 섬김'은 어떠해야 할까? 성도의 교제, 즉 친교는 하나님 나라의 선취적 경험이다. 왜냐하면 성도의 교제에 바탕이 되는 관계윤리가 디아코니아 위에 기초하고 있기 때문이다. 그리스도의 형제된 믿는 자들은 모두 디아코노스가 되어야 할 것을 요청받았다. 주님께서는 말씀으로 요청하셨고, 몸소 모범으로 보이시기를 자신을 죽음에 내어주시기까지 그렇게 하셨다. 친교는 하나님 나라의 상태와 경험을 모두 말해준다. 이러한 친교 속에서 통용되는 섬김, 즉 디아코니아는 한편으로는 디아코니아를 깨닫게 하는 말씀 디아코니아로, 다른 한편으로는 육신적 삶에 필요한 음식과 기타 생존을 위한 다양한 서비스를 제공해주고 제공받는 식탁 디아코니아로 경험된다. 그러니까 디아코니아는 선포와 교육을 포함한 말씀의 디아코니아로 나타나기도 하고, 생존과 생활을 위한 물리적 서비스로 나타나기도 한다는 것이다. 이러한 말씀 디아코니아와 식탁 디아코니아는 하나님 나라의 친교를 구성한다. 디트리히 본회퍼는 "신앙(Kerygma)은 하나님의 통치를 인정하고 받아들이며, 사랑(Diakonia)은 그 나라를 활성화한다."[572]고 말했다. "믿음은 이 믿음 안에 현존하는 그리스도의 사랑이 믿음의 열매를 맺어야 한다. 그리스도의 행함이 없는 믿음은 죽은 믿음이라고 할 수밖

---

572) 디트리히 본회퍼, 『성도의 교제: 교회사회학에 대한 교의적 연구』, 유석성, 이신건 옮김, 146쪽.

에 없다."573)

친교가 인간들 사이에 존재하는 하나님의 평안을 경험하는 것이라고 한다면, 우리는 그 친교 안에 들지 못하는 사람들을 어떻게 생각해야 할까? 늘 누군가는 주변부로 내몰리고 주변인으로 남아 있어야만 하는 것일까? 친교가 그리스도께서 가능하게 만드신 것으로서 상호 관계적인 것이라고 한다면 관계를 형성하지 못하는 사람들은 무엇 때문인가? 그것은 우리가 강한 자의 신학을 신봉하고 있기 때문은 아닐까? 우리는 울리히 바흐의 외치는 소리에 귀를 기울이려고 한다. 올바른 섬김은 바알의 하나님을 믿는가, 아니면 야웨 하나님을 믿는가에 의해 달라진다고 그는 역설한다.

울리히 바흐는 우리의 디아코니아적 삶과 디아코니아(Diakonia)에 대한 신학적인 사고는 우리가 하나님에 대해서 어떻게 진술하느냐에 달려 있다고 말한다. 바흐는 1967년 하노버 개신교회의 날에 패널 토의에서 발표한 케제만의 말을 인용함으로써 그의 디아코니아 신학의 출발을 위한 쟁점 사안으로 삼았다.574) "하나님은 성서 속에서 항상 대조적으로 나타나신다. 즉 바알 또는 야웨, 그리고 예수의 하나님 혹은 우상들의 형태로 등장하는 하나님 등등… 나는 십자가에서 소리치는 예수를 신앙하며, 그 어떠한 다른 것도 믿지 않는다. 하나님이 계시는지에 대한 질문에 관

---

573) 김선영, 『믿음과 사랑의 신학자 마르틴 루터』, (대한기독교서회, 2014) 334-335쪽.
574) 김옥순, 『디아코니아신학』, 429쪽.

해서 일반적으로 말하는 것은 의미가 없다.... 그러나 누가 하나님이시냐, 야웨냐 혹은 바알이냐에 대한 질문은 반드시 대답되어야 한다."[575] 울리히 바흐는 '바알로서의 하나님' 신앙인가, 아니면 '야웨로서의 하나님' 신앙인가에 따라서 디아코니아 신학이 결정되며, 우리는 '야웨로서의 하나님' 신앙 고백을 통해서 올바른 디아코니아의 신학으로 나아가야 한다고 강력하게 주장한다. 인간적인 약함으로 인해서 신앙인들이 바알로서의 하나님을 갈망하고 있지만, 그럼에도 불구하고 분명한 것은 하루빨리 바알로서의 하나님 신앙을 포기하고 십자가에 달리신 야웨 하나님 신앙에로 방향 전환을 하는 것이 중요하다고 말한다.[576] 교회의 신앙 공동체가 바른 친교와 섬김을 위해서 우리는 바흐의 소리에 귀를 기울여야 할 필요가 있다고 생각한다.

울리히 바흐는 '바알적 신앙으로서의 삼위일체 하나님에 대한 신앙고백'을 다음과 같이 설명한다. '바알적 신앙으로서의 성부 하나님'은 전적으로 우리의 만족을 위해서 모든 것을 창조하신 분이시다. 하나님의 전능하신 창조 속에는 아름다움에 대한 결핍이 없다.[577] '바알적 신앙으로서의 성자 하나님'은 위에 계신 하나

---

575) U. Bach, "Die diakonische Kirche als Freiraum fur uns alle", in Ders., Boden unter den Fußen keiner. Pladoyer fur eine solidarische Diakonie, (Gottingen: Vandenhoeck & Ruprecht, 1986), 194쪽. quoted in 김옥순, 「디아코니아신학」, 430쪽.
576) Ibid., 196쪽. quoted in 김옥순, 「디아코니아신학」, 432쪽.
577) U. Bach, "Die diakonische Kirche als Freiraum fur uns alle", in Ders., Boden unter den Fußen keiner. Pladoyer fur eine solidarische Diakonie, 196쪽. quoted in 김옥순, 「디아코니아신학」, 432쪽.

님으로부터 우리가 사는 세상으로 내려오신다. 그 하나님의 아들은 이 세상 속에서 주변부의 인생을 살아가는 인간들과 함께한 사람이며, 아래에 위치한 사람들을 급격하게 위로 치켜올려 세우시기를 원하신다. 모든 병자들을 자립하도록 다시 건강하게 만드시며, 모든 죄인들에게 더 개선할 수 있는 능력을 주신다.[578] '바알적 신앙으로서의 성령 하나님'은 우리 가운데 활동하시며 그로써 우리는 예수의 모범을 따라갈 수 있다. 성령은 우리에게 평안을 주시며 우리를 안전하게 하는 능력이다. 교회는 예수의 목적을 위임받는다. 모든 것 가운데 위에 서는 일이다.[579]

이러한 바알적 삼위일체 하나님에 대한 신앙 고백은 어떤 문제가 있을까? 울리히 바흐는 바알적 신앙 고백의 문제점을 다음과 같이 지적한다. 우리의 만족을 위해서 모든 것을 창조하시고 그러한 창조 속에는 아름다움에 대한 결핍이 없다고 고백하는 바알적 하나님에 대한 신앙 고백은 '손상된 창조'를 수용할 수 없게 만든다.[580] 선천성 장애를 가진 자는 좋은 창조가 아니기 때문이다. 따라서 장애인들을 주변부로 몰아내는 결과를 초래한다. 그들은 분명히 결점을 짊어져야만 하는 사실을 통하여 이 세상에서 배타적으로 인식되기 때문이다. 그러므로 여러 장애를 가진 자들이 고난과 손상을 수용하지 않는 바알적 하나님 신앙을 가진 자들의 교회 공동체 속에서 통합되기란 결코 쉽지 않게 되는

---

578) Ibid., 197쪽. quoted in 김옥순, 『디아코니아신학』, 433쪽.
579) Ibid., 198쪽. quoted in 김옥순, 『디아코니아신학』, 434쪽.
580) Ibid., 197쪽. quoted in 김옥순, 『디아코니아신학』, 433쪽.

것이다.

위에 계신 하나님으로부터 우리가 사는 이 세상으로 내려오신 바알적 성자 하나님에 대한 신앙 고백은 "예수의 인간으로 낮아지심과 십자가에서 당하신 고통을 단지 하나의 과정적인 단계이며, 결국 부활의 행복한 종말은 모든 과거를 극복한 것"[581]이 된다. 그래서 현재하시는 하나님의 아들의 십자가는 완전히 사라졌으며, 우리는 오직 부활의 승리자이신 예수의 모범상을 가지게 된다. 이러한 바알 신앙적 성자 하나님의 신앙 고백 속에서 예수의 목적은 모든 사람들 위에 있다.[582] 이러한 신앙 고백은 현실적으로 아래에 있는 자들을 단지 소외된 국외자로 몰아갈 뿐이다. '바알적 신앙으로서의 성령 하나님'에 대한 신앙 고백에 기초하는 디아코니아는 진정으로 치유하는 활동을 할 수 없으며, '간접적으로 수선하는 하나의 기업'이 된다.[583] 이러한 관점에서의 디아코니아 활동은 대부분의 것을 고치며 수선할 수 있으나, 가장 비참한 질곡에 대한 치유와 관련해서는 '아름다운 비전'으로만 머물게 되는 것이다.

울리히 바흐는 이러한 바알적 신앙에 기초한 삼위일체 하나님에 대한 신앙 고백과 그러한 신앙은 진정한 디아코니아 활동의 기반이 될 수 없다고 말한다. 이러한 바알적 신앙은 오히려 장애

---

581) U. Bach, "Die diakonische Kirche als Freiraum fur uns alle", in Ders., Boden unter den Fuß en keiner. Pladoyer fur eine solidarische Diakonie, 197쪽. quoted in 김옥순,「디아코니아신학」, 433쪽.
582) Ibid., 197쪽. quoted in 김옥순,「디아코니아신학」, 433-434쪽.
583) Ibid., 198쪽. quoted in 김옥순,「디아코니아신학」, 434쪽.

인을 다중적인 관점에서 정신적으로 주변부로 내몰아간다. 또한 비정상인 취급을 받는 이른바 아래에 있는 자들을 주변부로 놔둔 채 경시하거나 소위 정상인 차원으로 올라오도록 시도해 본다. 그 시도가 잘 안될 경우에는 그들을 경시하면서 주변부에 놔두게 되거나 혹은 위로부터 아래로 어머니 같은 돌봄을 행하려고 한다.[584] 이러한 디아코니아 활동에 대해 울리히 바흐는 사회적인 약자들을 객체로 보는 것이라고 말한다. 이렇게 되면 사회적인 약자들은 하나님에 의해서 의도되고 도움을 주는 자들에 의해서 도움을 받는 대상으로 전락하게 된다. 도움을 받는 그들은 주체의 역할이 아니라 객체의 역할에 머물며 근본적으로 늘 수동적인 역할을 가진다.[585] 그러므로 바알적 신앙의 관점에서 전개한 디아코니아의 이해는 사회적 약자들에게 '특수한 지위', '국외자'의 낙인을 찍게 될 수 있다. 바알적 신앙 안에서는 장애를 가진 자, 실패한 자, 가지지 못한 자들이 설 자리는 없다. 바알적 신앙 안에서는 모든 사람들이 성공을 꿈꾸며 성공한 자가 되어야 한다. 장애를 가진 자, 병든 자, 낮은 자리에 앉는 자는 실패한 자이다. 그들은 공동체 안에서 소외된다. 그들에게는 친교의 자리가 허락되지 않는다. 교회 안에 장애인이 없다면 바알적 신앙인들만 모인 교회일 가능성이 많다.

그렇다면 울리히 바흐는 '야웨적 신앙으로서의 삼위일체 하나님에 대한 신앙고백'을 어떻게 설명하고 있는가? '야웨적 신앙으

---

584) Ibid., 208쪽. quoted in 김옥순, 『디아코니아신학』, 434쪽.
585) Ibid., 198쪽. quoted in 김옥순, 『디아코니아신학』, 435쪽.

로서의 성부 하나님'은 본질적으로 그의 낮아지심 가운데서 활동하시는 분이시다. 그런 야웨 하나님의 고유한 본질은 낮아지심이며, 그의 지배 방식은 겸비를 통한 다스림이다. 그의 본질은 '말구유'와 '십자가'이다.[586] '야웨적 신앙으로서의 성자 하나님'은 성육신하신 하나님이시다. 겸비하신 분이시며, 아래에 계시는 하나님이시다. 말구유에 오셔서 강보에 싸인 아기를 통해 그의 본질이 '무력함(아기)', '도움을 필요로 하는 자(강보)', 그리고 '가난(말구유)'이다.[587] '야웨적 신앙으로서의 성령 하나님'은 우리 가운데 활동하시며 그럼으로써 우리는 예수의 모범을 따라갈 수 있다. 성령은 우리와 교통하시는 분이시며, 우리는 세례를 통하여 성령과 연합되고, 말씀과 성만찬을 통하여 예수 그리스도 안에 머무르게 된다.[588]

이러한 야웨적 신앙 차원에서의 디아코니아는 바알적 신앙 차원에서의 디아코니아와 어떻게 다른 것인가? '야웨 신앙으로서의 성부 하나님'에 대한 신앙 고백의 디아코니아는 하나님의 낮아지심의 본질로부터 출발한다. 하나님의 고유한 통치업무는 말구유와 십자가이며, 그의 지배 방식은 겸비를 통한 다스림이고, "그가 그렇게 자신을 비우는 아래로 내려가셨다는 점이 동시에 하나님

---

[586] U. Bach, "Die diakonische Kirche als Freiraum fur uns alle", in Ders., Boden unter den Füßen keiner. Pladoyer fur eine solidarische Diakonie, 200쪽. quoted in 김옥순, 『디아코니아신학』, 435-436쪽.
[587] Ibid., 200쪽. quoted in 김옥순, 『디아코니아신학』, 435-436쪽.
[588] Ibid., 202쪽. quoted in 김옥순, 『디아코니아신학』, 439쪽.

의 높음이다."[589] 우리는 야웨 신앙 속에서 창조주 하나님에 대한 고백과 함께 우리가 이해할 수 없는 하나님의 질서까지도 포함하는 고백이 되어야 한다. 즉 하나님으로부터 지음 받은 사자들이 다른 피조된 짐승들을 잡아먹는다면(시 104:21), 하나님은 사자들이 배부르게 되는 것까지도 포함하시는 분이시다. 누구든지 이러한 타락 가능한 세상까지도 포함하는 가운데서 창조주 하나님을 고백하는 자는 하나님의 사랑받는 피조물로 일컬음을 받게 된다.[590] 이는 우리의 성과 중심적인 사회 속에서 인간의 현존재가 업적 중심으로 인하여 위협적인 그곳에서 업적에 미치지 못하는 자들도 하나님의 사랑받는 피조물로서 고백되는 것을 의미한다. 바알적 신앙 안에서는 인간이 마치 일반적으로 안정적이고 건강하고 독립적인 존재인 것처럼 생각함으로써 약한 자와 병든 자와 장애로 인해서 도움을 필요로 하는 자는 정상적이지 않은 자로서 인식하게 되어 이미 하나님의 사랑받는 피조물로서의 인간 규정 개념으로부터 주변부로 밀려나게 되나, 야웨 하나님 신앙 가운데서 하나님을 고백하는 자들은 이들을 포함한 모든 인간이 하나님의 사랑받는 피조물로 인정하며 수용하게 되는 것이다. 단지 각 사람을 우리 자신처럼 무엇과도 바꿀 수 없는 하나님의 유일회적인 사랑받는 피조물인 인간으로서 그들을 받아들일 수 있는 것이

---

589) Ibid., 200쪽. quoted in 김옥순, 『디아코니아신학』, 435쪽.
590) Ibid., 201쪽. quoted in 김옥순, 『디아코니아신학』, 436쪽.

다.[591] 이러한 야웨적 하나님 신앙 고백 속에서는 모든 인간이 진정한 자유에로 나아갈 수 있다. 우리의 의식 속으로 약자들을 통합시켜 줄 수 있는 가능성이 있는 것이다.[592] 그리고 신앙인들은 사랑의 은사를 통해서 이 과제와 의무를 수행할 수 있게 되는 것이다.

'야웨적 신앙으로서의 성자 하나님'에 대한 신앙 고백은 그리스도상이 다른 모습으로 나타난다. 하나님의 아들은 스스로 "육체가 되었다"(요 1:14). 그는 스스로 도움을 줄 수 없는 자였다. "그는 다른 사람들을 도왔으나 그 자신을 도울 수는 없었다"(막 15:31). 그는 십자가에 달리신 하나님으로서 형식적인 모순 속에서 모든 고대의 가치를 전환시키는 것을 약속하신다. 하나님은 승리하시는 위에 계신 그 어떠한 하나님도 아니다. 예수의 목표는 모든 것 위에 존재하는 것이 아니라, 우리와 함께 하는 공동체성 가운데 존재했으며 아래에서 서로 함께 하는 삶이 그 중심 속에서 그리고 위에서 실현되어질 수 있도록 하는 것이다. "이 사람은 죄인들을 영접하며 그들과 함께 먹는다"(눅 15:2). 그는 "내가 오늘 너희 집에 들어가야만 하겠다"(눅 19:5)고 말씀하신다. 그리고 십자가상에서 오른편 강도에게 "오늘 네가 나와 함께 낙원에 있을 것이다"(눅 23:24)라고 말씀하셨다.[593]

---

591) U. Bach, "Die diakonische Kirche als Freiraum fur uns alle", 208쪽. quoted in 김옥순, 『디아코니아신학』, 436-437쪽.
592) Ibid., 208쪽. quoted in 김옥순, 『디아코니아신학』, 437쪽.
593) Ibid., 202쪽. quoted in 김옥순, 『디아코니아신학』, 437-438쪽.

'야웨적 신앙으로서의 성자 하나님'에 대한 신앙 고백은 멋지게 위로 올라가는 성공 여부가 관건이 아니라, 진정으로 우리가 그를 따르는 것이 중요하다. 우리 모두와 함께하는 성자 하나님과의 공동체성으로부터 우리의 형제들과 함께하는 공동체성을 추구하는 것이 중요하다. "왜냐하면 그의 통치는 십자가에 달리신 자의 통치로 머물기 때문이며, 그 통치 가운데서 다시금 항상 부활을 향한 우리의 원함과 갈망들을 마주해 주기 때문이다. 다시 사신 분의 음성은 그 음성이 우리를 제자로 부르시는 것 이외에 다른 것이 아니다… 만일 부활한 자의 음성이 신앙인에게 하늘을 향하여 갈망할 뿐만이 아니라, 주님과 형제들을 위해 이 땅 위에서 봉사의 삶을 살도록 한다면, 부활이야말로 신앙인들을 이 세상에서 훨씬 더 양심적으로 만든다."[594]

하나님은 세상에서 십자가로 나아가시며 이 세상에서 힘이 없으신 채로 약하시게 단지 그렇게 우리 가운데 계시어 우리를 돌보신다. 오직 고통당하는 하나님만이 우리를 도울 수 있다. 그로부터 도출되는 것은 우리가 이 세상 삶 속에서 하나님의 고통을 함께 당함으로써 우리는 전적으로 그와 같은 신앙을 배운다.[595] 그러므로 이러한 야웨 신앙 가운데서 발견되는 "예수 그리스도에 관한 기쁜 소식의 복음은 '십자가에 대한 말씀'이며(고전 1:18),

---

594) Ibid., 202쪽, quoted in 김옥순, 『디아코니아신학』, 438쪽.
595) Ibid., 208쪽, quoted in 김옥순, 『디아코니아신학』, 438쪽.

바로 '화해의 말씀'이다."[596] 우리는 누구나 결점을 가진 삶이지만 '부활'로부터 그리스도의 능력을 얻어 새로워진 삶은(롬 6:4) 오히려 결점을 가진 자들을 새롭게 하고 그리스도의 은혜가 충만한 (고후 12:9) 새로운 창조의 삶이 열린 것이다.[597](고후 5:17) 부활하신 자는 그의 목적을 우리에게 세우셨기 때문에 우리는 성공한 자들이나 중증장애인이나 모두가 부활하신 자의 은혜에 의해서 서로 함께 사는 자들이다. 부활로부터 오는 생명이 의미하는 것은, 우리에게 모든 것이 되시는 "나를 따르라"는 예수의 부르심에 기초하고 있는 것이다.[598] "예수는 우리에게 무조건적으로 모든 형제들에 대하여 말씀하며, 그로써 그는 우리가 위대한 형제자매 공동체를 이루시기를 원하신다."[599]

'야웨적 신앙으로서의 성령 하나님'에 대한 신앙 고백은 성령의 교통하는 교회에 대하여 디아코니아의 교회공동체일 수밖에 없음을 제시한다. 신앙인들이 세례를 통하여 성령으로 연합되고, 말씀과 성만찬을 통하여 예수 그리스도 안에 머무르게 된다. 여기서 하나님이 우리에게 모든 것을 가능하게 하시며, 우리를 위하여 모든 것을 내어주신 예수 그리스도의 형제자매 사랑에 대한 신앙 고백을 할 수 있게 한다. 이와 같은 신앙 고백을 한 공동체는 우리 가운데 누가 크며 높으냐 하는 것과, 누가 무엇을 공동체

---

596) U. Bach, "Die diakonische Kirche als Freiraum fur uns alle", 202쪽. quoted in 김옥순, 『디아코니아신학』, 438-439쪽.
597) Ibid., 216쪽. quoted in 김옥순, 『디아코니아신학』, 439쪽.
598) Ibid., 216쪽. quoted in 김옥순, 『디아코니아신학』, 439쪽.
599) Ibid., 202쪽. quoted in 김옥순, 『디아코니아신학』, 439쪽.

안으로 가지고 들어오느냐 하는 것은 관건이 될 수 없다. "교회 공동체 안에서 봉사는 탁월한 은사로서 하는 것만이 아니라, 오히려 어느 누구도 지나치게 많이 가지고 가는 자가 없듯이, 그 어느 누구도 빈손으로 돌아가서는 안 되는 것"[600]이다. 신앙인의 공동체의 삶은 "너희는 하나님이 주신 은사를 가지고 서로 동일하게 봉사하라"(벧전 4:10)는 것이 되어야 한다.

우리는 때때로 다른 사람을 위해서 존재하려는 것과 같은 느낌을 주기도 한다. 그러나 울리히 바흐는 야웨 신앙 속에서 우리가 고백하여야 하는 것은 "하나님은 우리 모두에게 은사를 주셨다"는 점과 "우리 모두는 상함을 입은 자들이다"[601]라는 것이다. 모든 사람은 도움에 의존하며 모두는 짐이 되는 것이 아니며, 어떤 누구도 홀로 남의 짐을 지는 자가 될 수는 없다. 하나님은 이웃과 함께 사는 공동체적 삶을 위해서 화해를 분명하게 세우길 원하신다. 이러한 야웨 신앙에 기초한 디아코니아 신학은 디아코니아 행동을 위한 패러다임을 전환시켜 준다. 즉 신앙인의 디아코니아 행동은 '~를 위해서'의 구조 속에서 실행되는 것이 아니라 '~와 함께'라는 구조 속에서 실행되는 것이다.[602] 우리는 무언가를 함께 행하며, 우리들 각자는 주는 자인 동시에 받는 자이며, 모든 사람이 각자 긍정적으로 무엇이든 공동체 안으로 가져오는

---

600) Ibid., 202쪽. quoted in 김옥순, 『디아코니아신학』, 439-440쪽.
601) Ibid., 202쪽. quoted in 김옥순, 『디아코니아신학』, 440쪽.
602) Ibid., 203쪽. quoted in 김옥순, 『디아코니아신학』, 443-444쪽.

것이다.[603] 울리히 바흐에게서 신앙인의 디아코니아 활동은 서로를 진지하게 수용하며 배우는 상호 교류적인 파트너성의 학습과정이라고 할 수 있다. 누구도 객체로 존재하지 않으며 모두가 주체로써 섬김과 친교를 이루어 나가는 공동체를 이루는 것이다.

가난한 자와 주변인과 연대 안에 있는, 깨어진 실제 안에서 나눔과 치유의 실천으로서 디아코니아는 삼위일체 세계 안에 뿌리를 두고 있으며, 생명을 모든 창조물과 나누시는 하나님의 친교 안에 뿌리를 두고 있다.[604] 우리 안에 하나님 나라가 있습니까? 하나님 나라는 "성령 안에서의 의와 평강과 희락"(롬 14:17)이라고 했다. 의와 평화와 희락은 하나님의 모습이다. 우리 안에 하나님 나라가 있다면, 그러한 하나님의 모습이 드러나야 한다. "성령의 역사는 갈라진 관계를 회복하고, 상처 난 관계를 치유하고, 멀어진 관계를 가깝게 한다."[605] 서로의 섬김 가운데 친교가 이루어지질 때, 가난한 자, 어리석은 자, 약한 자들이 친교와 섬김의 주체가 될 때 비로소 '주변으로부터의 선교'는 가능하게 된다. 주변인이 모두 선교의 주체가 되었기 때문이다. 하나님 나라의 비밀을 전달하는 것은 현존하시는 예수 안에 있는 디아코니아적 친교공동체이다.

---

603) U. Bach, "Problemanzeigen", 133쪽. quoted in 김옥순, 『디아코니아신학』, 444쪽.
604) 폴커 헤르만, 마틴 호르스트만, 『디아코니아학』, 이범성 역, (대한기독교서회, 2016), 407쪽.
605) 박원호, 『우리가 하나님 나라를 몰랐다』 41쪽.

## 4. 소결론

우리는 하나님 나라의 현재성에 대해 살펴보았고, 그 현재성 안에서 예수가 선포한 하나님 나라의 진정한 의미는 하나님의 뜻을 인간 세상에서 수행하는 것이어야 하며, 사회 변혁과 역사 속에 공의로운 공동체를 건설하는 것이어야 함을 확인하였다. 그리고 하나님 나라의 내용은 디아코니아여야 함을 하나님 나라와 디아코니아의 관계성에 대해 성경적 근거들을 통해 확인할 수 있었다.

오늘날의 선교는 하나님의 선교의 패러다임 속에서 하나님 나라를 지향하는 선교가 되어야 한다. 하나님의 선교의 패러다임 속에서의 가장 큰 변화는 하나님-교회-세상이라고 하는 구속사적 선교관으로부터 하나님-세상-교회라고 하는 약속사적 세계관으로의 전환이다. 선교는 하나님이 하시는 일이라는 인식의 변화가 가져온 결과이다. 약속사적 세계관 속에서는 세상이 바로 하나님의 선교의 사역장이라는 인식을 하게 됨으로써 세상의 중요성에 대해 새롭게 눈을 뜨게 되는 계기가 되었다.

나는 이러한 하나님의 선교라고 하는 패러다임 속에서 하나님 나라의 현재성을 살리는 디아코니아적 선교를 위해서는 다음과 같은 것들이 먼저 고려되어야 한다고 생각한다. 첫째, 사회로부터의 신뢰의 회복을 위한 '교회의 일치'를 이루어야 한다. 서로 극으로 치닫고 있는 대립과 불화를 극복하기 위해서는 서로의 정체성에 대해서 그 주체성을 인정한 가운데 진리에 대한 담론을 펼침으로써 종교 간 대화가 진행되어야 한다. 사랑과 공의의 하나님에 대한 믿음에 대한 공통점으로부터 출발하여 편견에 의한 강요와 무례함과 배타주의로부터 서로를 구제하여야 할 것이다.

우리는 교회 간 일치를 위해서 많은 노력을 해왔다. 나는 무엇보다 삼위일체 하나님 신앙에 대한 공통점으로부터 출발하여 서로의 다른 점이 다양성을 드러내고 있다는 관점에서 바라보아야 한다고 생각한다. 그리고 '사도신경'을 통해서 공통의 신앙 고백을 하고 있으며, 'BEM: 세례, 성만찬, 직제' 문서와 리마 예식서로 결실을 본 사례들을 통해서 보편성을 향하여 나아가야 한다고 생각한다.

그리고 성도 간 친교는 삼위 하나님의 친교에 그 근거를 두고 있다. 따라서 성도의 교제의 삶은 삼위일체 하나님의 사랑의 존재와의 사귐에 부합하는 삶인 것이다. 본회퍼는 설교와 성만찬을 통해 형제적 사랑으로 하나가 되는 곳에만 그리스도가 현존한다고 하였다.

둘째, 교회가 사회적 책임을 다하기 위해서는 '세상적 책임'이 인식되어야 한다. 세상적 책임을 다하기 위해서 교회는 '정치적 정의 구현'과 '경제적 정의 구현'을 위한 노력을 게을리하지 않아야 한다. 그리고 이러한 정의의 구현은 원수까지도 포용하라고 하신 그리스도의 사랑하심을 쫓아서 포용으로의 나아감을 통해 이루어 나가야 할 것이다. 포용은 통합을 넘어서야 함을 요구하고 있다. 그리고 교회는 세상적 책임을 다하기 위해서 세상과의 소통을 위해 노력해야만 한다. 그리스도인의 신앙의 정체성을 가지고 세상과 소통할 수 있도록 세상의 언어에 관심을 가지고 그 언어를 습득하여야 하며 세상을 섬기는 섬김의 삶을 살아나가야 한다.

셋째, 하나님의 선교를 위해서는 교회의 다섯 가지 중요한 기능인 예배(Leiturgia), 교육(Didake), 친교(Koinonia), 선교(Missio), 섬김(Diakonia)이 전도를 위한 선교적 기능으로 전환되어야 한다. 즉 교회의 중요한 다섯 가지 기능들을 세상을 섬기는 교회의 본질적 사명으로서의 '설교와 교육', 하나님과의 수직적 관계에서의 디아코니아의 체험인 '예배와 성찬' 그리고 공동체 안에서의 수평적 관계에서의 섬김의 체험인 '친교와 섬김'으로 전환되어야 한다. 이러한 공동체 안에서의 교제가 외연화 되면 세상 속에서의 하나님 나라를 경험하는 것으로 확대되게 된다.

V
결론

이상의 연구를 통해 이 연구가 학문적으로 기여하는 바와 교회적으로 숙고해 볼 수 있는 내용을 다음과 같이 제언한다.
　첫째, 하나님 나라의 현재적 시간성을 확인해 봄으로써 더이상 예수의 윤리적 말씀은 중간 윤리가 아니라 하나님의 통치 가운데 살아가는 사람들의 도덕적 이상으로 해석될 수 있다. 그리고 그리스도인들은 이 땅에 이미 도래한 하나님 나라에서 현재의 사회를 변혁하고 발전시킬 원동력을 얻게 되었다. 그리고 우리는 구원의 현재성을 인식하게 되었고, 더이상 믿음과 행함의 분리가 아니고 통합임을 확인할 수 있게 되었다.
　현재적 시간성에 대한 인식을 통해서 그리스도인들은 구원의 현재성을 살아가야 할 것이다. 하나님 나라는 죽어서만 갈 수 있는 나라가 아니다. 리처드 니버 교수는 세상을 변혁시키는 그리스도인의 삶을 말한 바 있다. 하나님의 부름 앞에 응답하는 그리스도인으로서 세상에서 빛과 소금의 역할을 감당할 수 있어야 할 것이다. 역사 속에서 공의로운 공동체를 건설하여야 할 것이며, '이미'(already)와 '아직'(not yet)의 긴장 관계 속에서 종말론적인 삶을 살아내야 할 것이다. 하나님 사랑과 이웃 사랑을 실천하는 삶을 살아가야 한다. 예배 후의 예배의 삶을 살아가야 할 것이다.

둘째, 하나님 나라와 디아코니아의 관계성을 살펴봄으로써 예수는 디아코노스(섬기는 자)로서 이 땅에 오셨고, 디아코노스(섬기는 자)로서 십자가를 지셨으며, 디아코니아(섬김)의 사명을 완수하셨음을 확인할 수 있었다. 그리고 스스로 예수님 자신의 정체성이 디아코노스(섬기는 자)임을 밝히셨다. 예수의 사역은 온통 디아코니아(섬김)의 사역이었다. 예수의 제자인 모든 그리스도인들도 마땅히 디아코노스(섬기는 자)로서 디아코니아(섬김)의 사역을 감당해야 할 것이다. 디아코니아(섬김)는 하나님 나라의 내용이며 본질이기 때문이다.

성육신 사건과 십자가의 대속 사건은 예수의 섬김의 사역을 단적으로 보여주고 있다. 예수는 하나님의 뜻 가운데 함께 하는 모든 사람들이 바로 가족이라고 말한다. 교회는 가족공동체의 모형으로써 돌봄과 섬김의 주체가 되어야 한다. 교회의 정체성은 디아코니아에 있다. 섬김은 위에 군림하는 것이 아니다. 낮은 자리에서 받들어 섬기는 것이다. 세상을 섬기는 섬김이 교회의 정체성이다. 부활 이후 제자들과 초대교회의 구성원들은 예수의 섬김 사역을 그리스도인의 정체성으로 삼았으며, 사랑의 섬김의 삶을 살았다. 바울도 예수의 섬김의 사역을 자신의 사도 직무로 알고 섬김의 사역을 이루어 나갔다. 오늘날 교회는 섬김의 모습을 감당하고 있는가? 낮은 자리에서 세상을 섬기는 모습이 아닌 존귀한 자의 자리에 올라가려고 하고 있다면 예수를 따르는 제자의 삶은 아닌 것이다. 예수는 하나님 나라를 선포하고 디아코니아의 삶을 통해 하나님 나라를 이루어 가라고 하셨는데, 교회는 기독교 왕국을 만들고 있지는 않는가? 교회가 세상을 배척하면, 세상도 교회를 배척한다. 교회가 세상을 버리면, 세상도 교회를 버린다.

셋째, 하나님의 선교(Missio Dei)의 빛 아래서 하나님 나라의 현재성을 살리는 디아코니아의 방법에 대해서 상고해 보았다. 선교는 하나님이 하시는 하나님의 일이다. 따라서 구속사적 시각 안에서 보아왔던 하나님-교회-세상의 관계는 새롭게 약속사적 시각 안에서 하나님-세상-교회의 순서로 날카롭게 재정립된다. 이러한 시각적 변화는 세상을 중심에 두고 교회가 하나님의 선교에 부름 받아 어떻게 세상을 섬겨야 할 것인지를 생각하게 만든다. 선교를 위한 노력인 '교회 일치'와 '세상적 책임'을 위한 정의와 포용과 소통의 문제와 '복음의 전도'를 위한 교회의 자기 혁신은 가장 중요한 화두가 될 것이다.

지금까지 교회는 선교의 주체라고 생각해 왔다. 하나님은 교회를 통해서 세상에서 구원 사역을 이루어 나간다고 생각해 왔다. 그런데 하나님의 선교의 빛 아래서 지금까지 생각해 왔던 하나님-교회-세상의 구원사적 세계관은 하나님-세상-교회의 약속사적 세계관으로의 패러다임의 변화를 가져왔다. 선교는 하나님이 하신다. 하나님은 인간만을 구원하시는 분이 아니다. 하나님이 창조하신 모든 피조 세계를 구원하기를 원하신다. 이제 교회는 하나님의 선교 사역에 부름 받은 존재로서의 정체성을 가지고 세상을 향해 나가야 한다. 삼위일체 하나님의 모습을 통해 창조주 하나님, 구원의 하나님, 사랑의 하나님의 모습을 교회는 보여 주어야 한다.

교회는 사회로부터 신뢰의 회복을 위한 '교회의 일치'를 이루어 나가야 한다. 교회는 사회적 책임을 다하기 위해서 '세상적 책임'을 인식하여야 한다. 교회는 선교와 전도의 사명을 다하기 위해서 선교적 존재됨을 나타내야 한다. 전체교회의 인식으로부터 개교회의 선교구조화에 이르기까지 말이다. 교회의 일치는 평화 공존과 협력을 위한 종교 간의 대화를 외부적 과제로 인식하는 가운데, 그리스도의 유일하신 구세주 되심과 삼위일체 하나님의 존재 양식을 믿는 기독교회들의 가시적 일치를 추구하고, 신앙생활 공동체인 개 교회에서의 상호애호적인 소자 중심의 구성을 통해 디아코니아적인 하나님 나라 통치를 맛볼 수 있을 것이다.

또한 하나님 나라의 정의, 포용, 소통은 디아코니아를 통해 가능할 수 있다는 주장을 필자는 펼쳐놓았다. 정의는 정당한 분배에 대한 디아코니아적 의지와 실행을 통해 가능하다. 이 정의는 사도행전에서 볼 수 있는 예루살렘교회의 정의이며, 늦게 일터에 들어간 노동자의 품삯이 능력이나 성과가 아닌 필요에 따라 지급될 수 있는 정의라는 것을 알게 되었다. 그리고 사회적 투쟁의 결과로 얻어낸 '통합'(Integration)을 지나 얻어낸 '포용'(Inclusive)은 상호포용의 상징인 '포옹'(Hug)으로 정착되어야 한다는, 에서와 야곱의 포옹으로 비로소 하나님의 통치를 맛보게 된다는 "형님의 얼굴을 뵈온즉 하나님의 얼굴을 본 것 같다"(창 33:10)는 고백으로 확인한다. 우리는 이 연구에서 소통의 가능성은 하나님이 사람이 되신 것처럼 낮은 자리에 나의 자리를 펼 때에 가능하다는 진리를 '상승'과 '회귀' 이론에서 살펴보았고, 삼위일체 하나님의 페리코레시스적 상호 섬김인 하나님의 디아코니아에서 확인할 수 있었다.

하나님 나라를 위한 선교와 전도 역시 디아코니아를 통해야 한다. 디아코니아는 방법론이 아니라 원론이라는 것을 필자는 시종일관 주장해 왔다. 무엇을 행하기 이전에 무엇에 대해 아는 것이 중요하다는 말이다. '예수 그리스도의 은혜'와 '하나님의 사랑'과 '성령의 교통하심'(고후 13:13)을 디아코니아를 몸소 행하신 은혜, 디아코니아를 결단하신 사랑, 디아코니아를 받아들이게 만드는 역사로 이해하는 것이다. 이것은 설교와 교육에서 선포되고 배움으로 체화되는 것이며, 예배와 성찬을 통해 경험되고, 친교와 섬김으로 전달되고 축하하는 것이다.

필자는 하나님 나라의 현재성을 인식하는 것이 신앙생활을 바르게 그리고 체험적으로 만드는 데 얼마나 중요한지를 새삼 깨닫고, 하나님 나라 현재성의 중요성을 밝히는 작업을 진행하였으며, 이 하나님 나라 현재성은 철저하게 디아코니아적 성격으로 점철되어 있다는 사실을 통해 디아코니아와 하나님 나라 관계성을 설명하였다. 그리고 이러한 디아코니아적 하나님 나라를 보여주는 실천 현장의 제 영역들을 주요 연구 대상으로 설정하여 '하나님의 선교'(Missio Dei) 관점이 하나님 나라 운동을 파악하는 일에 얼마나 중요한지까지를 서술하였다. 필자는 이 책이 '하나님 나라의 현재성을 살리는 하나님의 선교'를 위해 작은 기여를 할 수 있기를 소망한다.

# 참고문헌

### 국내도서

- 곽미숙, 『삼위일체론: 전통과 실천적 삶』, (대한기독교서회, 2009)
- 게르트 타이센, 이범성 역, "좌절한 종교개혁자들과 그들의 유산"
- 교회 일치와 종교 간 대화 위원회, 『교회 일치 문헌 제2권』, (한국천주교주교회의, 2009)
- 김경표, "요한복음의 하나님 나라 연구", (평택대학교 피어선신학전문대학원, 2014.2)
- 김균진, 『예수와 하나님 나라』, (새물결플러스, 2016),
  _____, 『기독교 조직신학Ⅰ』, (8판: 연세대학교 출판국, 1990)
- 김동진, "루터의 디아코니아 신학의 발견과 한국 루터회의 디아코니아 실천의 회복(The discovery of Diakonia theology by Martin Luther and the recovery of Diakonia practice of Lutheran Church in Korea)", (실천신학대학원대학교 2015.8)
- 김면식, "마태복음 13장의 천국비유에 나타난 하나님의 구원의지", (서울기독대학교 신학전문대학원 2014.8)
- 김세윤, "바울의 하나님 나라 복음", (새물결플러스, 2013)
- 김옥순, 『디아코니아학 입문』, (서울, 한들출판사, 2010)
  _____, 『디아코니아신학』, (서울, 한들출판사, 2011)
  _____, "디아코니아 관점에서 본 장애인과 함께하는 교회공동체",(한국장로교출판사, 2015)
- 김재일, "세례요한의 역할과 예수 그리스도의 복음적 치유에 관한 연구", (중앙신학대학원대학교 2017.2)
- 김한옥, 『기독교 사회봉사의 역사와 신학(History and Theology of social Activity in Christianity)』, (부천, 실천신학연구소, 2006)
- 김한호, "디아코니아 신학과 장애인 신학", 장애인 신학, (한국장로교출판사, 2015)
- 김호경, "하나님 나라의 공공성", (예영커뮤니케이션, 2009)
- 노먼 페린, 이훈영, 조호연 역, 『예수의 가르침 속에 나타난 하나님 나라』, (솔로몬, 1992)
- 다이버(Daiber, Karl Frantz), 『교회의 정체성과 교회봉사(Diakonie und Kirchliche Identität)』, 황금봉 역, (서울: 한국장로교출판사, 2005)
- 디모데 웨어, 이형기 옮김, 『동방정교회의 역사와 신학』, (서울: 한국장로교출판사, 1999)
- 독일개신교연합, 홍주민 역, 『디아코니아 신학과 실천』, (한국디아코니아연구소, 2006)
- 데이비드 보쉬(Bosch, David J.), 김병길, 장훈태 역, 『변화하고 있는 선교(Transforming Mission)』, (서울: 기독교문서선교회, 2000)
- 디모데 웨어, 이형기 옮김, 『동방정교회의 역사와 신학』, (서울: 한국장로교출판사, 1999)
- 래드(Ladd, G. E.), 박미가 역, 『하나님 나라의 복음( The Gospel of the Kingdom)』, (서울: 서로사랑, 2010)
- 루이스 벌코프, 박문재 역, 『기독교 교리사』, (크리스천다이제스트, 2008)

- 루터, 이범성 역, "크리스챤의 자유/행동(혹은 봉사)에 관한 문제"
- 레오나르도 보프, 이세형 역, 『삼위일체와 사회』, (대한기독교서회, 2011)
- 레이문트 콧체, 베른트 묄러, 이신건 역, 『고대 교회와 동방교회; 에큐메니컬교회사Ⅰ』, (3판, 한국신학연구소, 2002)
- 리차드 오스메어(Richard Osmer), 장신근 역, 『교육목회의 새로운 패러다임(Teaching Ministry of Congregation)』, (대한기독교서회, 2007)
- 레슬리 뉴비긴, 홍병룡 역, 『다원주의 사회에서의 복음』, (IVP, 1989)
- 로버트 갤러거 & 폴 허티그, 문진섭, 문은영, 박형국, 백충헌 공역, 『세계 기독교와 선교의 미래』, (한국장로출판사, 2012)
- 마이클 샌델, 이창신 옮김, 『정의란 무엇인가?』, (김영사, 2010)
- 몰트만(Jurgen Moltmann), 곽미숙 역, 『세계 속에 있는 하나님』, (동연, 2009)
  _____, 곽숙희 역. 『사회봉사의 신학과 실천(Theology and Practice of Social Service)』, (서울: 도서출판 한울, 1999),
  _____, 곽숙희 역, "하나님의 나라와 봉사의 신학(Theology of the Kingdom and Service)", 사회봉사의 신학과 실천(Theology and Practice of Social Service).
  _____, 이삼열 편, (서울: 도서출판 한울, 1999),
  _____, 김균진 역, 『삼위 일체와 하나님 나라』, (22판: 대한기독교출판사, 2014)
  _____, 김균진 역, 『오시는 하나님—기독교 종말론』, 김균진 역, (14판, 대한기독교서회, 2013)
  _____, 이범성 역, "디아코니아의 성서적—신학적 기초와 입문 문제의 지평", 미간행자료
  _____, 이범성 역, "하나님 나라의 지평 안에 있는 디아코니(1977)", 『디아코니아학』, (대한기독교서회, 2016)
  _____, 정종훈 역, 『하나님 나라의 지평 안에 있는 사회선교』, (대한기독교서회, 2000)
- 미로슬라 볼프(Miroslav Volf), 김명윤 역, 『광장에 선 기독교』, (한국기독학생회출판부, 2014)
  _____, 백지윤 역, 알라, 『기독교와 이슬람의 신은 같은가?』, (한국기독학생회출판부, 2016)
  _____, 황은영역, 『삼위일체와 교회』, (새물결플러스, 2012)
  _____, 박세혁 역, 『배제와 포용』, (IVP, 2012)
- 바흐(Bach, Ulrich), 이범성 역, "Die dikonische Kirhe als Freiraum fuer uns alle"(1979). Neukirchener Verlag des Erziehungsvereins mbH.
- 박국배, "미래교회를 위한 디아코니아 삼위일체론에 관한 연구(study on the diakonia trinity for the future church)", (실천신학대학원대학교 2013. 2)
- 박영호, 『기독교 사회복지(Christian Social Welfare)』, (서울: 기독교문서선교회, 2004)
- 박원호, 『우리가 하나님 나라를 몰랐다』, (두란노, 2015)
  _____, 『하나님 나라』, (주님의교회 예수친구사역원, 2015)
- 박인갑, "'하나님 나라'를 위한 디아코니아 목회의 이론과 실제", (드림북, 2019)

- 박종환, "하나님 나라와 예배",(드림북, 2019)
- 박창현, "신학성서의 사회봉사(Social Activity in the New Testament)" (서울: 한들출판사, 2002)
- 박행신, "교회의 본질로서의 디아코니아와 그 실천 현장으로서의 지역에 관한 연구"(study on diakonia as the essence of the church and local contexts as the practical field) (실천신학대학원대학교 2013.8)
- 반크스(Banks, Robert J.), 장동수 역, 『바울의 그리스도인 공동체 이상(Paul's Idea of Community)』. (서울: 여수룬, 1991)
- 발츠(H. Walz), 이범성 역 "제3의 종교개혁이 일어난다면 어디에?", (2017)
- 벤틀란트(Wendland, H.-D), 이범성. Christos Diakonos, Zur theologischen Begrundung der Diakonie. in: Ders. (Hg), Die Kieche in der revolutionare Gesellschaft. Sozialethische Aufsarze und Reden (Gutersloh: Gutersloher Verlagschaus Gerd Mohn)
  _____, 이범성 역, "그리스도 섬기는 이, 그리스도 종"(Christos Diakonos, Christos Doulos. Zur theologischen Begrundung der Diakonie, in: Die Kirche in der revolutionaren Gesellschaft)
- 비슬리 머레이(Beasley-Murray, G. R.), Jesus And The Kingdom Of God, 박문재 옮김, 『예수와 하나님 나라』, (고양, 크리스챤다이제스트, 1991)
- 본회퍼, 문익환 옮김, 『신도의 공동생활』, (대한기독교서회, 1964)
  _____, 유석성, 이신건 역, 『성도의 교제』, (대한기독교서회, 2010)
- 세계교회협의회(WCC), 『공동의 증언을 향하여: 선교에서의 책임적 관계 채용과 개종주의 중단에로의 부름, 그리스도인의 증거와 신앙의 자유』, 1997.
  _____, 강성열 옮김, 『21세기의 디아코니아에 관한 신학적인 전망들』, 참가보고서, 2012.
  _____, 이형기 옮김, 『BEM문서: 세례, 성만찬, 직제』
  _____, 『Report of Section, 1948년 암스테르담 WCC』, Man's Disorder and God's Design.
  _____, 『The Evanston Report』, (New York: Harper & Brothers, 1954)
  _____, 『The New Delhi Report』, (New York : Association Press, 1961)
  _____, 『The Uppsala Report 1968』, ed. by Norman Goodall, (Geneva: WCC, 1969)
  _____, 박근원 역, 『세계를 위한 교회』, (대한기독교출판사, 1979)
  _____, The Church: Local and Universal, Faith and Order No, 150, (Geneva: WCC, 1990)
  _____, Church and World (1990, 1992)
  _____, 이형기 역, 『세계 교회가 고백해야 할 하나의 신앙고백』, (한국장로교출판사, 1996)

- ──, 『공동의 증언을 향하여: 선교에서의 책임적 관계 채용과 개종주의 중단에로의 부름, 그 리스도인의 증거와 신앙의 자유』, 1997.
- ──, The Nature and Mission of the Church, in 한국기독교교회협의회 신앙과 직제 위원회, 신앙과 직제와 삶과 봉사의 합류, (2009)
- ──, 제10차 총회 한국준비위원회, 『WCC 바로 알자』, 2013.
- 손승화, "신약성서에 나타난 '하나님 나라'의 다양성과 통일성", (장로회신학대학교 대학원 2007. 2)
- 송창빈, "예수의 하나님 나라 전파와 치유사역의 연관성", (침례신학대학교 목회신학대학원 2012. 2)
- 순더마이어(Sundermeier, T), 이범성 역, "Missio Dei Today", 미간행 논문, 2016.
  ──, 이범성 역, "종교-폭력-관용", 2019년 한국에서의 세미나 원고 내용.
- 슈트롬(Strohm, T,), 이범성 역, "biblische, historische und rheologische Zug&#1235;enge zur Diakonie". in: V. Hermann / M. Horstmann (Hg.), Studienbuch Diakonik. Band 1: biblische, historische und theologische Zug&#1235;enge zur Diakonie(Neukirchner: Neukirchen-Vluyn, 2006)
- 아서 글라서(Glasser, Arthur F). 『성경에 나타난 하나님의 선교(Announcing The Kingdom)』 임윤택 역, (서울: 생명의말씀사, 2006)
- 아우구스티누스, 성염 역, 『삼위일체론』, (분도출판사, 2015)
- 옥진한, "존 웨슬리의 영성 안에 함의된 디아코니아의 역동성에 관한 연구(study on the dynamics of diakonia implied in John Wesley's spirit)", (실천신학대학원대학교 2014. 2)
- 월터 브뤼거만(Walter Brueggemann), 김도일 역, 『제자직과 시민직을 위한 교육』, (장로교출판사, 1999)
- 우타 안드레(Uta Andre), 이범성 역, "Was traegt der Missionbegriff fuer die Bestimmung von Mission aus?." Eine kritische Auseinandersetzung mit der Missionserklaerung des OeRK, (Hamburg: Missionsakademie an der Universitaet Hamburg, 2013)
- 월터 브뤼거만(Walter Brueggemann), 김도일 역, "분파주의적 해석학의 타당성", (장로교출판사, 1999)
- 이동규, "기독교대한감리회 사회신경(1997년)에 대한 디아코니아 신학적 이해(Theological understanding of diakonia in the Korea Methodist Church social creed)", (실천신학대학원대학교 2017. 8)
- 이범성, 『에큐메니컬 선교신학 I』, (Dream & Vision, 2016)
  ──, 『에큐메니컬 선교신학 II』, (Dream & Vision, 2016)

　　　　, "하나님 나라 목회의 선교", 김민호 외, 하나님 나라를 목회하라, (드림북, 2019)
　　　　, "21세기 에큐메니컬 교회론을 위한 제안: 디아코니아를 초점으로 하는 삼위일체론적 접근"(미간행논문)
　　　　, "독일 통일에 있어서 교회의 역할과 한반도 평화와 공존을 위한 그리스도인의 역할", [기쁨과 희망] 2019. 잡지 23호 기고 원고
　　　　, "하나님 나라 목회의 선교", (드림북, 2019)
　　　　, "장애인 평화를 만드는 사람들", (제9회 한일NCC 장애인 합동 교류회, 2018)
　　　　, '오늘날 하나님의 선교', 미간행 논문(2018. 5. 8.)
　　　　, "개혁된 선교?", 종교개혁 500주년 21세기 교회연구소 세미나, 2017)
　　　　, "장애인 신학과 선교", 장애인 신학, (한국장로교출판사, 2015)
　　　　, "덕수교회의 선교", (대한기독교서회, 2011)
　　　　, "한국 개신교회 에큐메니컬 선교 방향과 그 실천 신학적 근거들", 미간행 자료
　　　　, "하나님 나라 목회의 선교", 김민호 외 9인, 하나님 나라를 『목회하라』, 2019
- 이상원, "공공신학의 핵심으로서의 사회정의에 대한 성경적 근거", (예영커뮤니케이션, 2009)
- 이상화, "공공신학과 한국교회의 연합", (예영커뮤니케이션, 2009)
- 이신영, "하나님 나라 관점으로 본 하나님 형상 이해(The study of the image of God in the perspective of the Kingdom of God)", (한세대학교 대학원 2017. 2)
- 이온 브리아(Ion Bria), 이형기 역, "the liturgy after the Liturgy," in Gennadios Limouris(ed.), Orthodox Vision of Ecumenism, WCC, 1994, 34-36 in 마이클 키나몬, 에큐메니컬운동, 개정증보판(2013)
- 이윤경, "구약성서에 나타난 공공신학", (예영커뮤니케이션, 2009)
- 장신근, "그리스도인의 삶과 공공성", (예영커뮤니케이션, 2009)
- 조덕형, "존 칼빈의 하나님 나라와 아브라함 카이퍼의 영역주권 비교연구(A comparative study on Calvin's Kingdom of God and Abraham Kuyper's sphere sovereignty)", (중앙신학대학원대학교 2018.2)
- 조지 앨든 래드, 박미가 역, 『하나님 나라의 복음』, (서로사랑, 2001)
- 조현호, "위르겐 몰트만의 정치신학에 나타난 디아코니아 사상(Diakonia thought in Jurgen Moltmann's political theology)", (실천신학대학원대학교 2016. 8)
- 존 브라이트, 김인환 역, 『하나님 나라』, (크리스찬다이제스트, 2013)
- 존 지지울라스/이세형, 정애성 옮김, 『친교로서의 존재』, (서울: 삼원서원, 2012)
- 존 콜레만(John Coleman), 김도일 역, 『제자직과 시민직을 위한 교육』, (장로교출판사, 1999)
　　　　, 김도일 역, "두 가지 교육: 제자직과 시민직"(장로교출판사, 1999)

- 채수일,『에큐메니컬 선교신학』, (한신대학교출판부, 2002)
    _____, "종교개혁의 불꽃, 오늘날 점화될 곳은 어디?: 개신교의 응답", 2017 실천신대 가을 학술제 자료집
- 천세광, "마가복음서의 '하나님 나라'에 관한 연구", (호서대학교 대학원 2012.2)
- 최바울, "이슬람 전도 접근 방법", (한국목회자선교협의회, 2019)
- 캐서린 모리 라쿠나, 이세형 역,『우리를 위한 하나님: 삼위일체와 그리스도인의 삶』, (서울: 대한기독교서회, 2008)
- 타이센(Theißen, G.), 이범성 역, "Die Bibel diakonisch lessen: Die Legitimitaetskriese des Helfens und der barmherzige Samariter" (1990), in V. Hermann / M. Horstmann (Hg.), Studienbuch Diakonik. Band 1: biblische, historische und theologische Zugange zur Diakonie, (Neukirchner: Neukirchen-Vluyn, 2006)
    _____, 이범성 역, "좌절한 종교개혁자들과 그들의 유산", 실천신학대학원대학교 선교와 봉사 박사과정이 참석한 하이델베르크대학교 학생회관(ESG) 연설문의 번역, 2017
- 폴커 헤르만, 마틴 호르스트만, 이범성 역,『디아코니아학』, (대한기독교서회, 2016)
- 피체돔(Vicedom, G. F.), 박근원 역,『하나님의 선교(Missio Dei)』, (서울: 대한기독교출판사, 1980)
- 필리피(Philippi, Paul), 이범성 역, "Die diakonische Grundordung der Gemeinde" (1965) Neukirchener Verlag des Erziehungsvereins mbH., (2006)
- 한국 그리스도교 신앙과 직제협의회 신학위원회,『그리스도인의 신학 대화: 한국의 정교회 천주교회 개신교회가 함께한』, (한국그리스도교신앙과직제협의회, 2019)
- 한국기독교교회협의회 신앙과 직제 위원회,『신앙과 직제와 삶과 봉사의 합류』, (2009)
- 한국일,『세계를 품는 선교』, (서울: 장로회신학대학교출판부, 2004)
    _____,『세계를 품는 교회』, (서울: 장로회신학대학교 출판부, 2010)
    _____, "선교와 종교: 증언과 대화",『세계를 품는 선교』, 2014.
- 헤르만 리델보스, 오관만 역,『하나님 나라』, (2판: 솔로몬, 2012)
- 홍주민,『디아코니아학 개론』, (서울: 한국디아코니아연구소, 2009)
- 후토스 L. 곤잘레스, 이형기, 차종순 역,『기독교 사상사 I : 고대편』, (대한예수교장로회총회출판국, 1988)
- NIV 영어성경.

### 국외도서

- Aalen, Sverre., "'Reign' and 'House' in the Kingdom of God in the Gospels." (New Testament Studies, 1961)
- Athanasios Basdekis, Die Orthodoxe Kirche, (2001)
- Augustine, The Trinity, trans. Edmund Hill, (Brooklyn: New City Press, 1991)
- Bach, U., "Die diakonische Kirche als Freiraum fur uns alle", in Ders., Boden unter den Fußen keiner. Pladoyer fur eine solidarische Diakonie, (Gottingen: Vandenhoeck & Ruprecht, 1986)
- Bultmann, Rudolf, Theology of the New Testament, trans. K. Grobel, 2 vols., (London, 1951-55)
- _____, Jesus and the World, (New York: Charles Scriber's Sons, 1958)
- _____, The History of the Synoptic Tradition, by Rudolf Bultmann. 2d ed. Transtlated John Marsh, (New York, 1968)
- Cullmann, Oscar, Christ and Time: The Primitive Christian Conception of Time and History (Philadelphia: Westerminster Press, 1964)
- Dodd, C. H., The Parables of the Kingdom, (London: Nisbet & Co., 1935)
- Edwyn Hoskyns & Noel Davey, The Riddle of the New Testament, (London: Faber & Faber, 1974)
- Glasser, Arthur F., Announcing the Kingdom, (Third Printing, Michigan: Baker Academic Grand Rapids, 2006)
- Goodall, Norman, Missions Under the Cross, (London: Edinburgh House Press, 1953)
- Gregory of Nussa, Commentary on the Song of Songs, trans. Casimir McCambley, (Brookline, MA: Hellenic College Press, 1976)
- Howell, Leon., "Conversion: For the Sake of the World", (International Review of Mission 72, no.287,1983.)
- Ion Bria, "the liturgy after the Liturgy," WCC, 1994
- Jeremias, Joachim, The Parables of Jesus, (London: SCM, 1963)
- Kasemann, The Epistle to the Romans, trans and ed. Coffrey Bromiley, (Grand Rapids, 1980)
- Kummel, W. G., Promise and Fulfillment: The Eschatological Message of Jesus, (London: SCM, 1957)
- Luther, "Sermon for the Twenty-Sixth Sunday After Trinity", in Sermon of Martin Luther, electronic edition, (Charlottesville, VA; InteLex Corporation, 1995)
- Lutherubersetzung, DIE BIBEL
- Markowets, Reinhard, Lebenslage von Menschen mit Behinderungen, J. Eurich(Hg),

Inklusive Kirche, (Kohlhammer, 2011)
- Marshall, I. Howard, "The Hope of a New Age: The Kingdom of God in the New Testment," Themelios 11 no 1 (Sep 1985)
- Michaels, J. Ramsey, Servant and son: Jesus in parable and gospel, (Atlanta, John Knox Press, 1981)
- Minear, Paul, To Heal and to Reveal: The Prophetic Vocation according to Luke, (New York: Seabury Press, 1976)
- Moltmann, J., Der Weg Jesu Christi: Christologie in Menssianischen Dimensionen), (Chr. KaiserVerlag Munchen, 1989)
- Harnack, What is Christianty? 3d ed, Trans. T. B. Bailey, (London, 1904)
- Hodgson, Peter C., Windes of the Spirit, (Louisville, Ky.: Westminister John Knox Press, 1993)
- Philippi, P., Abendmahlsfeier und Wirklichkeit der Gemeinde, (Berlin: Evangelische Veralsansalt GmbH, 1960)
  _____, Christozentrische Diakonie, Evangelische Verlagswerk, 1975
  _____, Diakonica, Uber die soziale Dimension kirchlicher Verantwortung, Hg. v. J. Albert (Neukichen-Vluyn: Neukirchener Verlag, 1984)
  _____, "Die diakonische Grundordung der Gemeinde" (1965)
- Rauschenbush, Walter., A Theology for the Social Gospel, (New York: Abingdon Press, 1917)
- Rolloff, J., Die Kirche im Neuen Testament, (Guttingen: Vandenhoeck & Ruprecht, 1993)
- SBL(Society of Biblical Literature) GREEK.
- Scott, E. F., "The Place of Apocalyptical Conceptions in the Mind of Jesus", Journal of Biblical Literature 41 no 1 (1922)
- TeSelle, Speaking in Parables: A Study in Metaphorical Theology, (Philadelphia, 1975)
- Tilich, P., Biblische Religio und die Frage nach dem Sei (Stuttgart: Evangelisches Verlagswerk, 1956)
- Ulrich, Bach, "Die dikoniesche Kirhe als Freiraum fuer uns alle" (1979)
- Vicedom, George F., 『The Mission of God: An Introduction to a Theology of Mission』, Translated by Gilbert A. Thiele and Dennis Hilgendorf, (Saint Louis, concordia publishing house, 1965)
- WCC, Man's Disorder and God's Design, (Report of Section, 1948)
  _____, The Evanston Report, (New York: Harper & Brothers, 1954)

_____, The New Delhi Report, (New York: Association Press, 1961)
_____, The Uppsala Report 1968, ed. by Norman Goodall, (Geneva: WCC, 1969)
_____, The Church: Local and Universal, Faith and Order No. 150, (Geneva: WCC, 1990)
_____, Church and World, (1990, 1992)
_____, The Nature and Mission of the Church, A Stage on the Way to a Common Statement, (F&O 198, 2006)
- Wellhausen, Das Evangelium Lucas, (Berlin, 1904)
- Wendland, H. D., Eschatologie des Reiches Gottes bei Jesus: Eine Studie uber den Zusammenhang von Eschatologie, Ethik und Kirchenproblem, (Gutersloh, 1931)
_____, "Ontologie und Eschatologie in der christlichen Soziallehre", in: Der., Botschaft an die soziale Welt. Beitrage zur christilchen Sozialethik der Gegenwart (Hamburg: Furche-verlag, 1959)
- William Barclay, Jesus as They Saw Him, (New York: Harper & Row, 1962)
- Williams, Rowan., "Christians and Muslims Before the One God: An Address Given at al-Azhar al-Shari, Cairo, on 11 Sep. 2004", Islam and Christian-Muslim Relations 16 (2005)

국문초록

# 하나님 나라 현재로서의 디아코니아에 관한 연구

한백병
Ph.D. in the Practical Theology
The Graduate School of Practical Theology

　필자가 이 책에서 다루고자 하는 점은 하나님 나라의 현재성을 인식하는 것이 신앙생활을 바르게 그리고 체험적으로 만드는 데에 얼마나 중요한지를 새삼 깨닫고, 하나님 나라의 현재성의 중요성을 밝히는 작업이었다. 하나님 나라의 현재성은 철저하게 디아코니아적 성격으로 점철되어 있고, 디아코니아는 하나님 나라의 내용이며, 그 실천 방법이라고 할 수 있다. 그러므로 하나님 나라와 디아코니아의 관계성, 디아코니아적 하나님 나라를 보여주는 실천 현장의 제 영역들을 주요 연구 대상으로 설정하였다. 필자의 이러한 노력이 '하나님 나라의 현재성을 살리는 하나님의 선교'를 위한 작은 기여가 될 것으로 생각한다.
　현재적 시간성의 인식을 통해서 그리스도인들은 구원의 현재성을 살아가야 할 것이다. 하나님 나라는 죽어서만 갈 수 있는 나라가 아니다. '이미'(already)와 '아직'(not yet)의 긴장 관계 속에서 세상을 변혁시키는 그리스도인의 삶, 역사 속에서 공의로운 공동체를 건설하는 종말론적인 삶을 살아내야 한다고 본다.

예수는 섬기는 자로 이 땅에 오셨고, 섬기는 자로 십자가를 지셨으며, 섬기는 자의 사명을 완수하셨다. 예수는 자신의 정체성이 섬기는 자임을 밝히셨으며, 예수의 사역은 온통 섬김의 사역이었다. 예수의 제자인 모든 그리스도인들도 마땅히 섬기는 자로서의 사역을 감당해야 한다고 본다.

선교는 하나님이 하시는 일이다. 하나님의 선교의 빛 아래서 하나님 나라의 현재성을 살리는 디아코니아를 위해서 교회는 사회로부터 신뢰의 회복을 이루기 위한 '교회 일치'를 이루어 나가야 한다. 교회는 사회적 책임을 다하기 위해서 '세상적 책임'을 인식하여야 한다. 교회는 선교와 전도의 사명을 다하기 위해서 선교적 존재됨을 나타내야 한다.

그러므로 이 책은 종교 간 대화, 교회의 일치, 성도 간의 친교에 대해서 논하게 될 것이며, 정의, 포용, 소통에 대해서도 논하게 될 것이다.

**Abstract**

# A Study on Diakonia as the Present of the Kingdom of God

HAN BAEK BYEONG
Ph.D. in the Practical Theology
The Graduate School of Practical Theology

What I want to deal with in this thesis is to realize how important it is to recognize the present of the kingdom of God in making the life of faith right and experiential. The present of the kingdom of God is thoroughly marked with a Diaconian character, and Diaconia is the content of the kingdom of God and its practice. Therefore, the main areas of the field of practice showing the relationship between the kingdom of God and the diaconia and the diaconian kingdom of God are set as the main objects of study. I think this effort by the researcher will be a small contribution to "Missio Dei to advance the present of the kingdom of God."

Through the recognition of present time, Christians will have to live in the present of salvation. The kingdom of God is not a kingdom that can only go to death. In the tension between 'already' and 'not yet', I believe that we should live a Christian life that transforms the world and an eschatological life that builds a just community in history.

Jesus came to earth as a diakonos, took the cross as a diakonos, and fulfilled the mission of the diakonos. Jesus identified his identity as a diakonos, and Jesus' ministry was a ministry of diakonos. I believe that all Christians who are disciples of Jesus must also serve as diakonos.

Mission is God's work. In order for Diaconia to advance the present of the kingdom of God under the light of Missio Dei, the church must achieve "church unity" in order to restore trust from society. The church must recognize "world responsibility" in order to fulfill its social responsibilities. The church must show a missionary presence in order to fulfill its mission of ministry and evangelism.

Therefore, this thesis will discuss 'interreligious dialogue', 'church unity', and 'communion among saints', as well as 'justice', 'inclusion', and 'communication'.

지은이: 한백병 / 발행처: Dream & Vision
1판 1쇄 인쇄: 2020년 9월 10일 / 1판 1쇄 발행: 2020년 9월 20일
주 소: 서울특별시 광진구 구의동 593-4
전 화: (02) 3437-1750 / 전 송: (02) 3437-2694
등 록: 2008년 3월 19일 제25100-2008-000009호

이 도서의 국립중앙도서관 출판예정도서목록(CIP)은 서지정보유통지원
시스템 홈페이지(http://seoji.nl.go.kr)와 국가자료종합목록 구축시스템
(http://kolis-net.nl.go.kr)에서 이용하실 수 있습니다.
(CIP제어번호 : CIP2020036362)